中公新書 2647

山本紀夫著

高地文明

——「もう一つの四大文明」の発見

中央公論新社刊

まえがき

われわれ日本人のほとんどは温帯圏で暮らしているため、熱帯については知識が乏しい。そのせいか、熱帯については、しばしば誤った先入観をいだきがちである。その代表的な例が「熱帯夜」という言葉であろう。これは、最低気温が二五度以上の夜間のこととされる。夏が近づき、気温も湿度も高くなって寝苦しい夜のことを指しているようだが、この言葉は間違っている。熱帯の夜は日本人が想像するほど暑くも、寝苦しくもない。むしろ、寒いと感じることさえある。

たしかに、熱帯の日中はきわめて暑く耐えがたいほどだ。しかし、夕方から気温は急激にさがり、夜になると寒いほどになる。わたしは、代表的な熱帯低地であるアマゾン川流域で一年間ほど暮らしたことがあるが、そこでは夕方になるとバケツの底をぶち抜いたという形容がぴったりの激しいスコールが降り、そのあと気温は急激にさがった。そして、夜になると寒くてがまんできないほどになる。そのため、アマゾン川流域で古くから暮らしてきた先住民の人たちは夕方から明け方まで焚火《たきび》を絶やさず、それで暖をとるのだ。

こんな光景を目にすると、「熱帯夜」とは、どこのことなのかと、わたしはしばしば疑問に思ったものだ。おそらく、湿度も気温も高い日本の夏に閉口させられている大方の日本人にとって、きっと熱帯の夜はもっと暑くて寝苦しいにちがいない、という思いこみがあるのではないか。これは、ひょっとすると熱帯を温帯の延長線上で考えているからかもしれない。

しかし、熱帯と温帯とは別世界といっても過言でないほど大きく異なっている。とくに、熱帯には低地だけでなく、高地もあることに注意しなければならない。熱帯高地は熱帯低地とはまったくの別世界であり、日中でも気候は冷涼または寒冷である。実際に、一六世紀末に南アメリカの熱帯高地を訪れたスペイン人神父のアコスタは、赤道直下に位置するキトの町を訪れたとき、次のように記している。

私は、赤道に着いたら、恐るべき暑さにがまんができなくなるだろうと思いこんでいた。ところが事実はぜんぜん反対で、赤道通過の最中に、寒くて寒くて、からだを暖めるため何度も日なたに出たくらいだった。〔中略〕ほんとうのところ、世の中に、赤道の下ほど温暖の地はない。

しかしひじょうな違いもあり、すべてを一律に論じさることはできない。熱帯といっても、地方によってはキート〔キト〕やピルー〔現ペルーのこと〕の平地《リャーノス》のように、ひじょうに気候のよいところがある。（アコスタ、一九六六〔一五九〇〕）

これは一六世紀末にアンデス高地を踏査し、きわめて科学的な『新大陸自然文化史』を著したことで知られるアコスタ神父の記録の一部である。おそらく、当時は熱帯高地を訪れたことのある人間はほとんどいなかっただろうし、予備知識を得ることがむずかしく、それだけにアコスタが大変驚いたのも無理はない。じつは、わたし自身もアコスタが言及しているエクアドルの首都であるキトを訪れたとき、そこがとても快適な気候なので、自分が赤道直下にいることが信じられなかったほどであった。

では、これはなぜなのか。先述したように、熱帯には、低地だけでなく、高地もあるからだ。実際、キトもほぼ赤道直下に位置しているが、そこは標高二八五〇メートルの高地である。つまり、熱帯高地なのだ。また、アンデスのほぼ真ん中に位置しているボリビアの首都のラパスは中心の標高が三六〇〇メートルもあるが、そこは熱帯圏に位置しているため、平均気温は摂氏一〇度前後で、日中は暑くも寒くもない。冷涼で、さわやかな気候なので、しのぎやすいところだ。そのため、ラパスは周辺地域をふくめれば二〇〇万近い人口を擁する大都市になっている。これは、ラパスも熱帯高地に位置しているからにほかならないのだ。

こうして見てくると、熱帯高地はこの地球上でもっとも知られていない地域かもしれない、と思える。しかし、熱帯高地はアンデスだけでなく、中米のメキシコにも、アジアのヒマラヤ・チベットにも、そしてアフリカのエチオピアにもある。わたしは、これらの熱帯高地で五〇年あまりにわたって民族学（文化人類学）の調査をしてきたが、近年になって興味深いことに気がついた。それは、これらの四地域の熱帯高地は、いずれも数多くの栽培植物の発祥地であり、多くの人びとが暮らし、そこでは古くから文明も栄えてきたことだ。このような事実は、一般社会ではもちろんのこと、研究の世界でもまったく知られていないことであった。そのため、わたしは、これらの文明を四つの熱帯高地における「高地文明」とよぶことにした。四つの古代文明といえば、大河のほとりに生まれた「四大文明」を思いうかべるかもしれないが、ここでいう「高地文明」はそれとはまったく異なる。それは、文字どおり、熱帯の高地で生まれ、発展した文明のことである。

つまり、わたしの考えでは、大河のほとりで生まれた「四大文明」とは別に、この地球上の遠く離れた熱帯高地では、四つの高地文明が独立して生まれ、発展したと考えているのである。その意味では、これは「もうひとつの四大文明」といってもよいが、はたして、この考えは正しいか。それを、これまでのわたしの調査結果にもとづき、本書ではメキシコ、アンデス、ヒマラヤ・チベット、そしてエチオピアの順で、人びとの暮らしと自然環境の関係を明らかにしながら、高地文明の仮説を検討してみたいと思っている。読者の皆様からの忌憚《きたん》のないご意見、ご批判をお寄せいただければ幸いである。

＊本書中、とくに断りのない写真はすべて著者の撮影による。引用文中の〔　〕は引用者による注を示す。植物の分類は『世界有用植物事典』（堀田満ほか編）による。また、本文中では、敬称をすべて省略させていただいた。

目次

まえがき　i

第1章　歴史教科書の記述は正しいか　1

「四大文明」から「六大文明」へ？　「四大文明」に対する異議申し立て　文明は大河のほとりで生まれた？　歴史教科書による記述　「インダス文明は大河文明ではなかった」　文明とは何か　効果的な食料生産の確立

第2章　「高地文明」の発見にむけて　23

文明と食料の関係　狩猟採集民の世界へ　甲虫の幼虫を生で食べる　アメリカ大陸の文化領域　ドメスティケーションとは何か　農学者の意見　栽培植物の多様性のセンター　世界の四大高地　すごしやすい熱帯高地　人間に敵対的な高地？　高地は住みにくいか　なぜ高地でも人は暮らすのか　高地は健康地　「高地文明」の発見　求められる全地球的な見方

第3章　「それは雑草から始まった」——メキシコ中央高原に栄えた石器文明——

63

メキシコの自然環境　メキシコの中央高原　テワカン河谷の発掘から栽培植物が食料の中心になる　季節的移住と植物の栽培化　雑草の出現　トウモロコシの栽培化　雑草から生まれたトウモロコシ　トウモロコシ・カボチャ・インゲンマメの複合　メソアメリカで生まれた高地文明　大都市、テオティワカン　壮大なアステカ王国　チナンパ耕作　まだら模様の王国　なによりも重要だったトウモロコシ　アステカの宗教儀礼と祭礼

第4章　ジャガイモが生んだアンデス高地の文明——ティティカカ湖畔にて——

105

熱帯アンデス　中央アンデスの特徴　生活圏が五〇〇〇メートルにおよぶ中央アンデス　三種類のプナ　栽培植物の故郷　なぜ中央アンデス高地で多種多様なイモ類が栽培化されたのか？　ジャガイモの栽培化　ジャガイモの起源地はティティカカ湖畔地方　毒ぬき技術の開発　ジャガイモ栽培の開始　アンデス文明の展開　謎の神殿　ティワナク社会を支えた生業

ティワナク文明の成立　苦いジャガイモを主食にする理由　チューニョの発明　土器に象られたチューニョ

第5章　高地文明としてのインカ帝国——天空の帝国が生んだ文明——165

中核地帯が高地にあったインカ帝国　文字のかわりを果たしたキープ　飢える者がいなかったインカ帝国　スペイン人を驚嘆させたインカの農耕技術　踏み鋤の分布が意味するもの　中央アンデス高地は根栽農耕文化圏　「インディオの主食はジャガイモ」　インカ帝国はジャガイモ国家　「垂直統御」論の登場　「イモなんか食って文明ができるか!?」　ジャガイモが蔑視される理由　わかりにくいインカの宗教　今も生きつづけるワカ信仰

第6章　チベットの高地文明——チンコーとヤクとチベット仏教——217

乾燥チベットと湿潤チベット　チベットは寒くて荒涼とした住みにくい国か？　農耕地帯も見られるチベット高原　チンコーとヤク　チベット文化圏　ヤクの家畜化はいつ始まったのか？　チンコーの出現　チベット文明の黄金時代　都市なき文明？　ヤクの家畜化による輸送革命　輸送革命のおよ

ぼした変革　チベット仏教の影響　チベットの高地文明

第7章　もうひとつの例——エチオピア高地の文明——259

砂漠のような高原　人間が改変した環境　多民族国家としてのエチオピア
テフとエンセーテ　熱帯高地としてのエチオピア　高地が支配権力の中心地
となった理由　アクスム文明　アクスム王国の繁栄を今に伝えるステレ
農耕文化が発達していたアクスム王国　アクスム文明は周辺文明か？

終章　「大河文明」説の見直しに迫る——297

高地文明の比較　高地と低地のあいだ　「大河文明」説の再検討に迫る
「穀物生産こそが文明を生んだ？」　なぜ高地文明圏を提唱するのか　もうひ
とつの文明圏？　「大河文明」説を越えて

あとがき　311

注　315
主要参考文献　323

第1章　歴史教科書の記述は正しいか

アマゾン川上流の夕景　このアマゾン川流域では古くから文明はひとつも誕生していないのだ

「四大文明」から「六大文明」へ?

「四大文明」という言葉がある。「大河文明」ともいう。この「四大文明」説は、中学や高校の教科書にも載っているので、日本人であればほとんどの人が知っているだろう。世界の古代文明は、四つの大河のほとりに生まれたという説である。すなわち、エジプトではナイル川のほとりで、メソポタミアではチグリス・ユーフラテス川のほとりで、インドではインダス川のほとりで、そして中国では黄河《こうが》のほとりで古代文明が誕生したというのである。

この説にわたしが疑問をいだいたのは、もう五〇年以上前の一九六八年のことであった。この年、わたしは京都大学探検部の調査隊に参加して、はじめてペルーやボリビアなどの中央アンデスを半年ほどかけて車で駆けまわっていた。調査の主目的は、中央アンデス原産の栽培植物の起源を探り、農耕文化の特徴を明らかにすることであったが、その道中で、マチュピチュなどのインカ帝国やそれ以前に生まれた諸文化の遺跡を目にすることができた。また、各地の博物館などでも、きらびやかな黄金製品や美しい織物、そして多彩な土器などのアンデス文明の遺物を見ることができた。わたしたちが駆けめぐっていた地域は、はからずも古代アンデス文明が誕生し、発展したところだったのである。

こうして、わたしはアンデス文明に関心をもつようになった。それとともに、なぜアンデス文明は旧大陸の「四大文明」と同等に扱われないのだろうか、という疑問も生じてきたのであった。とはいえ、当時のわたしは農学部の学生であり、アンデス文明に関する知識はほとんどなかった。そんなわたしでもアンデス文明は文字を欠いていたことを知っていた。そして、文字の使用は文明の必須《ひっす》条件であるとされていたので、それゆえにアンデス文明が「四大文明」と同等に扱われないのかもしれない、と思った。同時に、文字の存在は文明成立の絶対的な条件なのだろうか、という疑問も生まれたのであった（注1）。

その後も、メキシコや中央アメリカに行き、マヤやアステカ、そしてテオティワカンなどの遺跡を見るようになって、「四大文明」説に対する疑問はいよいよ強くなっていった。アンデス文明だけでなく、中米に栄えたメソアメリカ文明も「四大文明」に匹敵するほどに大規模で、すぐれた文明であると思えたからである。

その後、わたしは栽培される植物よりも、栽培する人間に関心をうつし、農学から民族学（文化人類学）に転向した。そして、主として人びとの暮らしと自然環境との関係の研究を始めたため、「古代文明はどのような環境に生まれ、どのようにして発展していったのか」ということに関心をもつようになった。文明の起源を「灌漑《かんがい》農耕による生産性の飛躍的な向上」に求める研究者もいるが、この場合は古代文明の発生の条件として大河の存在を必要条件とすることも一応理解できる（注2）。たしかに、この点から見ればアンデスにも中米にも大河はなく、そこでは大河文明は誕生しなかった。しかし、だからといってアメリカ大陸では古代文明は誕生しなかったといえるのだろうか。実際、新大陸を専門とする考古学者も歴史学者も、アンデスで生まれた文明を専門とする考古学者も歴史学者も、アンデスで生まれた文明をアンデス文明、中米で生まれた文明をメソアメリカ文明といい、これらをまとめて古代アメリカ文明という言葉をふつうに使っているのだ。

「四大文明」に対する異議申し立て

一方で、最近、この「四大文明」説に対する異議申し立ても目立つようになってきている。

たとえば、次の文章は新大陸文明に詳しい増田義郎によるものだが、「四大文明」にかえてメソアメリカ文明とアンデス文明をくわえた、「六大文明」説を提唱している。

わが国では、アメリカ大陸の固有文明について知られるところが少なく、また専門家たちも、アステカ、マヤ、インカの文明は旧世界の古代文明に比べれば遅れたもの、劣ったものであると断じて怪しまない。そして、エジプト、メソポタミア、インダス、中国を「世界の四大文明」と呼ぶ。しかし、この呼称はまちがっている。アメリカ大陸の固有文明は、旧世界の古代文明に劣らず独創的であり、注目すべき特徴をもち、いくつかの点では旧世界の諸文明よりすぐれてさえいる。したがって、われわれは、「世界の四大文明」に新世界の二大文明、すなわちメソアメリカ（古代メキシコとマヤ）、中央アンデスを加えて、「世界の六大文明」を論ずべきなのである。（増田、二〇一〇）

増田のほかにも、この六大文明説に賛意を示す研究者がいる。新大陸専門の考古学者であり、マヤの専門家でもある青山和夫《あおやまかずお》も以下のように述べている。

文明の誕生に必要なのは、川ではなく、安定した食糧の供給である。（中略）人類史を正しく再構成するためには、時代遅れの「四大文明」史観を乗り越えて、「世界六大文明」を形成した旧大陸とアメリカ大陸の大文明を対等に位置づけなければならない。（青山、二〇一二）

たしかに、新大陸文明を正しく位置づけなければならないことはいうまでもないが、それを、これまでの「四大文明」にくわえて「六大文明」とするのはいかがなものであろうか。それというのも、ほとんどの日本人にとって世界の「四大文明」は「大河のほとりで生まれた大河文明」と刷りこまれているので、「六大文明」といえば新大陸文明も大河文明と思われるかもしれないからだ。そこで、気になることがある。

そもそも、世界の「四大文明」説＝大河文明説は、いわば定説のようになっているが、この説はいつ、誰が提唱した説なのだろうか。また、この説は本当に十分に検証された説なのであろうか。これが意外にわからないのだ。文献などをひもといてみても、「四大文明」について明確に述べたものは、少なくとも、わたしが調べたかぎりではない。なかには、この点について以下のように述べる研究者さえいる。

「四大文明」なる言い方は「言いえて妙」ではあるが、「学説」などではなく、所詮《しょせん》は半世紀以上前に作られたもっともらしい言い回しに過ぎない。「御三家」とか「七福神」のように、ある数からなるセットで覚えておきましょうという、教育者による思いつきに過ぎないのである。(後藤、二〇一五)

つまり、後藤健《ごとうたけし》によれば、四大文明説は「学説」などではなく、「教育者による思いつき」にすぎない、というのである。

文明は大河のほとりで生まれた?

イギリスの有名な考古学者のゴードン・チャイルドが一九三六年に出版した『人間は人間をつくる』(*Man makes himself.*)のなかに、それらしき記述が見られる。なお、この本は日本語に翻訳され、『文明の起源』というタイトルで岩波新書として一九五一年に日本でも刊行されている。

チャイルドの本のなかの「四大文明」に関するそれらしき記述とは次の文章である。

……この発達が、大河の低地、すなわちナイル流域において、チグリス・ユーフラテス両河の間の沖積平野において、またインダス河とそのシンドおよびパンジャブにおける支流に接する沖積平野において〔シンドとパンジャブとはインダス河畔の都会モヘンジョ・ダロなどをさす〕、ほかのところよりもはやく実現した。そこには毎年洪水によって新しくされる無尽蔵の水の供給と沃土《よくど》とが、確実で、ありあまる食料の供給を保証し、人口を増加させた。（チャイルド、一九五一）

この文章で注意したいことは、「四大文明」のうちの三大文明についてては明示してあるが、黄河文明についてはまったく言及していないことだ。あるいは、当時は「四大文明」ではなく、三大文明とよばれていたのかもしれない。また、著者のチャイルドはイギリスで長年研究を続けたのでヨーロッパ中心の歴史観をもっていたのかもしれない。もうひとつ、注意すべきことは、この文中で古代文明が大河と密接な関係をもつこと、その理由についても述べていることだ。ひょっとすると、古代文明が大河文明ともよばれるようになったのは、このチャイルドの文章の影響なのかもしれない。

歴史教科書による記述

日本の教科書に「四大文明」説がはじめて掲載されたのは一九五一年（昭和二六年）のことであった。初出は、山川出版社の刊行による高校の『世界史』であり、その第二章の「文明の発祥」には次のように書かれている。

> 地球上でいち早く野蛮・未開の状態を脱して文明の域に進み、国家生活を営むようになったのはエジプトのナイル河流域、メソポタミアのティグリス・ユウフラテス両河地方、インドのインダス河流域、中国の黄河流域のように、生産の発展に恵まれた肥よくな大河の地方の社会であった。

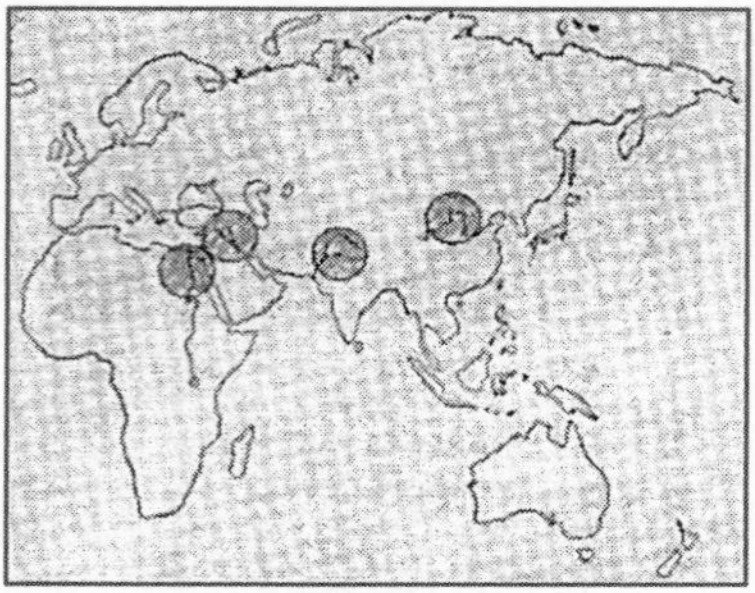

図１—１　四大文明発祥地（山川出版社『世界史』1951年刊行）

そして、そこには「四大文明発祥地」の地図も書かれている（図1—1）。その後、山川出版社だけでなく、それにならうように、ほかの出版社も四大文明説をとりあげるようになったのだ。

ただし、チャイルドは黄河文明については何も言及していないので、おそらく日本で教科書にする段階で黄河文明だけが追加されたようだ。つまり、「四大文明」説は日本独自の考え方かもしれないのである（注3）。

そこで、いろいろ手をつくして調べた結果、それをうらづける記述を見つけた。金沢大学教授の村井淳志《むらいあつし》によれば、「四大文明」説は、日本人考古学者の江上波夫《えがみなみお》がいいだした造語だったというのである。[1] 江上は、戦後すぐの一九四八年に奇想天外な、『騎馬民族日本征服論』という面白い説を打ちだし、日本に騎馬民族が乗りこんで建国したという説を提唱したことで知られる著名な考古学者である。

さて、村井も、「四大文明」という用語をいつ、誰が、どのようなモチーフで使いはじめたのか、という疑問を呈している。そして、「「よん・だい・ぶん・めい」と声に出すと、各音節の語尾で－N－I－N－Iと韻を踏んでいて、とても語呂《ごろ》がよい。この語呂の良さが、「四大文明」が日本人の間で広く定着した理由の一つだ」、という。

また、村井が聞いたところによれば、「四大文明」説は山川出版社の『再訂世界史』に使われたのが最初だという。

> 「文明の発祥」という章に付された図の「四大文明発祥地」というキャプションが、この用語の最初の使用例だという。この教科書は、村川堅太郎《むらかわけんたろう》（東大教授）・江上波夫（同）・林健太郎《はやしけんたろう》（同助教授）執筆、東大史学会編と銘打っていて、当時、もっとも権威ある世界史教科書であった。

並行して、同時期の世界史教科書を検討してみた。実業之日本社版『現代世界のなりたち』、大阪教育図書版『改訂高校世界史（上巻）』、好学社版『高校世界史』、東京修文館版『世界史読本』、三省堂版『世界の歴史』ではいずれも、「国家の形成」「文明の発生」などという章を設けて、エジプト・メソポタミア・インド・中国の四地域を取り上げている。ただし、「四大文明」という言葉を使っているのは、山川版だけである。つまり、当時の歴史教育界の中では、「四つの代表的な古代文明」という発想は、かなり共通認識になっていた。しかし「四大文明」という用語そのものは、山川教科書執筆陣の発案であり、そのなかで古代オリエントを担当していたのは江上波夫氏だから、江上氏だと断定してよさそうである。

江上氏は、その三年前の四九年、『世界の歴史Ⅰ　歴史のあけぼの』（毎日新聞社）という本を執筆している。しかしその本には、「四大文明」という言葉は出てこない。エジプトメソポタミアを「オリエント」と一括りにして、それにインダス・黄河を加えて「旧大陸の三大都市文明」と称しているのだ。ところが四九年から五二年の間に、エジプトとメソポタミアを分けて（グレコ＝ローマンの源という意味の「オリエント」という名称を止めて）、よりシンプルに「四大文明」と呼ぶことを着想したのだと推定される。これは西欧的な古代文明観からの決別とも言える。（村井、二〇〇九）

なお、これは村井の推定であり、江上本人に確認はできなかったそうだ。しかし、江上の門下生に問い合わせてみたところ、「それは充分あり得る話ですね。江上先生はそういう造語を作るの、うまいんだよ」という返事があったそうだ。

一方で、考古学者の今村啓爾《いまむらけいじ》が発表したところによれば、四大文明をはじめにいいだしたのは日本ではなく、中国であったという。しかも、それは日本より五〇年ほど早く、中国人の「梁啓超《りょうけいちょう》が一八九九年の詩文中で使った『古文明祖国有四』に発し、若干の修正を経て、『(世界)四大文明』になったとみるべきであろう」と今村は述べている。[2]

このどちらが正しいのか、わたしに、それを判断できるだけの資料も学識もない。しかし、問題は初出が中国であったか、日本であったかではなく、「四大文明」という概念が正しいかどうか、ということであろう。

「インダス文明は大河文明ではなかった」

では、現在はどうなのか。「時代遅れの歴史観」とか「思いつきにすぎない言い方」と批判されているにもかかわらず、現在の中学や高校の教科書にも「四大文明」説は依然として記載されている。ただし、以前とかわった点もある。それは、マヤやアステカ、インカなどの新大陸文明についても言及されるようになっていることだ。

しかし、欧米などでは一九六八年の時点で、すでにマヤやインカなどの新大陸文明も「四大

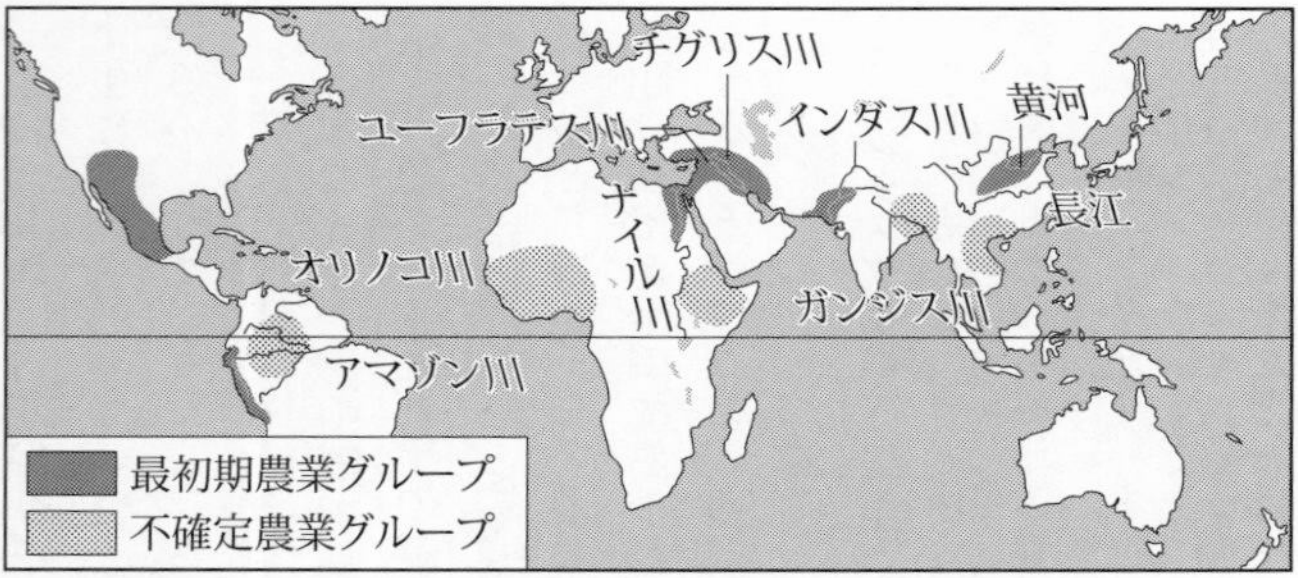

図1―2　最初期農耕共同体の位置（G. Daniel, 1968）

文明」と同等に扱われていたようで、図1―2はその一例である。これは、一九六八年にG・ダニエルによって刊行された ***The First Civilizations***（『最初の文明』）に掲載された図であるが、そこには六つの文明が図示されていた。[3] ただし、著者は「六大文明」とはいわず、「最初期の農耕共同体（The earliest communities）」という言葉を使っている。つまり、四大文明とか、六大文明という言葉を使っているのは、どうも日本だけのようだ。

一方で、日本では二〇〇〇年にも『大河文明の誕生』という本が考古学者の安田《やすだ》喜憲《よしのり》によって出版されているが、そのなかでは依然としてメソポタミア文明やインダス文明、エジプト文明、そして黄河や長江《ちょうこう》などの中国文明がとりあげられている。[4] なお、安田は、日本の縄文も文明とし、この縄文文明もくわえて五大文明としているのだ。

最近になってインダス文明は大河の恵みのおかげで農耕文明が誕生したのではなく、「インダス文明のほとんどの地域では、大河に依存する生産システムではなく、夏のモンスーンによる降雨に依存する生産システムだった」(5)と考えられるようになった。この結果、「大河文明が大河にだけ依存した農業によって支えられている文明を指すのであれば、インダス文明は大河文明ではない」とまでいわれるようになった。この長田俊樹《おさだとしき》の説は大河文明を否定したはじめてのものであった。それまでの批判は四大文明を追認し、それに新大陸文明や縄文文明などを追加したものなのであった。

こうなってくると、正直なところ、考古学者でも歴史学者でもないわたしにはわけがわからなくなってくる。やはり、「四大文明」説は「時代遅れ」の「思いつきにすぎない」説なのであろうか。

そうであれば、チャイルドの三大文明＝大河文明説も否定されるのであろうか。じつのところ、冒頭で述べたように「四大文明」や大河文明を真正面からとらえた議論はほとんどない。もちろん、まったくないわけではなく、灌漑文明などのテーマでシンポジウムがおこなわれ、その報告書も刊行されている。

文明とは何か

ここで、文明の定義、つまり「文明とは何か」について検討しておくべきであろう。そもそも「文明」の定義があいまいだからこそ、前述したような議論が生まれると判断されるからだ。そこで、辞書で「文明」の意味を調べてみよう。『広辞苑』によれば「文明」とは、「文教が進んで人知の明らかなこと」、「(civilization) 都市化」、「生産手段の発達によって生活手段が上がり、人権尊重などの原則が認められている社会、すなわち近代社会の状態」などとある。

つまり、文明という用語は学術用語ではなく、一般社会でも広く使われているため、非常に幅広い意味で使われているようだ。そのなかで学術用語的に使われているのは「都市化」だけであろう。そして、『広辞苑』でも記されているように、英語で「文明」に対応する言葉はcivilizationであり、このcivilはラテン語の「都市」あるいは「市民の」に由来する。したがって、civilizationは語源的に都市と不可分の言葉であるとされ、考古学では「文明」は「都市化」の意味でこの語を使っているという[6]。

このほか、文明の定義については様々な議論があるが、文明の指標にされる便利なものがあるので、それについても述べておこう。

ゴードン・チャイルドの古典的な定義によれば、文明とは次の指標をそなえているかどうかで区別されるとした[7]。

効果的な食料生産
大きな人口
職業と階級の分化
都市

冶金《やきん》術
文字
記念碑的な公共建築物
合理科学の発達
支配的な芸術様式

たしかに、「都市」は、チャイルドも文明の指標のひとつとして扱っているように、文明の起源と密接な関係をもっていることがうかがえる。実際に、比較文明学者の伊東俊太郎《いとうしゅんたろう》も、都市の存在を重視し、「都市とは、農業に直接従事しない人口が密集して、ある地域の政治的、経済的ないし文化的中心として機能をはたしているものをいう」と述べたうえで、「『都市革命』以後のものについて「文明」という言葉を使用し、それ以前の「農業革命」までのものにたいして「文化」の名をあたえる」としている。(8)

一方で、伊東は「都市」の存在は、必ずしも「文明」の必要条件ではないとする意見も認めて、「都市なき文明もまた可能なのではないか」という疑問を呈している。

さらに、考古学者の大貫良夫《おおぬきよしお》は、都市ではなく、国家を重視して、次のように述べている。

文明とは国家という政治システムを持つ社会のことである。（中略）もし、人間の営みの

すべてを文化というならば、文明とは国家という政治機構を持った社会とその文化のことである。（大貫、一九九八）

これらの意見に対して、著名な文化人類学者であるクラックホーンは、文明の必要条件として「都市」をくわえることなく、次の三つの条件のうち二つを満足させるものを「文明」と考えた。[9]

①五〇〇〇人以上の集落、②文字、③祭儀センター

これによれば、マヤ文明は①を欠くが、②と③をもつがゆえに「文明」であり、アンデス文明は②を欠くが、①と③をもつがゆえにまたひとしく「文明」であるということになると伊東はいう。ここで、ちょっと注釈をくわえておこう。伊東がこれを書いたのは今から五〇年ほど前のことであり、当時、マヤ文明は「都市なき文明」として知られていた時代であった。そのため、「マヤが都市を欠く文明」の代表とみなされたのかもしれないが、その後、マヤでもいくつもの都市が誕生していたことが知られている。このようなこともあってか、伊東はこのクラックホーンによる文明の定義の方法について、「このような基準で割りきっていくやり方は、すっきりはするがやや外面的で機械的であることをまぬがれない」と批判している。[10] そして、伊東は「個々の要素にとらわれずに」、先述したような「諸標識がたがいに関係してあらわれてくる全体的な文化変容のパターンに注目するのである」と述べている。

わたしは、この伊東の考え方に基本的に同意するが、これらの指標のなかで、わたし自身がとくに注目している条件がある。それは、「効果的な食料生産」と「大きな人口」という条件である。一般に文明の前提条件として、「効果的な食料生産」とそれが支えた「大きな人口」がきわめて重要だったといわれるが、これは当然であるとわたしは考える。これらの前提条件を満たさなければ、その社会は後の職業と階級の分化や都市、記念碑的な公共建築物などもつくりだせなかったと考えられるからだ。

一方で、伊東は、人類全体の発展を人類革命、農業革命、都市革命、精神革命、科学革命というタテ軸の五段階にわけている。そして、文明を「基本文明」と「周辺文明」にわけ、基本文明として、メソポタミア、エジプト、エーゲ、インド、中国、ギリシャ・ローマ、ペルシャ、アフリカ、シリア、中米、アンデス、ビザンツ、アラビア、スラブ、日本、西欧、アメリカという一七地域をあげている。この「基本文明」は、それみずからのユニークな文明のスタイルをもち、またその文明が自立的に発展し、かつ文明の寿命も長い（一〇〇〇年以上）ものをいう。一方、「周辺文明」とはその中心となる「基本文明」の影響下にあって自己独自な要素が少なく、中心文明の波動を反復するだけで自立的な発展がなく、かつ概して短命な文明をいう、とされる。(11)

効果的な食料生産の確立

「効果的な食料生産」を伊東は「農業革命」といっており、それについて彼は次のように述べている。

人類史の第二の変革期をつくったものは「農業革命」である。すなわち人類がこの地球上にあらわれていらい、その歴史の九九パーセント以上を狩猟採集の流浪の旅ですごし、不安定なその日ぐらしをつづけてきた人類が、はじめて農耕というものを発見し、野生植物を栽培化すると同時に、野生動物を飼育化し、そこに食糧を能動的に生産し確保するという積極的いとなみを開始する。およそ人間のじゅうぶんな意味での文化活動は安定した食糧の確保なしにはありえないから、耕すこと（cultura）はたしかに文字どおりの意味での「文化（culture）」のはじまりなのである。チャイルドはこれを「食糧生産革命」という名でよんでいるが、この文化史的転換の人類文化史にもつ意義ははかりしれないものがある。

（伊東、一九七四）

この食料の採集から生産への生活体系の変化については、考古学者のサンダーズも次のように簡潔にまとめている。[12]

①食料採集が季節的な人口移動を必要とするのに対して、食料生産は定住の地理的範囲を著しく拡大させる。
②採集狩猟体系では、もっとも生産性の高い環境にあってさえ、食物の量が季節的に、また年ごとに大きく変動するので、人口は最低のレベルでのみ安定する傾向がある。一方、食料生産体系では、生産される食料の全体量は大幅に増加し、その結果、人口密度の潜在的可能性が大幅に増大する。
③食料生産は、食料供給を達成するのに必要な時間の総量を減少させる。その結果、生まれた余剰時間は、経済、社会、政治、宗教など、いろいろな活動にあてることができる。

要するに、食料生産の結果は、定住の発達、人口の増加、そして余剰時間の増加をもたらすのである。

わたしは、これら両氏の説に全面的に賛成する。それというのも、人間が野生の動植物に手をくわえて家畜や栽培植物を生んだこと、つまりドメスティケーション（家畜化・栽培化）によって、人間の社会は大きな人口を擁することが可能になり、その社会は階層社会へと発展、祭儀センターも生まれる可能性があるからだ。つまり、わたしが文明誕生の条件としてなによりも重視しているのが安定的な食料供給の方法の確立なのである。

この農業革命に注目するとき、ひとつの注意すべき点がある。それは、文明を考えるとき、自然環境も考慮に入れなければならないことだ。比較文明学を専門とする梅棹忠夫《うめさおただお》も指摘しているように、「農業生産は、ふかく気候的条件に依存し、その影響をうける。したがって、農業段階までの人類の文明は、地球上の植生、ひいては気候の分布に関係をもたざるをえない」からである。[13]

わたしがいちばん知りたいのは、「地球上のどのような環境で、なぜ、どのようにして古代文明が誕生し、発展したのか」という疑問であった。その意味では、古代文明が「大河のほとりで」誕生したという説には一定の説得力があった。しかし、「大河のほとり」以外では古代文明は誕生しなかったのか、という疑問も生じたのであった。そのきっかけになったものこそが、先述したように新大陸文明の存在であった。新大陸では、中米でもアンデスでも文明が誕生し、発展したが、そこには大河がないからだ。一方で、南アメリカは広大な大陸であり、そこには世界を代表するアマゾン川やオリノコ川なども流れているのに、どちらでも古代文明は生まれていないのである。

ここで、もうひとつ注意すべきことがある。それは、文明には古代文明だけでなく、近代文明や現代文明もあることだ。あるいは地理的な広がりとして「ヨーロッパ文明」、民族の名を冠した「日本文明」、宗教の名をつけた「イスラーム文明」、あるいはそうした要素の組み合わせで「西欧キリスト文明」、「中東イスラーム文明」などの文明圏として文明の語を使う場合もある。[14]このように、文明の概念については様々な意見があり、まだ統一的な見解は示されていないようだ。ところが、近年の文明論では、これらを区別することなく、しばしば一緒に議論される。その結果、当初、「四大文明」だけがとりあげられていたのに、近代文明や現代文明もくわえられて専門家以外にはきわめて理解しにくいものとなってしまったようだ。そこで、本書では文明を農耕の開始からその発展の時代にまで時期を限定しよう。つまり、これは伊東のいう都市革命の前の農業革命の時代を指す。これでは、あまりにも漠然としているので、さらに、わたしは一点だけ条件をくわえておきたい。それは、新大陸については時期をコロンブスによるアメリカ大陸到達頃までに限定することだ。新大陸で生まれた文明は、コロンブス以前は旧大陸とはまったく別個に独自に発達したものだからだ。そのため、アメリカ大陸では、文字もほとんど発達しなかったし、車も鉄器も利用されなかったのだ。つまり、わたしはチャイルドがあげた文明の指標を一応の目安とはするものの、ひとつひとつの指標にあまりとらわれることなく、文明を扱いたいのだ。

（注1）アメリカ大陸で生まれた新大陸文明が旧大陸で生まれた四大文明と別に扱われる理由は文字のあるなしだけでなく、もうひとつの理由がありそうだ。それは新大陸文明の発生が旧大陸文明よりも新しいと考えられていたことだ（鶴間、二〇〇〇）。しかし、比較的近年になってペルーの中央海岸で発掘されたカラル遺跡は三〇以上の祭祀《さいし》建造物が立ち並び、高さ二〇メートルもある中央神殿も建てられた巨大なもので、この遺跡からは数多くの栽培植物も出土しており、農耕がかなり発達して

いたとみられる。そして、この遺跡を発掘したルトゥ・シャディは、カラルを階層化が進んだ都市国家としてとらえ、その年代を紀元前三〇〇〇年から前二〇〇〇年頃ととらえている（Shady and Leyva, 2003）。したがって、少なくともカラルの遺跡も考慮にいれれば、アンデス文明はインダス文明に匹敵するほど古い歴史をもつ可能性があり、旧大陸文明とあまり時代的な差はなさそうである。

（注2）考古学者の後藤によれば、古代文明の起源は、「灌漑農耕による生産性の飛躍的な向上、それによって生まれた余剰の蓄積、それを可能とした労働力の集中と社会的・政治的ヒエラルキーの確立」などの面から説明されてきたという（後藤、二〇一五）。

（注3）参考までに、現在刊行されている中学校の世界史教科書でどのように書いているか、引用しておこう。日本文教出版による「世界の古代文明」の章では次のように記述されている。

都市や国家の誕生は、世界各地の農耕と牧畜が発展した地域でおこりました。農耕による生産が飛躍的に増加した温暖期以降、神殿や倉庫や公共の建物がつくられるようになり、道具の素材や貴重品の交易が盛んになって、小規模ながらも都市が出現しました。（中略）まずメソポタミアの南の地域の人々が文字や青銅器を使用したほか、王宮の建設が始まり、巨大都市そして国家が出現しました。人類の文明の始まりです。文明はその後エジプトへと広がり、さらにインダス川や黄河・長江流域にも文明が成立しました。また、アメリカ大陸でも文明が独自に成立しました。（中略）メソポタミア・エジプト・インド・中国の文明を四大文明とよびます。（日本文教出版、二〇一六年発行『中学社会歴史的分野』）

第2章　「高地文明」の発見にむけて

ペルー・アンデス高地におけるラクダ科家畜の放牧（標高約4800m）　このような高原はペルーではプナとよばれる。プナの大半は寒冷高地なので、作物の栽培はできないが、リャマやアルパカなどの家畜が放牧される

文明と食料の関係

アメリカの著名な植物学者であるハーバート・G・ベイカーはその著書『植物と文明』の冒頭で「文明は農耕の問題をさしおいて論ずることはできない」ということを強調している。(1) また、わたしも自分の目で、オリノコ川やアマゾン川流域、アンデス高地で、さらにヒマラヤやチベットでも食料獲得のために家族全員で全力を注いで農作業をおこなう先住民の人たちの姿を見てきたのである。

とくに、オリノコ川の源流域で接した狩猟採集民のヤノマモ族の人びととの暮らしは、わたしの文明に関する考え方を根本的にかえるほど大きな影響を与えた。ヤノマモは、ヤノマミともよばれ、ベネズエラとブラジルの国境付近で暮らす狩猟採集民として知られ、約一万人が赤道直下に近い熱帯雨林に散在して暮らしている。今も、しばしば近隣部族と戦争をし、好戦的な部族としても知られる。そのため、彼らを「凶暴な人びと」とよぶ研究者もいる。(2)

そこを、わたしが訪れたのは一九七四年七月のことであった。そこでのわたしの関心は食料の獲得方法と人びとの暮らしの関係を知ることであった。ただし、滞在期間は一〇日ほどと短く、本格的な調査はできなかった。しかし、そこで目にした光景は半世紀近くたった今でも忘れることができない。それほど強烈な印象を与えられたのだ。彼らは一〇〇人から一五〇人くらいの集団をひとつの単位として、大きな共同家屋で暮らしているが、男も女も、老人も子どもも全裸に近く、衣服をつけているものはほとんどいなかった。しかも、その体は赤色や黒色で彩色されているため、見る者に異様な感じを与えたのだ。はじめて共同大家屋のなかに入ったときのことも強烈な印象として記憶に残っている。

共同大家屋は、シャボノとよばれるが、それは直径五〇メートルほどのほぼ円形である。ただし、屋根があるのはまわりだけで、観客席に片屋根のある小さな野球場のような感じを与える。居住空間は片屋根の下の部分だけであり、中央部は雑草が生えている広場で、何にも使われていない。居住空間に目を移すと、そこには異様な世界が展開されていた。

びっしりハンモックが吊され、そこで身を横たえている人びとがいたのだ。乳を与えて、乳児をあやす女性がいる。ただ身を横たえて、ぼんやりしている男性もいる。そのかたわらで、黙々とハンモックを作っている若者もいる。また、母親なのか、子どもの体に彩色している女性もいる。ざっと見まわしただけで、一〇〇以上のハンモックがある。ということは、この共同大家屋には少なく見積もっても一〇〇人以上の人が暮らしているようだ。

狩猟採集民の世界へ

わたしはこれまで様々な民族と一緒に暮らしてきたが、そのほとんどが農耕民であり、狩猟採集民と接触するのは、これがはじめてであった。それだけに見るもの、聞くものすべてが珍

（右）図2―1　ヤノマモの女性
口のまわりに突き立てている楊枝のようなものは「オシャレ」のため
（上）図2―2　ハンモックを吊った共同大家屋のなか

しく、時間のたつのも忘れて、彼らの行動を観察する。そのおかげで、共同大家屋の構造も居住空間の使い方も次第にわかるようになった。まず、共同大家屋の屋根はすべてヤシの葉でおおわれている。また、各家族の居住空間はかまど（炉）を囲む小さな空間である。このかまどは、薪を放射状においただけの簡単なものであり、そこで調理をするのであろう。しかし、まわりを見渡しても、狩猟に使う弓矢以外、家財道具といえるようなものはほとんどない。きわめて簡素な生活を送っているようだ。

昼を少し回った頃から、シャボノのなかは急ににぎやかになった。狩猟や採集に出かけていた人たちが帰ってきたせいのようであった。帰ってきた人は背中に籠《かご》をつけているので、すぐにわかる。ひとりの男性は、その籠に猿を入れていた。吹き矢か弓矢でとったものらしい。身振り手振りをまじえて大声で話しているところを見ると、獲物をとったときの様子を家族に報告

(上) 図2—3　有毒マニオクの加工　マニオクをすりおろしたあと、毒ぬきをする
(左) 図2—4　キノコを蒸して食べる

しているのかもしれない。

　しかし、獲物をとってきたのはその男性だけで、あとの男性は手ぶらで帰ってきた。狩猟で獲物をとるのは容易ではなさそうだ。また、女性や子どもは昆虫や植物を採集してきたのか、籠から昆虫や植物をとりだしている。どうも、狩猟は男性、採集は女性や子どもと役割がきまっているようだ。

　女性のなかには籠いっぱいにバナナを詰め込んで運んでいる者もいる。それを見て、わたしは納得する。ヤノマモの人びとは狩猟採集民とよばれているものの、実際は農耕もおこなっているのではないかと、わたしは疑問に思っていたのだ。狩猟採集民としては集団の人口が多すぎたからだ。民族学などの教科書によれば、狩猟採集民はバンドとよばれる遊動《ゆうどう》的な集団で、ふつう三〇～一〇〇人程度で構成されるという。バンドは狩猟採集民社会に特徴的な社会形態とされ、狩猟、採集、漁労など、野生の食料源を追って季節的に移動をくりかえす暮らしをするといわれているのだ。そして、バンドは本質的に家族の集合体であり、もっとも未発達な段階の社会組織である。本格的な社会発達は農耕または牧畜の開発を待たなければならないとされるのである。

あとでわかったことだが、ヤノマモの人びとは、狩猟採集だけでなく、やはり焼き畑農耕もおこない、その畑では料理用バナナやマニオク（キャッサバ）も栽培していたのである。共同家屋を一歩でると、共同大家屋は、焼き畑で栽培されているバナナやマニオクの畑で囲まれていたのだ。ちなみに、探検家である関野吉晴《せきのよしはる》は長期間にわたりヤノマモと暮らしをともにした医師だが、その彼によればヤノマモの食料の半分は狩猟採集で得たものだが、残りの半分は焼き畑で栽培したバナナやマニオクであったそうだ。また、関野によれば、ヤノマモの集団は約一五〇人を超えると、その集団は分裂するそうだ。

甲虫の幼虫を生で食べる

さて、シャボノでは、夕方近くになると、あちこちから煙が立ち上るようになった。夕食の準備が始まったのだ。先に各家族の居住空間を紹介したが、隣の家族の居住空間とのあいだには壁も敷居もないので、共同大家屋の内部全体がよく見通せるのだ。そこで、わたしは煙を目印に、みんなが何をやっているのか見てまわる。しかし、それを気にかける人はひとりもいない。むしろ、わたしの訪問を歓迎してくれる。

なかには籠のなかからとってきたばかりの獲物をつかみだし、「食べろ」という仕草をする若者もいる。最初にわたしに与えられたものは甲虫の幼虫だった。まだ、モゾモゾ動いているので、食べ方がわからず、途方にくれているわたしをみかねたのか、「こうするんだ」とばかりに、男はそれを口に放り込んだ。それをまねて、わたしも幼虫を口に入れ、勇気をだして嚙《か》んだところ口のなかいっぱいにバターのようなものが広がった。その男は「うまいだろう」という顔をするが、わたしにそれを味わうだけの余裕はなく、大急ぎでそれを飲みこむしかなかった。

図2—5　ヤノマモの若者　弓矢をもっている

図2—6　猿を調理するヤノマモの女性

別の家族はわたしに蟻《あり》をふるまってくれた。これも、まだモゾモゾ動いているものだった。蟻も試食させてもらったが、ほとんど味はなかった。そこで、気がついたことがある。彼らは塩を知らないらしく、料理に塩をまったく使わないのだ。そのかわりなのか、彼らは食べ物をなんでも灰汁《あく》につけて食べているのであった。

このようにして、わたしは毎日共同大家屋に行き、ヤノマモの人たちが何を、どのようにして食べているのか、それを観察していたが、驚いたことがある。それは、狩猟採集民である彼らなのに狩猟で得る動物はきわめて少ないことだ。わたしが滞在した一週間ほどのあいだに彼らが狩猟で得たものは初日に見た猿のほかにはペッカリー(野ブタ)が一頭だけだった。また、全体としても狩猟採集で得られる食料は少なく、これで空腹が満たせられるのだろうかと疑問に思えたほどであった。

しかし、注意して見ていると、青い料理用バナナを歯でガリガリ齧《かじ》り、それを焼いたり煮て食べている若者がいる。また、ヤムイモの一種を焼いて食べている人もいる。さらに、マニオクのイモを数人の女性が加工している光景も見た。マニオクには、有毒のものと無毒のものがあるが、ヤノマモの人たちが食べているのは有毒のものなので、調理をする前に毒ぬきの処理が必要なのだ。こうしてみるとヤノマモの人たちは狩猟採集民というより焼き畑農耕民といったほうがふさわしいくらいに焼き畑で栽培した作物に依存しているのであった。

こんな光景を眺めていて、わたしは人間が大きな集団で暮らしてゆくためには、畑で栽培した作物が不可欠であることをあらためて認識させられた。もちろん、人間は雑食性の動物だから動物性の食料も必要だろうが、それは少量でも問題はないのだろう。しかし、デンプン質の食べ物は大量にとらないとエネルギーが蓄積できないはずだ。こうして彼らは畑で栽培したマニオクやバナナも大量に食べているのであろう。先にチャイルドの言葉を紹介したように人間が大きな人口を擁するためには、なによりも安定的な食料生産の方法を確保しなければならないのだ（注1）。そのことをヤノマモの人たちの食生活はわたしに教えてくれたようであった。

アメリカ大陸の文化領域

ここで、ヤノマモに代表される狩猟採集民をふくめて、コロンブスが到達した頃のアメリカ大陸の文化領域（図2－7）を眺めておこう。その前に、「文化」という語について説明しておく必要があるだろう。読者によっては、文明と文化の違いに疑問をもつ方もおられるかもしれないからだ。じつのところ、文明も文化も、国によって、また人によって異なった使い方がされるが、その違いを平易に述べることは容易ではない。そこで、本書では、文化は英語の**culture**の訳語、文明を**civilization**の訳語とし、「文化」と「文明」は連続的なものであり、「文化」がある一定の発展段階に達したときを「文明」とよぶことにしたい。

さて、ヨーロッパ人とはじめて接触した一六世紀、先住民はアメリカ大陸の隅々にまで住んでいた。コロンブス一行が西インド諸島で、たまたま上陸したその日のうちにその島の住民と出あったという事実もそれを物語るものであろう。そして、当時、アメリカ大陸で見られた文化の多様性はまさに驚くべきものであった。それを示したものが図2－7で、狩猟や採集、漁労などを主たる生業にする地域があるいっぽうで、いくつかのタイプの異なる農耕をおこなう

図２－７　コロンブスが到達した頃のアメリカ大陸の文化領域
(Steward and Faron, 1959)

地域もあった。社会の型で見ても、バンド（小さな集団）をはじめとして、部族社会や首長制社会、さらに国家社会もあった。

ただし、これらを全体として見ると、ひとつの顕著な傾向のあることがわかる。それは、赤道をはさんで、その南北両大陸で類似した社会が見られたことである。まず、アメリカ大陸の両端部の寒冷地には狩猟採集社会があり、それに隣接する森林地帯などでは農耕に従事する部族社会があった。さらに、メソアメリカおよび中央アンデスの熱帯から亜熱帯にかけての山岳地帯では国家社会が見られ、これらのあいだに位置する、いわゆる中間地帯では首長国が見られたのである。なお、先に紹介したヤノマモは本来狩猟採集民族であったが、現在は周辺に住む熱帯雨林農耕民族の影響をうけ、狩猟や採集だけでなく、農耕もおこなっているのだ（注2）。

それでは、このような自然と社会のあいだの関係をどう見るか。自然環境の制約による適応の平行的な現象であろうか。たしかに、どこでも自然環境と社会のあり方には、常にある程度の平行現象がある。たとえば、アメリカ大陸の両端部に見られた狩猟採集社会がその典型的な例であろう。北アメリカの極北地帯もパタゴニアに代表される南アメリカの南部地域もどちらも作物を栽培するには寒すぎる。このため、そこでは食料源は野生の動植物に依存せざるをえないが、これらの野生の食料源は季節的に大きく変動する。こうして、これらの地域での生業は狩猟採集となり、その社会は食料源を求めて移動する比較的小さな集団、バンドとなったのである。

この意味では、アメリカ大陸での社会のあり方は基本的には自然環境の制約のなかで発達した結果であったといってよいが、人間は与えられた自然環境をそのまま利用してきたわけではなかった。とくに、メソアメリカと中央アンデスのいわゆる核アメリカとよばれる地域では環境そのものを人びとが大きく改変し、その環境の改変が高度な文明へと導く大きなきっかけを与えたのである。

その代表的な例が、水の乏しいところに水路を引き、広い範囲にわたって灌漑する方法であろう。また、斜面を階段状にし、そこを耕地にする階段耕地もよく知られているであろう。実際に、はじめてインカの領土のアンデスに入ったスペイン人たちを驚嘆させたもののひとつが階段耕地であった。

ドメスティケーションとは何か

一方で、ほとんど知られることのない環境改変の方法もある。じつは、メソアメリカおよび中央アンデスに住みついた人びとは数多くの植物を栽培化し、また動物も家畜化してきたが、これらの動植物も自然環境の一部をなすものにほかならない。それらを人びとはドメスティケーションという名の動植物の改変をおこない、それによって彼らは暮らしの大きな変化も可能にしてきたのだ。それが食料の採集から生産への変化、つまり農耕の開始であった。それは、バンドがどこでも狩猟採集という生業にむすびついていたのに対し、部族や首長国、そして国家がいずれも農業に基礎をおいた社会であったことでも明らかであろう。

ここで、本書で論を進めるうえで重要な役割を果たすので、ドメスティケーションについて少し説明しておく必要があるだろう。

ドメスティケーションとは、住まいや家、町、家庭などを意味するラテン語のドムス(domus)に由来し、人間が関与する環境に野生の動植物がもちこまれて変化を生じることだ。そして、日本語では植物の場合が栽培化、動物の場合が家畜化と訳されている。本書でいうドメスティケーションとは、遺伝的に変化し、形態や生理などの点でも野生の動植物とは大きく異なった栽培植物や家畜に変化することを指している。

植物におけるドメスティケーション、すなわち栽培化における変化に関してはラディジンスキーがその著書『栽培植物の進化』の冒頭で、「栽培下での植物の進化は、自然の植物進化とは異なり、次のような特徴がある」として以下のように簡潔にまとめている。

①農業が始まって以来、せいぜい一万年以内の出来事であること
②多くの主要作物の祖先が野生種として現在も生育していること
③人類が重要な役割を果たしてきたこと

(ラディジンスキー、二〇〇〇)

これらは植物の栽培化に関して述べられたものであるが、動物の家畜化に関しても同じようなことがいえる。とくに、これらの特徴のなかで注目すべきことは、③の「人類が重要な役割を果たしてきたこと」である。それというのも、ドメスティケーションとは簡単にいえば、人間が長い年月をかけて動植物を自分たちにとって都合のよいように改変することであり、その結果生まれたものが栽培植物であり、家畜だからである。

一方で、ドメスティケーションが自然環境を改変する行為であるということは、ほとんど気づかれることはない。人類史上において植物の栽培および家畜の飼育の開始は食料の採集から生産へと画期的な変革をもたらしたことが知られており、そのきっかけになったものこそがドメスティケーションであった。そのため、動植物をふくめた環境の改変こそが農耕や牧畜の発達などの新たな問題を生じ、人びとはそれを解決する道を探す、とわたしは考えているのだ。そして、そのくりかえしが人びとの暮らしに大きな変化を与える。すなわち、環境と人間は相互に作用しあい、それが変化を生む。それは必ずしも技術だけでなく、社会のあり方にも影響を与える。そして、その社会は技術や社会組織を操作することで、さらに多様な資源の確保も可能にする。また、そのような資源を利用することによって、その社会はさらに拡大する可能性もあるのだ。こうして、文明が誕生し、発展したのではないだろうか、とわたしは考えているのだ。にもかかわらず、ドメスティケーションについてはあまり関心がもたれてこなかった。

そこで、本書ではドメスティケーションに重点をおいて論を進めてゆこう。

農学者の意見

文明の起源に関心をもつ研究者は考古学者や歴史家に限られない。農学者のなかにも、文明の起源に大きな関心をもち、積極的に発言している研究者がいる。後述するように、文明の起源は農耕の起源と密接な関係をもつからである。その代表的な研究者がソヴィエトの農学者であるN・I・ヴァヴィロフであった。彼は一九二〇年代に世界各地に調査隊を送り、多くの栽培植物の品種を集めるとともに、世界各地の農耕文化も調査した。

その彼は、植物栽培の発祥や文明の成立について次のように述べている。

植物栽培の発祥や偉大な文明の成立は、大河の流域やその河系と関連しているというのが一般的な考えである。（中略）じじつ、旧大陸における主要文明はナイル、チグリス、ユーフラテス、ガンジス、インダスの諸河川、また揚子江《ようすこう》、黄河といった大河の流域に起っている。ついで、栽培植物もこれら旧大陸の大河の河谷《かこく》から発祥したであろうという考えが生れてきても無理からぬことである。

ところが、南西アジア、小アジア、北アフリカに関する最近の研究がこの数年間に明らかにしたところによれば、畑作物や野菜類のあらゆる品種上の多様性は、主として山岳地帯に見られるのである。変種や系統上の多様性は山岳地帯に集中しており、このことをもってすれば、栽培植物が大河の河谷で成立したという見方は根本的に間違っているといえよう。（中略）氷雪の融解による灌漑水の豊富さ、谷川の水の自然の流れを利用した灌漑の容易さ、降雨量が多いことにより高地でも無灌漑栽培の可能なこと、また栽培地域が隔絶していて他からの侵害を受けにくいことなどの条件は、山岳地帯において最初の農耕が発達するのにあずかって力があった。（ヴァヴィロフ、一九八〇）

そして、ヴァヴィロフは次のようにも述べる。

農耕文化の発達過程に思いをこらしてみると、さまざまの種族から成る住民を統合した巨大文化の時期に先立ち、当然のことながら、各々の種族や住民の小集団がお互いに孤立した地域に分れて生活していた時期があったことを認めざるをえないのだが、この場合にも山岳地帯は非常に都合のよい隠れ家を提供したわけである。（中略）この点からすれば、山岳地帯というものは品種の多様性の中心地だけでなく、また最初の農耕文化の発祥地でもあったことが、ますます明らかになる。（ヴァヴィロフ、一九八〇）

こうして、彼は「主だった栽培植物の変異形成中心地を詳細に学ぶことにより、植物学者たるものは歴史学者や考古学者たちの見解に重大な訂正を申し込まざるをえなくなる」と述べている。つまり、ヴァヴィロフは農耕の発祥地としての「大河のほとり」説を否定して、山岳地帯こそが農耕文化の発祥地だというのである。

たしかに、わたしの観察によっても栽培植物の野生祖先種は大河の流域ではなく、山岳地帯にしばしば自生している。わたしは一九六八年以来、栽培植物の野生祖先種を求めてアンデスやアマゾン川の流域などで何度も栽培植物の調査をおこなったが、アマゾン川流域では栽培植物の近縁野生種はほとんど見つけることはできなかった。それが自生しているのは、主としてアンデスの山麓《さんろく》地帯や山岳地帯なのであった。

栽培植物の多様性のセンター

ヴァヴィロフは世界中に調査隊を送り、栽培植物を集めて分析した結果、栽培植物の起源地にあるひとつの規則性があることに気がついた。それは、多数の栽培植物の起源地が限られた少数の土地（彼はこれをセンターとよんだ）に集中していることだ。そして、彼は栽培植物の起源地はその種が分布しているなかでもっとも変異に富む地域に近いと考えた。これがヴァヴィロフの「遺伝子の多様性中心説」として知られるもので、それにより彼は次の七地域を栽培植物の多様化の七大センターとして提唱した(3)（図2―8）。

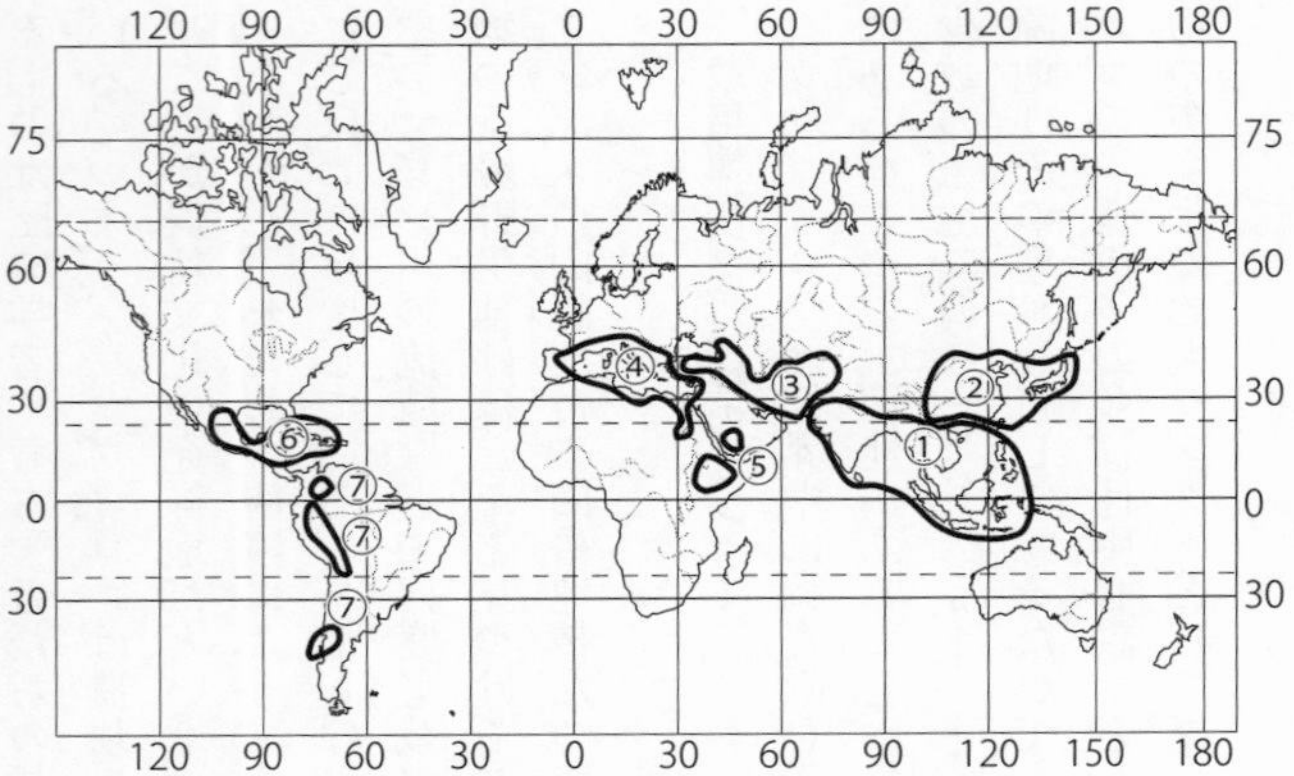

図２―８　栽培植物の発祥地（ヴァヴィロフ，1980）

①熱帯南アジア地域
②東アジア地域
③南西アジア地域
④地中海沿岸地域
⑤アフリカ大陸
⑥北アメリカ地域
⑦南アメリカのアンデス地域

このリストを見るかぎり、栽培植物の発祥地はかなり広い地域にわたっているように見えるかもしれないが、文章を読むと栽培植物の発祥地はきわめて限られた地域に集中しているのだ。たとえば、アメリカ大陸では、北アメリカと南アメリカのアンデス地域をあげているが、文章によれば北アメリカとはいうものの、それは南メキシコをふくむ中央アメリカのことである。そして、そこはトウモロコシのほか、ワタ、インゲンマメ、カボチャ類、カカオなどの発祥地であることを指摘している。一方、アンデス地域もペルー、ボリビア、エクアドルのことであり、そこが多くのジャガイモのほか、オカ、オユコ、アニュ（マシュア）などの塊茎《かいけい》類の発祥地であり、リャマやアルパカがはじめて家畜化されたのもこの地域であると述べている。

これらの栽培植物の大半は、いずれも現在世界中で広く栽培され、利用されているが、旧大陸へはコロンブスのアメリカ大陸到達後にもたらされたものだ。このように世界的に広く知られるようになったもの以外の作物もくわえるとコロンブスが到着した時点でアメリカ大陸において栽培されていた植物は少なくとも一〇〇種以上あったことが知られている。これほど数多くの栽培植物を生みだした地域は世界的にもあまりない。しかも、これらの大半がかなり限られた地域、すなわちメソアメリカおよび中央アンデスの熱帯アメリカの山岳地域で栽培化されたものなのだ。

世界の四大高地

あらためて図2—8をよく眺めていると、興味ぶかいことにもうひとつ気がつく。それは、これらの七大センターのうち、少なくとも四地域は高地で多数の人びとが暮らすところであることだ。具体的に述べると、メキシコ、中央アンデス、エチオピア、そしてチベットからヒマラヤにかけての高地である。

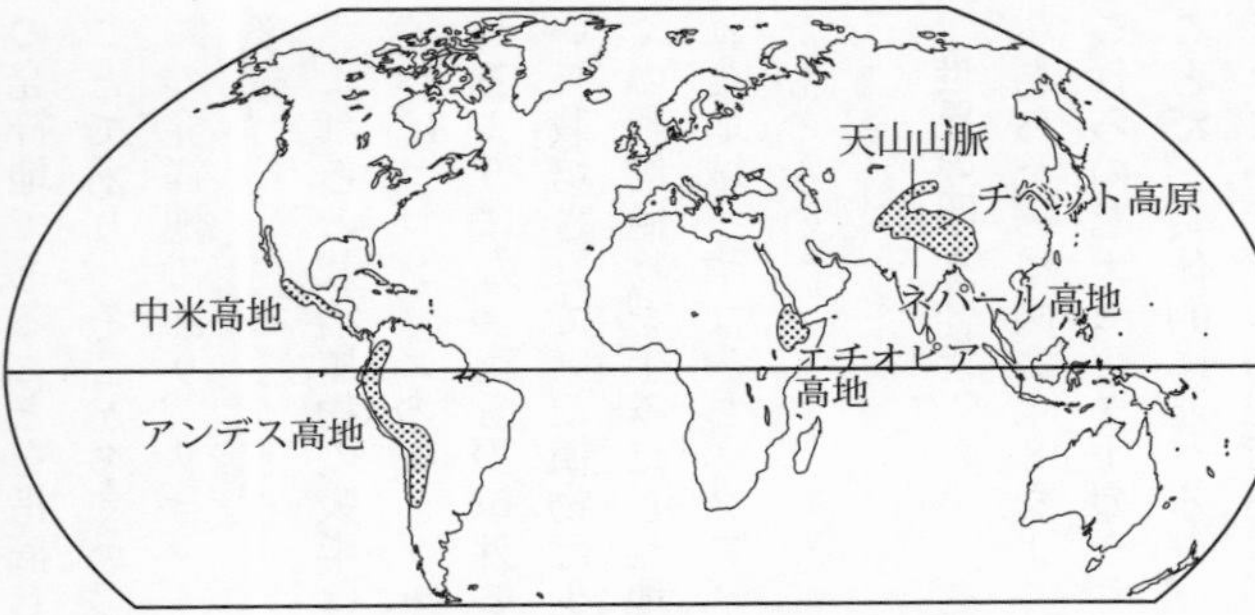

図2—9　世界の四大高地（Pawson & Jest, 1978を一部改変）

地理学者のポーソンたちは、中央アンデス、エチオピア、そしてチベットからヒマラヤにかけての地域を人間にとっての三大高地としているが、わたしはこれらにメキシコもくわえて四大高地とすることを主張している[4]（図2—9）。わたしの調査によればエチオピアで多数の人びとが暮らす地域は標高二三〇〇メートル前後なので、そこを高地とするのであれば、メキシコからグアテマラにかけての地域でも同じくらいの標高をもつ地域で多数の人が暮らしているからだ。たとえば、メキシコの首都のメキシコ・シティーは標高二三〇〇メートルに位置するが、そこは人口が一〇〇〇万を超す大都市なのである。

それにしても、なぜ、これらの地域では高地でも人が暮らすのであろうか。これらの地域は、熱帯ないしは亜熱帯圏に位置しているので、熱帯高地あるいは亜熱帯高地とよぶことができよう。このことは、この地球上で標高二〇〇〇メートルを超す高地で人間が暮らせるのは熱帯圏あるいは亜熱帯圏に限られることを意味しそうだ。これは、もしそこが温帯圏や寒帯圏であれば、標高の高い高地は気温が低くて人が住むには適さないことからも容易に理解できることだろう。

これらの四地域に共通することが、もうひとつある。それは、これらの四地域では多数の人びとが暮らしているだけでなく、そこではきわめて古い時代から人間が定住してきた地域でもあることだ。具体的にいえば、アンデス高地に人類が出現したのは約一万年のことであった。この人類は、アンデスの前にメキシコを通過していたはずなので、メキシコ中央高原には彼らは遅くとも一万年前頃には到達していたであろう。チベットでは、それが二万五〇〇〇年前から二万年前頃であった。そして、人類発祥の地であるエチオピアの高地に人類が到達したのは、アンデスやチベットにくらべてはるかに古い時代であったと考えられているのだ。

わたしは、これら四地域を何度も踏査したが、これらの踏査を通じて、わたしにとって大きな発見となったのは「熱帯高地」という地域がクローズアップされたことだ。わたしは学生時代からほとんど毎年のように中央アンデスを訪れていたが、その当時はそこが熱帯高地であることにまったく気がつかなかった。車で走りまわる調査が多く、季節のうつりかわりを感じる余裕がなかったせいなのかもしれない。また、そこには熱帯らしさを感じさせるものもなかった。気温が低く、空気も乾いていて、しのぎやすかったからである。

しかし、これは熱帯でも、低地ではなく、高地だからこその特徴だった。熱帯低地が高温、多湿で人間が暮らすには厳しい環境であることはよく知られているとおりであるが、熱帯には低地だけでなく、高地もあるのだ。そして、熱帯高地は、熱帯低地とはまったく異なる別世界であった。それを知ったのは、ネパール・ヒマラヤで長期にわたって定住して調査したおかげであった。わたしたちが長期にわたって調査をしたのはネパール東部のジュンベシという村であったが、そこで本格的な気象測器をすえ、四年間にわたって気温、地温、雨量、風力などを測定した。その結果、ネパール・ヒマラヤは熱帯ないしは亜熱帯に位置することがわかった。そして、この結果から、ペルーからボリビアにかけての中央アンデス高地も熱帯高地に位置していることに気がついたのである。

すごしやすい熱帯高地

ここで、代表的な熱帯高地を紹介しておこう。それはエクアドルの首都であるキトだ。キトは赤道直下に位置しているが、そこは標高二八五〇メートルの高地である。つまり、熱帯高地なのだ。

図2—10は熱帯アンデスにおける緯度と標高による気候の特徴を示したものであるが、これによれば、赤道をはさむ南北約一〇度の緯度帯の、標高二〇〇〇～三〇〇〇メートルの高度域は気温がおよそ摂氏一六～一八度であり、年較差（一年間における最高気温と最低気温の差）もほとんどないことから、そこはいわゆる常春《とこはる》ともよばれる状態にある。(5) そして、標高三〇〇〇メートルたらずのキトは寒冷地帯に属するものの、やはり気温はさほど低くなく、年平均気温

が摂氏約一六度で、そこは寒冷というより冷涼といってよい気候であり、とてもすごしやすい気候なのである。

　ここで位置関係を確認しておこう。先述したようにエクアドルは赤道直下に位置している。そもそもエクアドルという国名は赤道に由来するのだが、その北にあるコロンビアも赤道に近く、やはり熱帯圏に位置している。そのため、コロンビアの首都のボゴタも標高二六四〇メートルの高地にあるが、二〇一九年七月の統計によれば、人口は約八〇〇万人と推計されている。これも、ボゴタが熱帯高地に位置するからこそであろう。

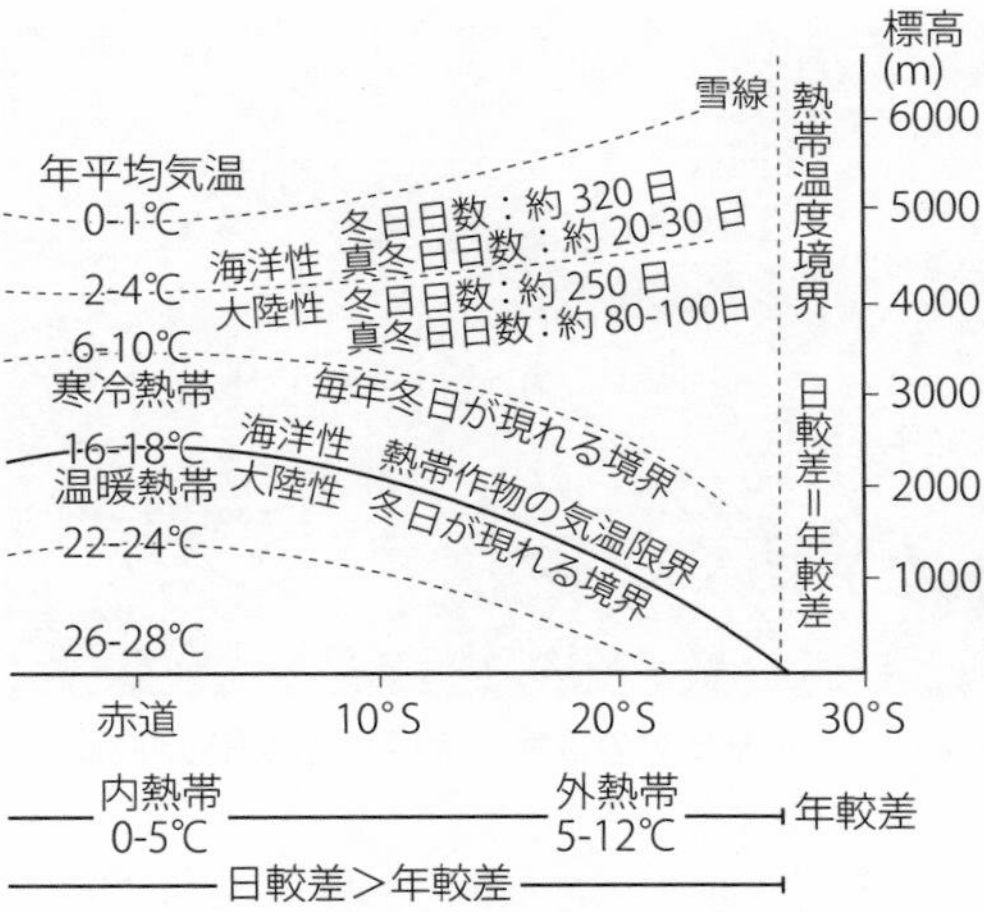

図2—10　熱帯アンデスにおける緯度と標高による気候の特徴（森島、2016）

　このような点で、アンデスにはもっと標高の高いところにも都市がある。それは、キトよりも一〇〇〇メートル近くも高く、富士山の山頂ほどもある標高三六〇〇メートルの高地に位置するラパスだ。ラパスはボリビアの事実上の首都であり、人口は周辺地域もふくめれば二〇〇万人近い大都市

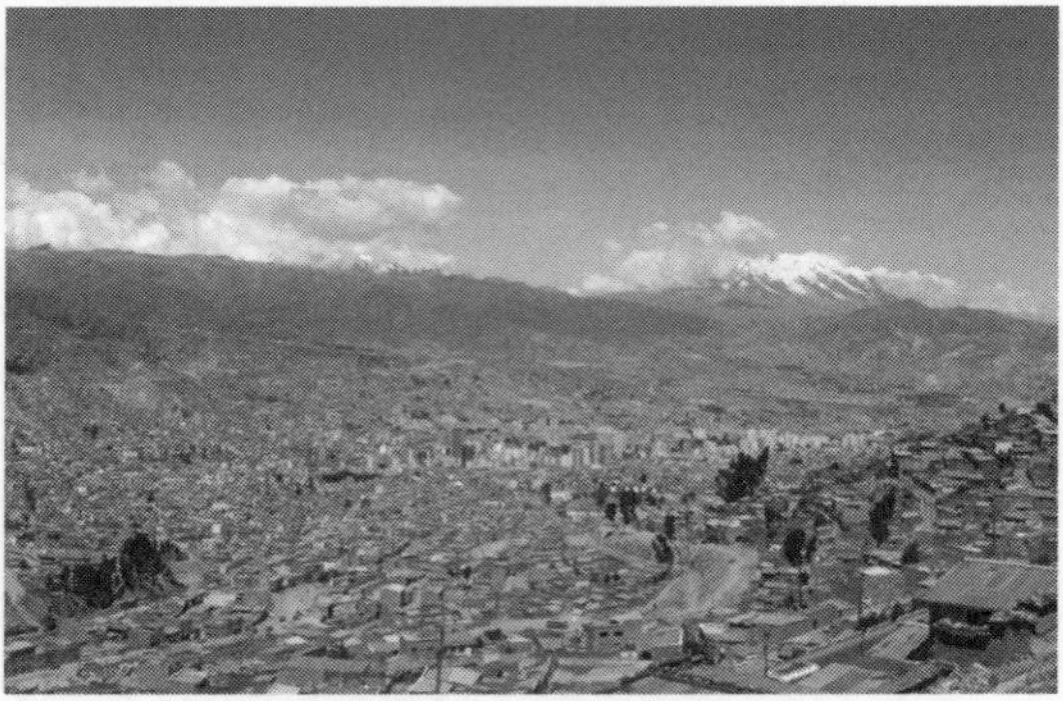

図2—11　ボリビアの首都、ラパス（標高約3600m）

である。そして、ラパスは南緯一七度に位置するし、年平均気温は摂氏八・八度であるが、そこも熱帯高地なのである。熱帯アンデスにおける森林限界は標高四〇〇〇メートルあたりであるが、ラパスの周辺はその森林限界を超しており、高山草地帯となっているのだ。

ラパスが熱帯高地にあることを如実に物語るものがある。それは、ラパスの気温と降水量だ。図2—12はラパスの郊外にあるラパス空港（標高約四一〇〇メートル）の気温や雨量などを、参考のために冷帯（亜寒帯）に位置し、年平均気温が八・二度である北海道の札幌とともに示したものである。この図によれば、ラパス空港での平均気温は標高にくらべて高く、しかも一年の気温の変化がほとんどない。これこそは熱帯高地特有の気候の特徴なのである。

地理学者のトロールが強調しているように[6]、熱帯高地では気温の日変化は大きいが、年変化が小さいのだ。札幌とラパスのデータをくらべると、冷帯と熱帯の違いが明らかであろう。また、札幌は北緯四三度の高緯度地方に位置するが、ラパスの年平均気温が札幌のそれとあまり

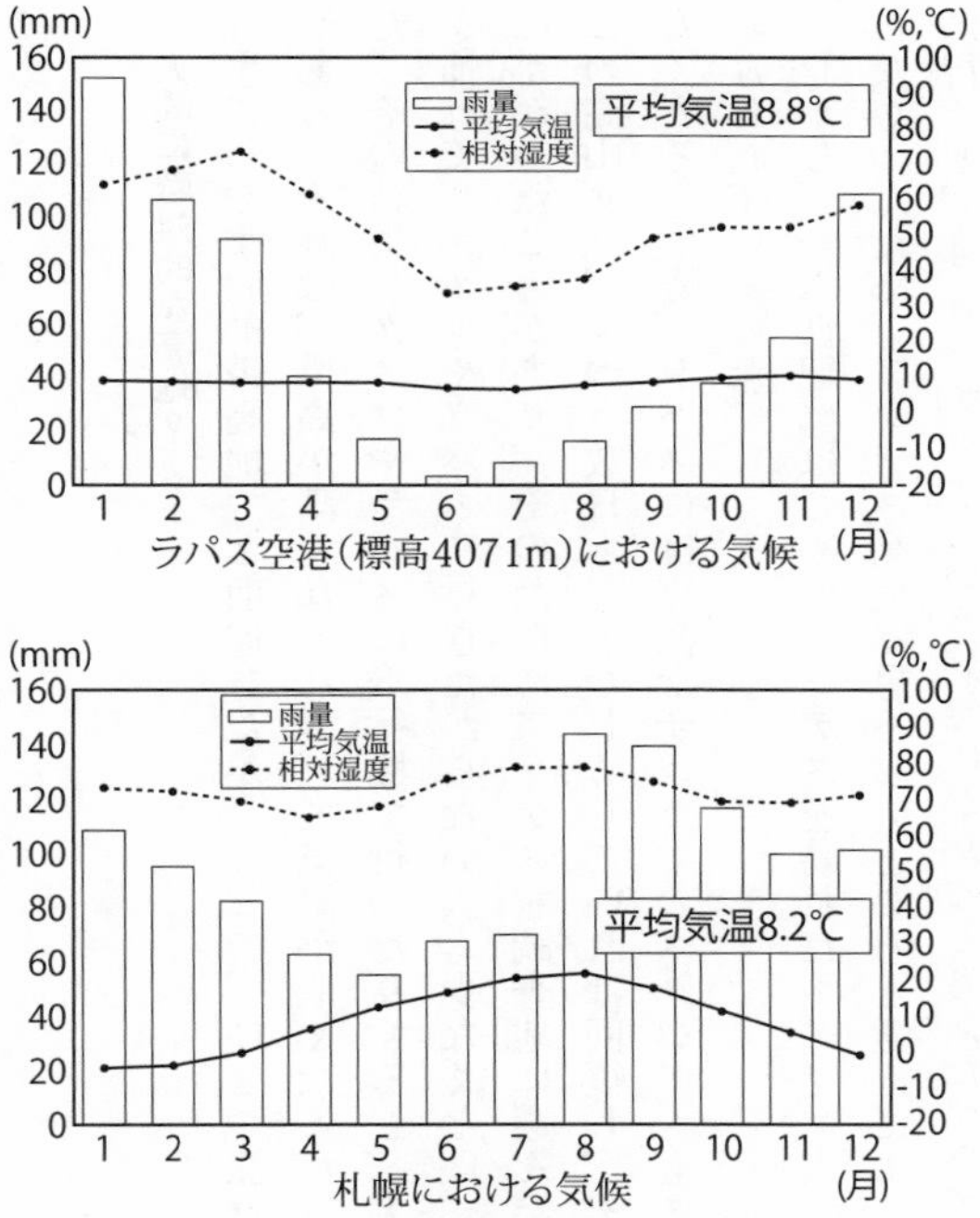

図２―12　ラパスと札幌の気候の比較（理科年表，1998）

変わらないのは、ラパスが熱帯高地に位置し、両地域の高度差が四〇〇〇メートル近くもあるからなのだ。気温だけでなく、日射も熱帯高地では特徴がある。太陽高度が高く、大気が希薄なため、日射が強烈で、しかも日陰が少ないため、効率のよい土地利用が可能になるからだ。

もうひとつ、アンデスにおける気候の特徴を見ておこう。それは、ペルーからボリビアにかけての中央アンデス高地では雨がよく降る雨季と雨がほとんど降らない乾季が存在することだ。これは図２―12にも示されており、四月の半ば頃から一〇月半ば頃までは雨量が乏しいが、一〇月後半から雨がよく降り、それは四月中旬頃までつづくのである。

人間に敵対的な高地?

「すごしやすい熱帯高地」と前述したが、ここで、ひとつ注意しておかなければならないことがある。それは、標高が高くなるにつれて気温が低くなるだけでなく、酸素もうすくなることだ。その結果、クスコやラパスに飛行機で行ったりすると、大半の人が高山病にかかる。それを怖《おそ》れて、クスコやラパスに行きたがらない人も少なくない。じつは、わたしも何度も高山病にかかったことがあり、そのたびにアンデスを調査地に選んだことを後悔したものだ。しかし、この高山病は、ふつう数日もおとなしくしていれば回復し、そのあとは平地にいるのとかわらなくなる。実際、ラパスには立派なサッカーのスタジアムもあり、そこでは国際的な試合もおこなわれているのだ。

しかし、一六世紀にはじめてアンデスを訪れたスペイン人たちは高山病がなぜおこるのか知らなかったため、アンデス高地は恐ろしいところと考えたようだ。その理由は、アンデス高地に行くと、「ソロッチェ」という病気にかかると考えたからである。じつは、ソロッチェは当時は知られていなかったが、高山病のことであった(注3)。

この高山病のせいでアンデス高地は、人間に敵対的な、住みにくい土地という通念ができあがってしまったようだ。このような通念をもつのは一般の人だけでなく、現代の研究者にも少なくない。そのせいか、民族学者でアンデス高地に定着して調査をする研究者はきわめて少なく、とくに日本人研究者はわたしが調査を始めた一九六〇年代にはほとんどいなかった。こうして、一般の人たちだけでなく、研究者にもアンデス高地は住みにくいところだという通念が浸透した。その結果、研究者の目は、アンデスのなかでも、高地ではなく、標高がやや低く、温暖で酸素の多い海岸地帯や山麓地帯に注がれるようになったのだ。

高地は住みにくいか

しかし、高地は本当に住みにくいところなのだろうか。わたしの観察によれば、高地でも多数の人間が暮らしているところは少なくない。実際、山岳地帯は、地球上の陸地の四分の一とも、五分の一ともいわれるほど広い面積を占め、そこには人類の一〇分の一が住んでいる。つまり、地球上の人口の一〇人にひとりは山を生活の舞台にしているのだ。そして、山岳地域は世界のすべての大陸に存在しているが、人が多く住んでいる山岳地域は一部地域に限られる。すなわち、世界の山岳民の大半は、ヒマラヤ・チベット、アンデス、そしてアフリカの山々に集中している。そのため、先述したように、ポーソンたちによれば、アンデス、エチオピア、そしてネパールからチベットにかけての地域が人間にとっての三大高地であるとされるのだ。(7)

では、この高地とは具体的にはどれくらいの高度以上のところを指すのであろうか。ポーソンたちは標高二五〇〇メートル以上を高地としているが、先述したように、この説にわたしは

図2—13　メキシコ・シティーの景観（標高約2300m）

少し異論がある。それというのも、わたしが踏査し観察したところでは、エチオピア高地で多数の人口を擁するのは標高二〇〇〇～二三〇〇メートルあたりであり、これくらいの高度を高地であるとすれば、多数の人口を擁する高地が少なくとも、もう一ヵ所あるからだ。それはメキシコからグアテマラにかけての中米の高地である。とくにメキシコの首都のメキシコ・シティーは人口一〇〇〇万以上を擁するが、その標高は約二三〇〇メートルに達するのだ（図2—13）。そこで、ここではおおよそ標高二〇〇〇メートル以上のところを高地としておこう。つまり、わたしの観察によれば、世界には人間にとっての四大高地があることになる。すなわち、エチオピア、メキシコ、アンデス、そしてヒマラヤからチベットにかけての高地である。

ここで、ちょっと疑問をもたれる方がおられるかもしれない。

その疑問とは、高地は酸素が少ないので、平地で暮らす人びとにくらべて、低酸素に適応する必要があるのではないか、というものである。たしかに、わたしたちのように、通常平地で暮らす人間が急激に標高二五〇〇メートル以上の高地に行くと、頭痛、食欲不振、吐き気、日中の眠気をともなった無力感などの急性高山病症状を経験する。ときには、高所肺水腫《はいすいしゅ》や脳浮腫という致命的な高山病にいたって命を落とすこともまれではない(8)。

しかし、前記四地域の熱帯高地で暮らしてきた人類は高地に順応できるように進化してきた。たとえば、アンデス高地では、低酸素環境に対して、酸素を全身に運ぶ血色素(ヘモグロビン)を増加させて対応する方法が主な適応形態である。一方、チベットでは、ヘモグロビンの増加も多少見られるものの、低酸素適応戦略の主体は、血管を拡張させ血液量を増やすことにあると考えられている。エチオピア住民は、低酸素適応の歴史が五万年以上ともっとも長いと考えられているが、そこでの低酸素適応の方法については明らかではない(9)。

なぜ高地でも人は暮らすのか

それにしても、なぜ、これらの地域では高地でも人が暮らすのであろうか。とくに、アンデスやヒマラヤ・チベットでは富士山の頂上より高い高地でも多数の人びとが暮らしているが、このような高地での人びとの暮らしを可能にしているのは何であろうか。それは、先述したように、前記の四地域が緯度のうえではかなり低いところに位置していることだ。つまり、熱帯ないしは亜熱帯に位置している地域だからこそ、これらの地域では高地であっても気候が比較的温暖なのである。したがって、高地で人が暮らしている地域は、おおまかにいえば熱帯高地であるといえよう。

この点で、先の四大高地のなかには少し例外的な地域もある。それがチベットである。チベットのなかには北緯三〇度以上の緯度がやや高い地域もあるからだ。では、なぜこのようなところでも多数の人たちが暮らしているのであろうか。これは、わたしが長いあいだ疑問に思ってきたことであった。そして、その疑問は実際にチベット高原を歩いてみて氷解した。チベット高原のなかで多数の人たちが暮らすのはやはり緯度の低いところであり（ほぼ奄美大島《あまみおおしま》くらい）、そこはまた高度がやや低くなっている。ところが、そこから緯度が高くなるにつれて標高四〇〇〇メートルを超す高原が広がり、そこでは人の影はうすく、北上するにつれて人口はきわめて希薄になってくるのである。

このチベットやエチオピアなどの高地を歩いてみて、高地で多くの人が暮らす理由がもうひとつ存在することに気がついた。これらの高地にはきわめて平坦《へいたん》な高原が広がっていることだ。実際に、チベットもエチオピアの高地も、ふつう高原と表現されている。また、アンデスもエクアドルからボリビアあたりにかけての高地部には日本の本土がすっぽり収まるほど平坦なところが多く、とくにペルー南部からボリビア北部にまたがるティティカカ湖畔あたりには広大な高原が広がっている。ティティカカ湖は琵琶湖《びわこ》の一二倍もの面積をもつ大きな湖であるが、それは標高三八〇〇メートルあまりの高地に位置するのだ。さらに、メキシコにも中央部にはアナワクとよばれる中央高原が広がっている。このような地形条件もまた高地で人が多数暮らせる要因のひとつであろう。

これは、ネパール・ヒマラヤの例と比較してみれば明らかとなる。ネパール・ヒマラヤの地形は険しく、傾斜が急で平坦地がほとんどないため、集落はあっても高地部での都市の発達は見られない。この点から、先に引用したポーソンたちがチベットからヒマラヤにかけての地域を三大高地のひとつとする説について、ヒマラヤに関しては疑問がある。ネパール・ヒマラヤだけでなく、わたしはブータン・ヒマラヤも踏査したが、そこでは高地には都市はいうまでもなく、集落さえほとんどなかったのである。

高地は健康地

さらに多くの人びとが高地で暮らす理由をもうひとつくわえておきたい。それは高地が健康地であるということだ。医師であり登山家でもある松林公蔵《まつばやしこうぞう》（京都大学教授）も高所で暮らす利点について次のように述べている。

高所では、疫病をもたらす媒介蚊などが生存しにくいだけでなく、疫病発生に必須の人口稠密《ちゅうみつ》性からまぬがれており、深い渓谷や湧《わ》き水は天然の上下水道ともなって病原菌の繁殖を結果的に抑制している。また、峻険《しゅんけん》な自然条件で外界からの交通路が制限されてい

るために外界からの人間を媒介としての疫病も流入しにくい。(松林、二〇〇四)

このように高所は様々な疫病からまぬがれた健康地なのである。ただし、「高所では(中略)人口稠密性からまぬがれており」という指摘には注釈の必要がある。たしかに、高所では人口密度の低いところが多いが、先述したように高所には都市もあり、たとえばボリビア最大の都市のラパスは標高約三六〇〇メートルに位置するが、そこは二〇〇万近い人口を擁するのだ。このほかにも、アンデスには標高三〇〇〇メートル以上の高地にも都市がいくつもあるだけでなく、人口の稠密なところが少なくない。

これらの事実もまた、高地が健康地であることを雄弁に物語るものである。実際に、ペルー・アンデスではインカ帝国滅亡後、スペイン人がもたらした疫病によって多数の人が死んだが、その大半は低地であり、高地での影響は比較的軽微なものであったことが知られている。また、わたしがペルー・アンデスの村で暮らしていたとき、低地で黄熱病が発生したことがあったが、高地にその影響はなかった。そこでは黄熱病を媒介する蚊がいなかったからだ。

これは他の熱帯高地も同様のようである。たとえば、ネパール・ヒマラヤの山麓地帯にはタライとよばれる熱帯低地が東西に広がっているが、そこはマラリアの発生地であり、人が住むには適さなかった。そのため、ネパール・ヒマラヤで人口が稠密な地域は標高二〇〇〇〜三〇〇〇メートル前後に集中している。これはエチオピアも同じである。人口の大半は標高二〇〇〇〇メートル以上の高地に集中しているのである。

この点から見れば、ペルー・アンデスの山麓地帯は少し特殊な地域である。アンデスでは東側の山麓地帯の熱帯降雨林地帯は古くから人口が少なく、インカ帝国の時代もその勢力はあまりおよばなかったが、西側の太平洋に面した海岸地帯では古くから農耕が発達し、人口の多かったことが知られている。しかし、この海岸地帯の沖合には寒流のフンボルト海流が流れており、熱帯にしては気温が低い。実際に、わたしは海岸地帯にあるリマの町で三年間ほど暮らしたことがあるが、セーターなしではとても寒くてすごせない季節さえあった。その状況が物語るように、ペルーの海岸地帯を北上し、沖合に寒流の流れていないエクアドル領まで入れば、そこにはマングローブが生い茂り、住む人も少ないのだ。こうしてみれば、熱帯高地に人が暮らすことにわたしたちはもっと積極的な価値を認めたほうがよさそうである。

「高地文明」の発見

その後も、わたしはアンデスをはじめ、メキシコ、ヒマラヤ、チベット、そしてエチオピア高地などを訪れ、それぞれの地域の特徴の把握に努めた。そのような調査のなかで、わたしは面白い共通点に気がついた。それは、これらの四地域では、高地で古くから多数の人びとが暮らしてきただけでなく、いずれの地域でも数多くの植物を栽培化し、それらをもとに、それぞれの地域固有の農耕や家畜飼育の方法を発達させ、最終的には「高地文明」とでもいうべき文明を誕生させたのではないか、という共通点だ。

これを、もう少し具体的に述べておこう。たとえば、前記のメキシコおよび中央アメリカは、ヴァヴィロフも述べているようにトウモロコシ、インゲンマメ、カボチャ、その他の多くの植物が栽培化された地域であるが、そこは熱帯高地であり、しかもそこではテオティワカンやアステカ王国などの古代文明も生まれているのだ。また、ペルーやボリビアなどの中央アンデスも熱帯高地であり、そこでもジャガイモをはじめ数多くの植物が栽培化され、しかもインカ帝国に代表される古代文明が誕生し、発展したところである。さらに、アフリカのエチオピアも栽培植物の七大発祥地のひとつであり、エチオピア固有の栽培植物がいくつも栽培化されている。そして、そこも熱帯高地であり、やはりアクスム王国のような古代文明が生まれているのだ（注4）。

また、チベットについてはヴァヴィロフ自身は一切言及していないが、これは政治的な事情などにより彼がチベットに入れず、調査ができなかったからではないか、とわたしは考えている。真偽のほどは明らかではないが、もし彼がチベットで調査をしていれば、ヤクの家畜化を見落とすはずがないと考えられるし、ダッタンソバやオオムギの一品種であるチンコー（青稞《せいか》）などもチベット固有の栽培植物として注目したにちがいない。そうであれば、チベットもヴァヴィロフが提唱した七大センターのうちの「③南西アジア地域」のいくつかの発祥中心地のひとつとして言及された可能性があり、そこでも紀元七世紀頃には吐蕃《とばん》王国が生まれているのだ。

そこで、わたしは、これら四地域を「高地文明」圏とすることを提案したいのである。もし、このチベットも栽培植物の発祥中心地のひとつであるとすれば、わたしが高地文明圏と考えている地域はすべて熱帯高地あるいはそれに類似した環境であり、そこでは、それぞれの地域固有の栽培植物や家畜の発祥地ということになる。これは偶然の一致であろうか。けっしてそうではなく、むしろ文明の平行進化として理解すべきものではないだろうか。

つまり、わたしは、いわゆる「四大（大河）文明」説とは別に「高地文明」説を提唱したいのだ。とはいえ、わたしは「大河文明説」を全面的に否定するつもりはない。大河文明説は、世界の古代文明を理解するうえで、ひとつの見取り図を示してくれたし、とくに自然と文明の関係についての理解に大きな役割を果たしてくれた。しかし、先述したように大河文明説には最近異論が目立ち、「時代遅れ」の説とさえいわれるようになっているのだ。しかし、それにかわる代替案は考古学者や歴史学者からは提出されていない。提出されているのは、「四大文明」に追随する五大文明や六大文明などだけである。

しかし、従来の研究の経緯と成果を無視した勝手な定義のしなおしは、研究に混乱をもたらすだけであって、新たな研究の発展にはつながらないだろう。その意味では、わたしも「四大文明」の何が問題なのか、明らかにしなければならないが、それは終章で述べることにして、ここでは一点だけ指摘しておこう。それは、従来の「四大文明」説が地球上の大きな部分を占めるアメリカ大陸を無視し、そこで生まれた独特の文明を考慮に入れていなかったことだ。だからこそ「四大文明」説にメソアメリカやアンデスで生まれた文明の追加が叫ばれるのであろう。

求められる全地球的な見方

これは見方をかえれば、全地球的なスケールで地球上の環境と人びとの関係を見直さなければならない、ということではないか。つまり、アメリカ大陸も、アフリカ大陸も、ユーラシアもアジアもふくめて、文明を総合的に、そして俯瞰《ふかん》的に見直さなければならない時代がきているのではないか。すでに地球時代といわれて久しいが、いまなお研究者は専門とする地域にとじこもりがちであり、専門とする地域や専門外のテーマに目配りが乏しい傾向がある。これでは「四大文明」説の見直しも不可能ではないかとわたしは考えている。

もちろん、この小著では紙数が限られているため、人間と環境の関係だけにしぼっても、地球全体をとりあげて論を進めることはできない。そこで、わたしは、ひとつの試みをしてみたい。それは、幾何学でいうところの「補助線を引く」という試みである。ちなみに、この方法はわたしの発案によるものではなく、わたしの師匠にあたる梅棹忠夫から伝授されたものである。

この発想は、資料のない時代や事件を考えるとき「補助線を引く」というものである。幾何学のように何もない空間の思いもよらない場所に、補助線を一本引けば、不明だった前後の歴史がうまくつながる、という。そこで、わたしが考えている補助線とは、地球上に「熱帯高地」という地域をもうけることである。「熱帯高地」とは、言葉どおり熱帯に位置する高地のことだ。この熱帯高地は、アフリカにも、アジアにも、そして中米や南米にもある。

そして、先述したように、この熱帯高地ではいずれも古くから人が多数住み、それぞれの地域固有の生業を営んで、高地文明というべき文明が発達したところである、とわたしは考えている。つまり、古代文明は、大河文明以外にも熱帯高地の各地でも多発的に誕生したのではないか、とわたしは考えているのだ（注5）。

（注1）考古学者であり、農耕の起源についても大著『農耕起源の人類史』を刊行しているベルウッドは、狩猟採集と比較して農耕の重要性について「狩猟採集と比較した場合、農耕が潜在的にもっているおおきな人口を支える力は、あらためて強調するまでもないほど重要な点である」と述べたうえで、さらに次のように述べている。

狩猟採集民の人口密度は一般に一平方キロメートルあたり一人以下であり（中略）都市化していない焼畑民の場合には一平方キロメートルあたり三人からほぼ一〇〇人までの範囲である。灌漑農民では人口密度はさらにずっと高くなりうる。（ベルウッド、二〇〇八）

（注2）ベルウッドは農耕民と狩猟採取民との関係について、「農耕民との接触が直接的かつ継続的でないかぎり、狩猟採集民が農業をとりいれる可能性は低かっただろう」と述べている（ベルウッド、

二〇〇八)。

(注3) スペイン人神父のアコスタは「ソロッチェ」について一五九〇年に出版した本のなかで次のように書いている。

新大陸のある地方で吹く風は、特異な作用を持ち、それをうけた人間が海でよりはるかにひどい酔いを感ずることを説明したいからである。そんなことは作り話だとか誇張だとか人は言うが、私の体験を述べてみよう。

ピルー〔ペルー〕には、パリアカカという、ひじょうに高い山がある。そこで例の変調がおこると聞いていたので、私は、あの地方のいわゆる道案内人《バキアーノ》すなわち熟練者のくれた情報にしたがって、でき得る限りの準備をして出かけた。ところがせっかくのそうした準備にもかかわらず、階梯《エスカレーラ》と呼ばれるあの山地の最高所に登ったとき、とつぜん乗っていた馬から地面にころがり落ちたくなるほどの、ひどい不快が私をおそった。同伴者は多かったが、みな連れあいにはかまわず、その不愉快な場所を急いで通り抜けようと、足を早めていたので、たったひとりのインディオしかそばにいなかった。私は驢馬にすがりつく自分をおさえていてくれと彼に頼んだ。と思うと、いきなり、魂を吐きだすかと思うほどの、ひどい吐気を感じ、食べたものや粘液をもどし、黄色と緑色の胆汁をあとからあとから吐いたあげくに、胃に激痛を感じて、とうとう血を吐いてしまった。(アコスタ、一九六六〔一五九〇〕)

(注4) それでは熱帯高地では、なぜ栽培植物の多様性が集積しているのか、という疑問が生じるが、この理由についてヴァヴィロフは何も述べていない。そこでわたしの考えを述べておこう。熱帯高地は一日の気温変化が激しいうえに、紫外線や輻射熱《ふくしゃねつ》なども強烈であり、これらの気候条件が植物に突

然変異などの変異を生じやすくしているのではないかと考えられる。

（注5）このように述べてくれば、環境がすべてを決する環境決定論なのかと思われそうだが、けっしてそうではない。たしかに、中島健一《なかじまけんいち》が指摘するように「わが国における歴史研究の分野では、人間の歴史を明らかにしていくとき、その対応する自然条件とのかかわりの問題をことさら忌避してきた。歴史研究のなかに自然を介在させて理解しようとすると、たちまち、地理的決定論あるいは宿命論ときめつけ、批判され、斥《しりぞ》けられてきた。（中略）人間の歴史は地域性にふかく根ざした自然の歴史とともに離れがたく存在しつづけていく。文明がいかに進歩しようとも、自然の素材をはなれて、人間の生命のいとなみはない。人間そのものも、生物的自然の法則から逃れることはできない」（中島、一九七七）。

わたしは、この意見に同意するが、人間は与えられた環境をそのまま利用するだけでなく、自分たちにとって都合よく改変する生物であるという視点も忘れないでいたい。とくに、動植物を人間にとって都合よく改変するドメスティケーションの行為を重視したいのである。

第３章　「それは雑草から始まった」
——メキシコ中央高原に栄えた石器文明

テオティワカン遺跡　中央が南北５kmにおよぶ「死者の大通り」。メキシコ市の北東約50kmに位置し、標高は約2300m。左側中央に「太陽のピラミッド」が見える。テオティワカンとは、ナワトル語で「神々の神殿」という意味

メキシコの自然環境

先述したように、近年、「四大大河文明」説には異論が提出され、新大陸文明をくわえて六大文明説が唱えられるようになっている。この異論を強く唱える研究者のひとりがマヤ研究者の青山和夫である。青山は、新大陸文明について次のように述べている。

マヤ文明をはじめとするメソアメリカ（メキシコの大部分と中央アメリカ北部）と南米のアンデスというアメリカ大陸の二大文明は、旧大陸の四大文明（メソポタミア、エジプト、インダス、黄河）と共に「世界六大文明」を構成した。マヤ文明は石器の都市文明であるが、鉄器を使わずに石器だけであれほど洗練された都市文明を築き上げたという点が非常に興味深い。（青山、二〇一二）

しかし、本書ではこのマヤ文明はとりあげない。それは、わたしがマヤ文明を軽視しているからではなく、マヤ文明が熱帯低地の森林地帯で誕生、発達した文明であり、高地に焦点をあてている本書とは視点が違うからだ（図3―1）。わたしも何度かマヤ遺跡を訪ねているが、正直なところ、マヤ文明についてはまだよく理解できていないことも、ここでマヤ文明をとりあげない理由のひとつだ。ここで、とりあげようとするのは、メキシコの中央部の高原地帯で生まれ、発展したテオティワカンやアステカ文明などの「高地文明」である。そこでもマヤ同様、鉄器を使わず、大規模な都市文明が生まれているからである。

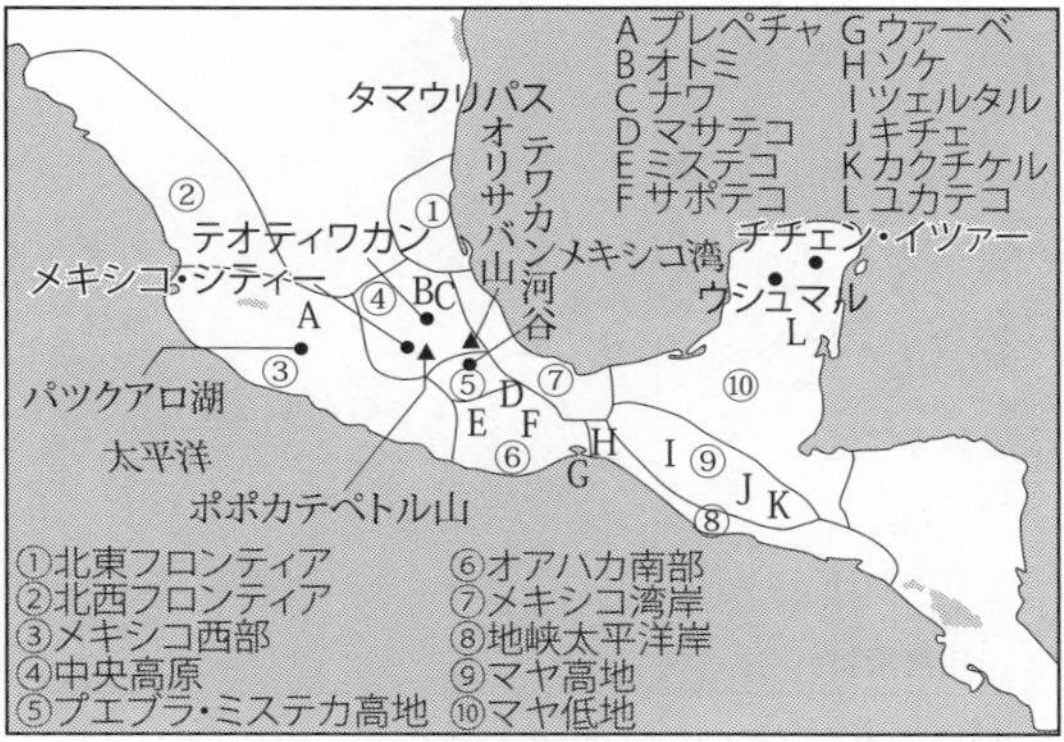

図3―1　メソアメリカの文化領域（小林，1993）

そこで、まずメキシコの自然環境を概観しておこう。メキシコは日本の国土の約五倍もある広大な国であり、その国土は熱帯から亜熱帯地域にまたがっているが、大部分は山地と広い高原で、気候も海岸の低地をのぞくと、一般に温暖または冷涼である。そのため、低地ではサバンナ、高原ではステップ気候が卓越している（図3―2）。ただし、ポポカテペトル山やオリサバ山などのように標高五〇〇〇メートルを超える雪山もあり、その自然環境は、きわめて複雑であり、多様である。中央アンデスほどではないが、高度差による自然環境の変化が著しく、冷涼で乾燥した高地と、高温で多湿な低地に大きくわけることができる。そのため、メキシコやグアテマラでは、国土をティエラ・フリア（寒冷地、ほぼ標高二〇〇〇メートル以上）、ティエラ・

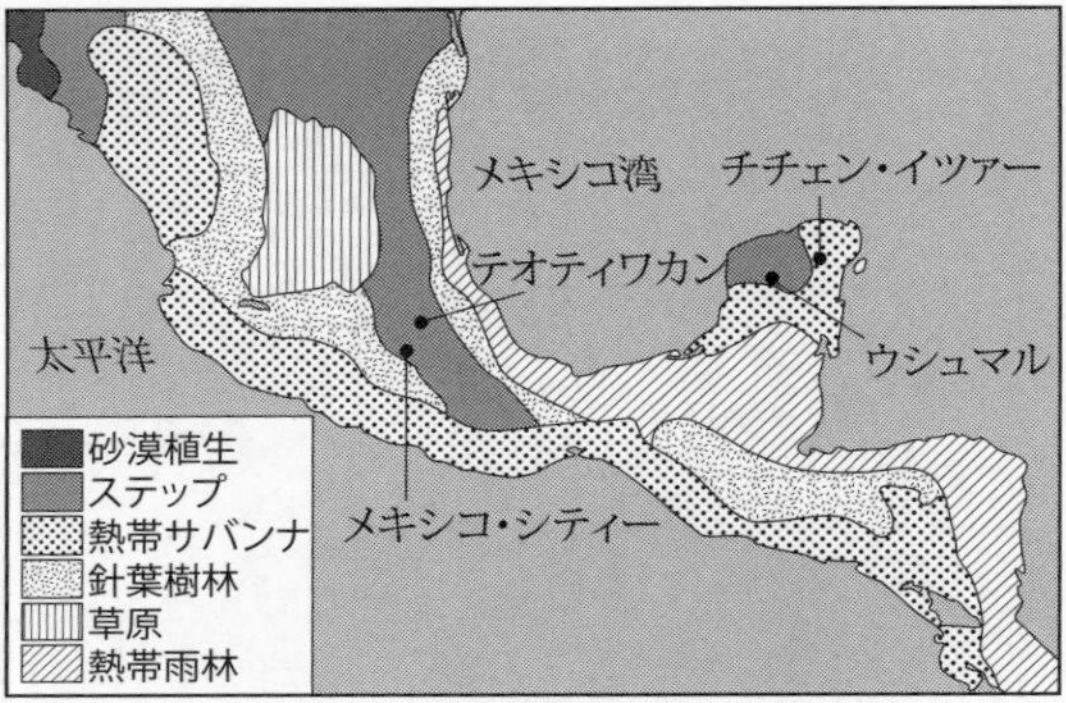

図3—2　メソアメリカの植生区分（大貫，1993）

テンプラーダ（温暖地、一五〇〇〜二〇〇〇メートル）、そしてティエラ・カリエンテ（亜熱帯低地、一五〇〇メートル以下）にわけるのだ。

メキシコの中央高原

この高地に、一般にアナワクとよばれる高原が南北に広がっている。これこそが、メキシコ中央部からアメリカ合衆国との国境にまで広がる高原、すなわち、メキシコ中央高原である。その面積は日本の国土の二倍に近い六七万平方キロメートルもあり、平均標高は約一七〇〇メートルである。北部では約一二〇〇メートルであるが、南に向かうにつれて高度を増し、グアテマラとの国境を越えても、この高原はつづく。高原には多くの湖沼があり、そこに流入する河川も多いが、大河はない（図3—3）。高原の北部は雨が少ない半乾燥地で人口密度は低いが、高原南部は雨量が多いため、メキシコの主要な農耕地帯となっていて、人口密度も大きい。

この南部高地こそは、スペイン人の侵略以前の時代に、テオティワカン、トルテカ、アステカなどの古代文明が栄えていたところである。いずれも標高二〇〇〇メートルを超しており、緯度は北緯二〇度あたりで、やはり熱帯高地にあたる地域である。そして、この暮らしの中心になる食料こそは、メキシコで栽培化されたトウモロコシである。これにインゲンマメとカボチャをくわえてもよい。なかでもトウモロコシは生産性が高く、それゆえ中米では古くからトウモロコシを中心とした農耕文化が発達してきた。たとえば、メキシコの中央高原で巨大な都市センターをもち、最盛期の六世紀に首都だけで一五万～二〇万人の人口を擁したテオティワカン文明もそうだ。このテオティワカン文明の爆発的な成長の背景には、メキシコ高原での灌漑をともなったトウモロコシ栽培の広がりのあったことが指摘されているのである。ただし、メキシコ中央高原には大河は流れておらず、灌漑は湖などの水を利用していたのだ。

図3―3　メキシコ中央高原には多くの湖沼がある
写真はミチョアカン州のパックアロ湖

テワカン河谷の発掘から

さて、それではメキシコ高地では、人びとの暮らし

図3―4　テワカンにあるコシュカトラン期の洞窟遺跡（紀元前5000～前3400年）(MacNeish, 1974)

はどのような経過をたどって展開されてきたのであろうか。それを明らかにするため、一九六〇年代に画期的な考古学的調査が実施された。カナダ人の考古学者、R・S・マクネイシュがアメリカ大陸における農耕の起源を明らかにするために、一九六一年からメキシコで植物学者や動物学者などもくわえた総合的な発掘調査を開始したのだ。そして、メキシコ中部の山岳地帯のテワカン河谷で一万年あまりにわたって人が住んでいた遺跡群を発見したのである[1]（図3―4）。

テワカンの標高は一六〇〇メートルくらいなので、高地というにはやや低いが、幸いにテワカン河谷はきわめて乾燥した環境に位置するため、そこで利用されていた動植物の遺物もほぼ完全な状態で保存されていた。その結果、この地域の人びとが狩猟採集で食料を得ていた時代から農耕を発達させるまでの約一万年間の暮らしの変化を知ることができるようになった。この約一万年あまりの期間は九つの時代にわけられているので、以下に各時代の人びとの暮らしを食料に焦点をあてて見てゆこう（図3―5、3―6）。

まず、紀元前一万年から前六八〇〇〇年までのアフェレアード期とよばれる時代ではテワカン河谷の住人は小さな集団を形成して、様々な野生植物の種子や果実類を採集し、野生の動物を捕獲して食料にしていた。

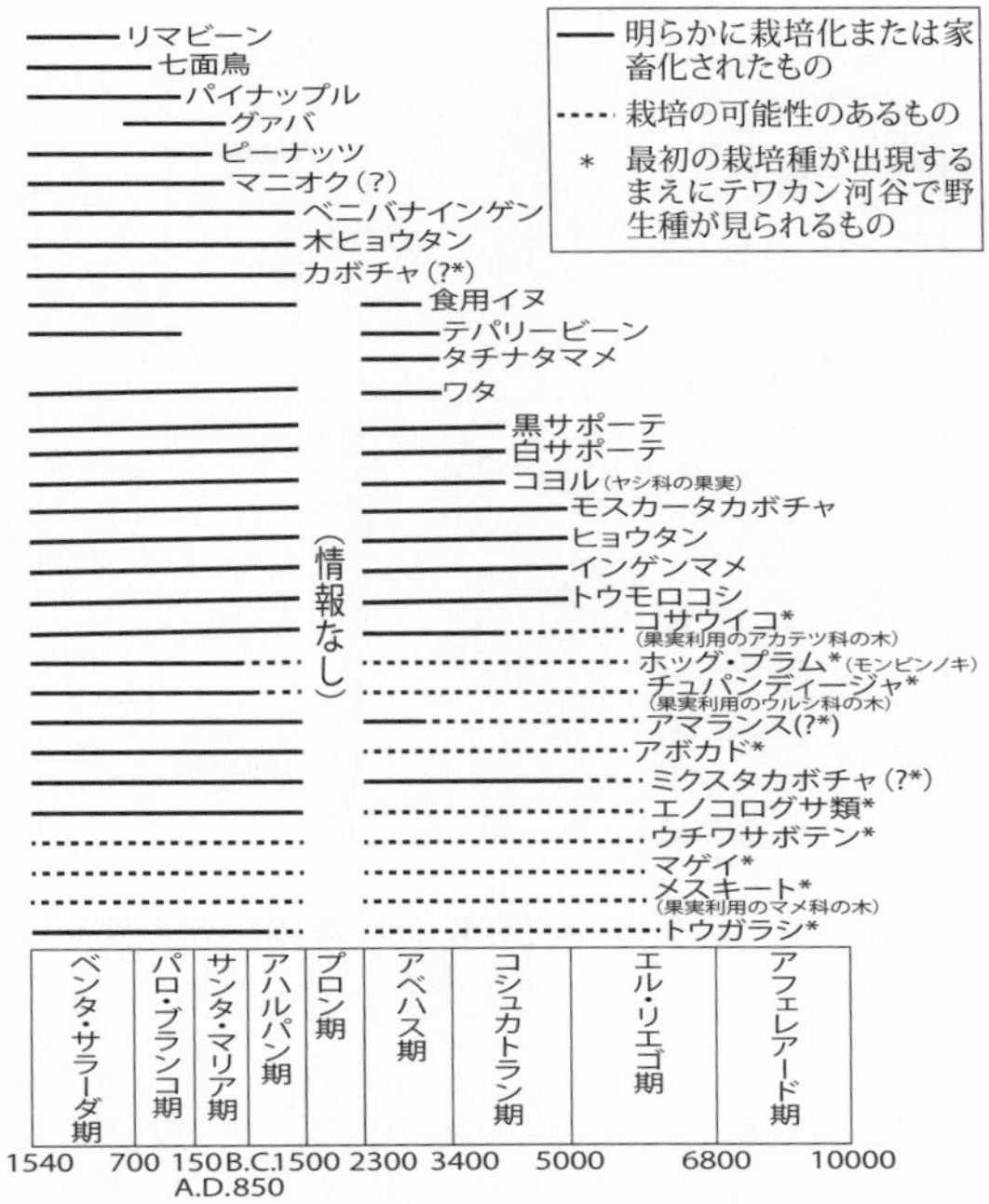

図3―5　テワカン河谷における動植物のドメスティケーション (Bray, 1977)

次のエル・リエゴ期（紀元前六八〇〇～前五〇〇〇年）でもテワカン河谷の人びとは野生の植物を採集し、それを食料源にしていた。アボカドやミクスタカボチャは栽培されていた可能性があるが、それは野生のものとかわらなかった。とくに、野生のカボチャは果肉が苦かったらしく、種子を炒《い》って食べていたらしい。また、マメ類やヒユ科の

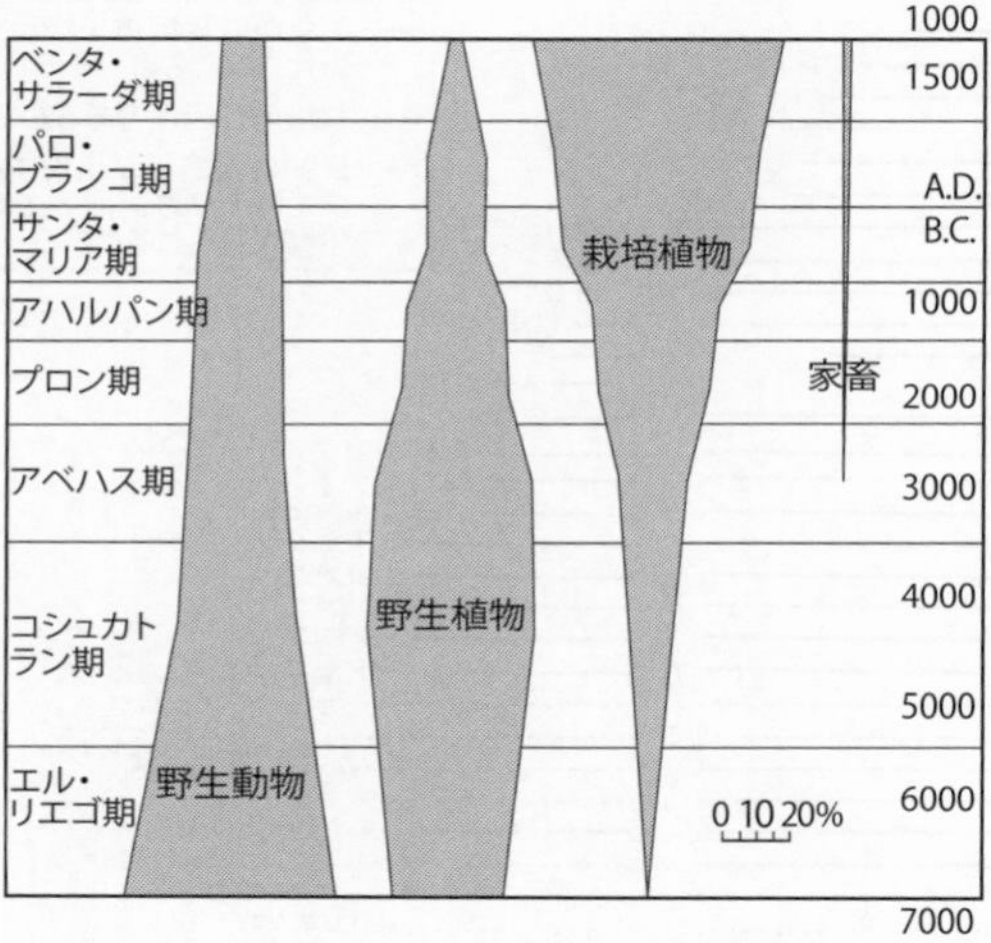

図３—６　テワカン河谷における食料源の変化
（MacNeish, 1967）

アマランス、さらにトウガラシなども利用するようになっていたが、いずれも野生のものであった。

コシュカトラン期（紀元前五〇〇〇～前三四〇〇年）になると多くの栽培植物が出現してくる。トウモロコシ、ヒョウタン、二種のカボチャ、アマランス（センニンコク）、サポーテ、テパリービーン、タチナタマメなどのほか、おそらくインゲンマメやトウガラシも栽培されるようになっていた。また、食用のイヌが出土してくるのもこの時期である。

ただし、この時期の栽培植物はまだまだプリミティブで、生産性も低かった。たとえば、トウモロコシは穂軸の長さが二・五センチメートルほどのきわめて小さいものだった。このため、この時期の住民にとって栽培植物の重要性は低く、全体の食料のなかで栽培植物が占める割合はわずかに一〇パーセントほどでしかなかった。図３—６に見られるように、食料のほとんどは野生の動植物から得ていたのである。

栽培植物が食料の中心になる

栽培植物が彼らの食料の半分以上を占めるようになるのは、紀元前後のサンタ・マリア期からパロ・ブランコ期にかけてのことであった。トウモロコシも改良されて収量の高いものになり、灌漑で栽培する方法も開発されていた。また、おそらく、マニオクやトマトなども栽培されるようになっていたらしい。

このあと、ピーナッツや果実のグァバ（バンジロウ）、パイナップル、さらに七面鳥などの新しい家畜や栽培植物もくわわった。これらのうち、ピーナッツは明らかに南アメリカ原産の作物で、パイナップルやグァバもその可能性が高い。おそらく、この時期にはメキシコと南アメリカのあいだで作物の交流がさかんになったのかもしれない。

栽培植物が食料の大半を占めるのは紀元八世紀のベンタ・サラーダ期になってからのことで、全食料の八五パーセントを占めるようになる。植物の栽培化は遅くとも紀元前五〇〇〇年頃に開始されているので、テワカン河谷の農業の発達はきわめて緩慢で時間のかかったことがわかる。また、農耕を開始してからでも野生植物の利用はさかんで、とくに原初的な農耕段階では栽培植物は野生植物の利用をおぎなう程度の役割しか果たしていなかったようだ。

いいかえれば、テワカン河谷の人びとは植物栽培を始めてからでも、数千年ものあいだ、狩猟採集生活の域をあまりでていなかったともいえるのだ。たとえば、アハルパン期の人びとはかなりの時間を農耕にさいていたはずであるが、定住して農耕だけに専従していたわけではなく、かなり移動的な生活をつづけていたのだ。

じつは、テワカン河谷の初期の狩猟採集民は食料採集が比較的簡単な春から夏の雨季のあいだ、集結してかなり大きなバンド（遊動的な小集団）をつくっていた。しかし、食料集めが困難な秋から冬にかけての乾季には分裂して小さなバンドになるという慣行をもっていた。

その後、彼らは夏の居住地の近くで植物の栽培を始めたが、移動の習慣は多くの植物を栽培するようになったアハルパン期頃までつづけていたのであった。

季節的移住と植物の栽培化

このように定期的に居住地をかえて、季節的に移住する生活はテワカン河谷だけに限られていたわけではなかった。メキシコ中部でやはり古くから農耕が始まったオアハカ地方でも人びとは同じような暮らしを送っていた。さらに、中央アンデスのペルーでも人びとは長いあいだにわたって季節的移住をおこなって暮らしていたようだ。どうも、このような季節的移住による暮らしこそが植物の栽培化を促進したようだ。

その背景には、メキシコやペルーが熱帯圏に位置しており、しかもそこに大きな高度差をもつ山岳地帯が位置するという自然環境がある。すなわち、両地域ともに気温は一年をとおして

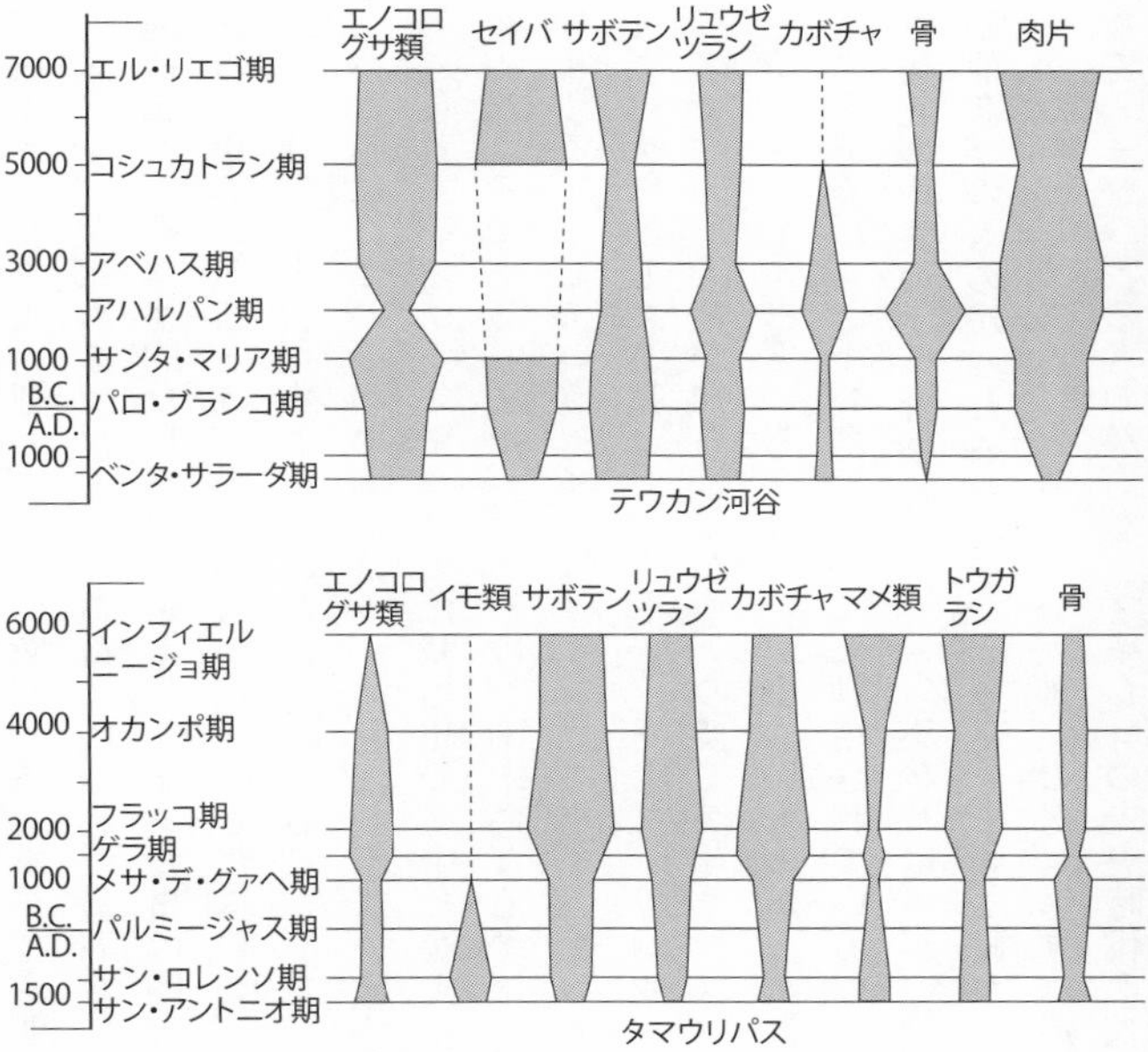

図3―7　糞石の内容物から見た2つの遺跡の食料　各期ごとに残された糞石の総数のなかで動植物のふくまれた糞石の数をパーセントで示す（Callen, 1965）

あまり変動はないが、雨量に大きな変化があり、雨季と乾季がある。このため、そこでは利用できる動植物が雨量の変化によって大きく異なる。さらに、熱帯に位置する山岳地帯という条件により高度によって多様な環境を生じる。このような条件が基本的に雨季と乾季で居住地をかえて季節的に移住する暮らしを成立させたようである。

　こうしてテワカン河谷でも数千年にわたり、季節的移住をおこなうようになったのであろう。それは、人びとが食べたあと排泄《はいせつ》し、残した糞石《ふんせき》の内容を見ても明らかである。図3―7はテワカン河谷とメキシコ北部のタマウリパス遺跡に残された糞石から当時の食料を分析した結果であるが、両地域ともに本格的な農耕が開始されるまで食事の内容はあまり変化していなかったことがわかる。なお、糞石とは、動物の糞が化石化したもので、人だけでなく、人の居住地やその周辺にいた動物の糞石も残されていることがある。

ちなみに、この図中のエノコログサとはイネ科の植物で、アワ（粟）の野生祖先種であると考えられているが、メキシコでは栽培化の途中でかえりみられなくなり、栽培植物にはならなかったものである。また、セイバは、高木になるキワタ科の植物で、主として熱帯アメリカに分布する。ここでいうセイバはメキシコでポチョテの名で知られるもので、その根を生のまま、または火で熱して食用にしたらしい。そして、リュウゼツランは、メキシコでは一般にマゲイの名で約三〇〇種が知られるが、その多くがメキシコおよび中央アメリカに分布している。数センチメートルほどにしかならない小さいものから葉群の直径が五メートルほどになる大型のものもあるが、メキシコでさかんに利用されているのは大型のものである。このマゲイは多目的植物の代表のような植物で、「この木からは、水、酒、油、酢、蜜《みつ》、シロップ、糸、針、その他数々のものが取れるために、新来者や（新大陸で俗にいう）新渡航者《チャペトン》たちは、奇蹟《きせき》と記すのがならわしである」とスペイン人神父のアコスタは述べている。(2) このマゲイの一種に食用となるイモをつけるものがあり、メキシコの先史時代の人びとはこれを焼いて食べていたらしい。

ちなみに、マゲイからつくられる酒のプルケはメキシコでは古くからきわめて重要な酒であったことが知られている。たとえば、スペイン人たちの侵略により崩壊するまで、メキシコの中央高原に栄えたアステカ帝国では、プルケは神への捧《ささ》げものとして重要であった。そのため、アステカではプルケを飲むことが許されていた人びとはきわめて限られていた。すなわち、祭りなど特別なとき以外では、老人や重労働をする人などだけがプルケを飲むことが許されていたのである。(3)

雑草の出現

さて、このような季節的移住をつづけることで、人間は意識しないまま環境そのものも改変していった。じつは、ある環境を人間が恒常的に利用することで、そこは自然の生態系では見られなかった人工的な環境に変化するのだ。たとえば、キャンプや燃料のために森林を伐採したり、移動にともなって踏み跡をつくったり、さらに排泄物を残すことをつづければ、そこは人間によって攪乱《かくらん》された環境となるのである。

やがて、そのような環境にのみ生育する植物が生まれてくる。いわゆる「雑草」とよばれる植物がそうである。雑草といえば、一般的には畑などに侵入してくる邪魔な植物と考えられるかもしれないが、ここでいう雑草とはそれとは異なる。すなわち、雑草とは、道ばたや畑、さらに空閑地《くうかんち》に生育し、自然林や自然草原には侵入せず、人間が攪乱した生態系にのみ出現し、人間に随伴している植物のことだ。すなわち、栽培植物ほどではないが、雑草もやはり人間の助けをかりて生育している植物なのである。

じつは、先にあげた栽培植物の祖先野生種にはこのような雑草型のものが少なくない。おそらく、エノコログサもこのような雑草であったと考えられる。実際に、メソアメリカやアンデスでは、しばしば栽培植物の近縁野生種が雑草にまじって、というよりは雑草そのものとして自生している。たとえば、トウモロコシやトウガラシ、トマト、カボチャなどの野生種はその代表的なもので、路傍や人家の近くで雑草として見られるが、そこから離れた人手のくわわっていないところに行くと、これらの植物はぷっつり姿を消すのである。

ここで重要な意味をもってくるのが、先の糞石のなかにカボチャやトウガラシ、マメ類など将来の栽培植物の候補がいくつも、しかも長期にわたって見られたことだ。これは、これらの植物がさかんに、くりかえし食べられていたことを意味するが、そのことが雑草への変化につながった可能性がある。すなわち、これらの植物が食べられたあと、消化しなかった種子はキャンプの近くで排泄され、そこで発芽する機会が増える。そして、このキャンプに人びとが定期的にもどってくることで、食用となる雑草はふたたび利用され、やがてキャンプの随伴雑草となるものもできたと考えられるのである。

もちろん、すべての栽培植物がこのような雑草をへて栽培化されたとはいえない。また、栽培化の途中でかえりみられなくなった植物もあったにちがいない。さらに、半栽培のような状態までゆきながら、けっきょく栽培植物にならなかった植物もあったはずである。その代表的な植物がイネ科のエノコログサであったようだ。

トウモロコシの栽培化

テワカン河谷では時代がくだるにつれ、野生植物より栽培植物に依存する割合が増えていった。しかし、これは栽培植物の種類が増えたためではなく、それぞれの栽培植物に改良がくわえられ、生産性が高くなったおかげであろう。とくに、主食となる植物の栽培化、それにつづく改良が大きな役割を果たしたにちがいない。というのも、すべての農耕社会では、ひとつ、または二、三種類の栽培植物がほとんどの人びとの食料を供給するからである。それが、その社会での主食であり、それを供給する栽培植物が主作物となるのだ。そして、主作物は常に単位重量または単位面積あたりのカロリー量が大きい。このため、どこでも主食となる作物のほとんどは収量の大きい穀類かイモ類（根茎類）となっているのである。

この意味での主作物は、メソアメリカではトウモロコシをおいてほかになかった。メソアメリカではイモ類がほとんど栽培化されることがなく、またトウモロコシはアメリカ大陸で栽培化されたほとんど唯一の穀類だからである。そのせいか、現在見られるトウモロコシは改良に改良を重ねられたらしく、数多くの栽培植物のなかでも、完全に近いほどに栽培化されたものとして知られるのである。

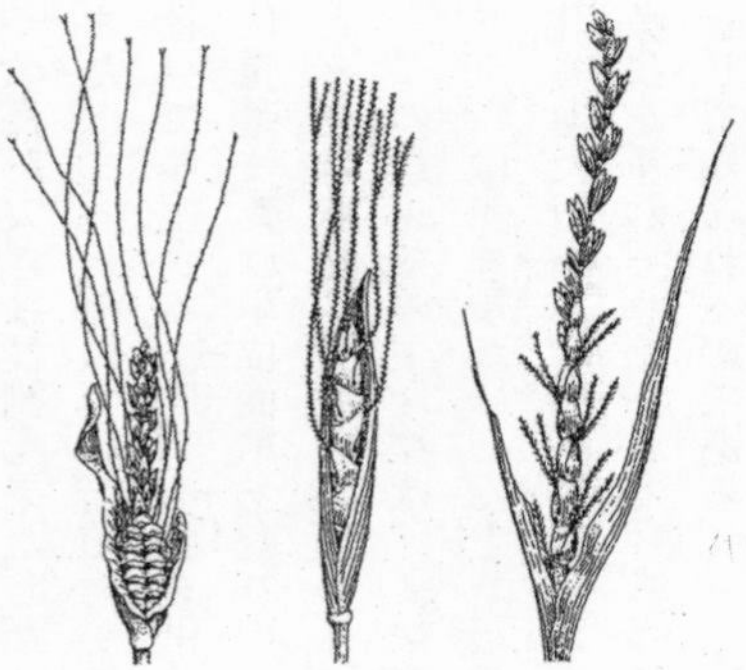

図3—8　野生トウモロコシと近縁野生種　左が復元されたトウモロコシ、中央がテオシント、右端がトリプサクムである（MacNeish, 1974）

それというのも、現在のトウモロコシは穂軸に数多くの種子を密につけ、それを何枚もの苞《ほう》葉《よう》がつつんでいるので、種子散布の能力をまったく欠いているからである。また、たとえ穂軸が地面に落ちて種子が発芽したとしても、それが生育することはない。あまりにも多くの芽生えがいっせいにでてくるので、それらのあいだで水と土壌中の養分をめぐって激しい競争がおこり、たいてい死滅してしまうからだ。このように、人間の助けがないかぎり、トウモロコシは自然条件下ではまったく生存できない状態になっているのだ。

それでは、トウモロコシはどのようにして栽培化されたのであろうか。これは、長いあいだ、議論のマトになってきた問題であった。今から五〇年ほど前、わたしが学生だった頃はトウモロコシのアンデス起源説もあり、わたしは数ヵ月かけて、アンデス山麓地帯でトウモロコシの野生祖先種を探したこともあった。しかし、アンデスではどこに行ってもトウモロコシの野生祖先種を見つけることはできなかった。現在では、トウモロコシのアンデス起源説は否定され、メキシコ起源説を疑う研究者はいない。

考古学的証拠としては、これまで最古のトウモロコシとされているのがテワカン河谷で出土した紀元前五〇〇〇年頃の小さな穂軸である。これは長さが約二・五センチメートルで、種子はつけていなかったが、五〇～六〇粒の穀粒をつけていたものらしかった。それが図3―8の左端に示したもので、あとの二つはトウモロコシの近縁野生種のテオシント（Teosinte）とトリプサクム（*Tripsacum*）である。

このテワカン最古のトウモロコシについては激しい議論があった。調査したP・C・マンゲルスドルフはこれを野生のトウモロコシと同定したが、いっぽうで、これは野生のものではなく、栽培化されたものであるという意見もあった。とくに、トウモロコシの祖先種はその近縁野生種であるテオシントであるとする意見が強かった。テオシントは、メキシコからグアテマラにかけての地域に自生し、トウモロコシとはもっとも近縁の植物で、両者のあいだでは容易に交雑もする。ただし、テオシントは図3―9で見られるようにトウモロコシとは形態的にはかなり異なる。このため、テオシントはトウモロコシの祖先種ではなく、むしろその子孫と考えられたのだ。一方で、テオシントはトウモロコシともうひとつの近縁野生種であるトリプサクムとの雑種であるとする意見もあった。

こうしてトウモロコシの祖先種については長いあいだ論争がつづけられてきた。しかし、最近、ようやくトウモロコシの祖先種がテオシントであることを大方の研究者が認めるようになってきた。とくに、G・W・ビードルは、図3―10のように実験によって野生のテオシントか

図3―9　トウモロコシの野生祖先種、テオシントの雄花（左）、雌花（右）と穀粒　穀粒は10〜20粒ほどしかつけていない

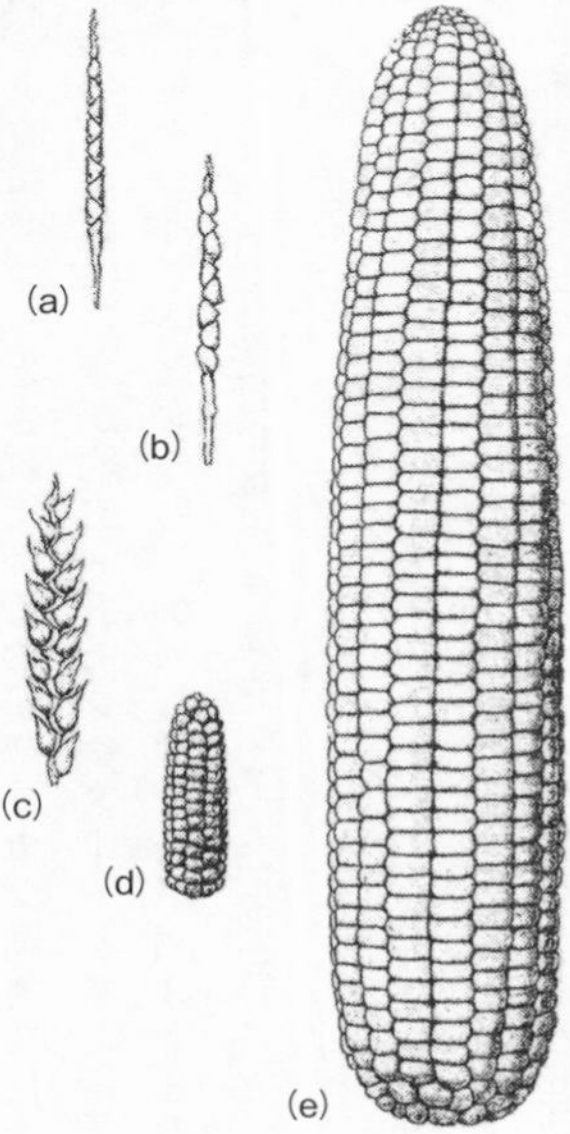

図3―10　野生テオシントからトウモロコシへの進化　(a) テオシントの雌性花序。硬い殻におおわれた穀粒をもつが、成熟すると脱落して種子を散布する。(b) テオシントとトウモロコシの雑種。このような型が古い時代のテオシントからトウモロコシへの移行型と同じであると考えられる。(c) 1粒ずつ皮におおわれたテオシント。1遺伝子の突然変異によって生じる。この突然変異によって硬い殻をもつテオシントが、食べやすい、やわらかい穀粒をもったものに変化する。(d) テオシントと現代のトウモロコシの雑種。テワカン河谷で発見されたトウモロコシのように小さい。(e) 現代のトウモロコシ。生産性は高いが、人の手をかりないと生存できない（Beadle, 1980）

らトウモロコシへの進化のプロセスを再現してみせた。その結果、テワカン河谷の最古のトウモロコシも野生のものではなく、すでに栽培化されたものであり、またトウモロコシとテオシントとのあいだの大きな違いも人間による栽培化の結果であると考えられるようになったのだ。

雑草から生まれたトウモロコシ

ただし、テオシントからトウモロコシへの進化のプロセスは遺伝学的には明らかにされたが、人びとがどのようにして栽培化を進めたのかという問題が明らかになったわけではなかった。とくに、どのようにしてテオシントを利用したのかという点にかんしては大きな疑問があった。まず、テオシントの種子は、トウモロコシと違って、きわめて堅い殻でおおわれているが、このような堅い穀粒もテオシントをトウモロコシの祖先種と考えるときの論争点のひとつであった。それというのも、狩猟採集時代の人びとがナッツより堅い殻をもったテオシントの穀粒を、いかにして利用したのかという疑問が明らかにされていなかったからだ。

しかし、この疑問に対してはいくつもの方法が考えられるようになった。そのひとつは、穀粒が堅くなる前に、すなわち未熟なうちに利用する方法だ。また、ポップコーンと同じように、焼いた石や砂で熱して粒をはじけさせたり、あるいは水につけてやわらかくしてから食用にすることもできる。さらに、堅くなってしまった穀粒を石臼《いしうす》などで粉にすることで食べやすくする方法も考えられる。

一方、小さな穀粒を数粒しかつけないテオシントが食用になりえたのかという疑問もあった。しかし、植物学者のJ・R・ハーランによれば、一日三、四時間の採集で一日分の食事がまかなえるほどの穀粒が得られたと報告している(4)。おそらく、これほどの収穫が得られればテオシントも食料として魅力的なものに映ったにちがいない。

しかも、農耕開始前の人びとはテオシントだけを食料源にしていたわけでなく、イネ科植物の種子をさかんに利用していたようだ。それは、先にテワカンやタマウリパスのエノコログサの例で見たとおりで、じつはテオシントもイネ科植物なのである。おそらく、テオシントも、このようにして採集されるイネ科植物のうちのひとつであったと考えられるのだ。

ただし、テオシントはそのような利用の期間がきわめて長く、また恒常的な利用もあったのであろう。栽培が開始される前に、テオシントはすでに半栽培のような状態にあったようだ。テオシントはふつう畑の周辺や路傍など、人間が攪乱した環境だけに生育している植物だからだ。つまり、テオシントも先に述べた雑草型の植物なのである。

やがて先史時代の人びとは身近に見られるようになったテオシントを採集利用するうちに、突然変異などで生じたトウモロコシの原始型を発見し、それを栽培するようになったのであろう。そして、あとは種子の大きいものを見つけて、ひたすら栽培するようになったと考えられる。実際に、紀元前二〇〇〇年頃にはテワカン河谷のトウモロコシは現在のそれに近いものになっていた。すなわち、穂軸も穀粒も大きくなり、生産性の高いものになっているのだ。

テワカンでは、トウモロコシの栽培は紀元前五〇〇〇年頃には始まっており、それが栽培植物になったのは紀元前二〇〇〇年頃であった。そのことを考えるとトウモロコシの栽培化には少なく見積もっても数千年の年月を要したことになる。このあいだにテワカンの農民は栽培をくりかえし、ひたすら観察することによってトウモロコシの改良に取り組んだはずである。

このような努力があったからこそ、トウモロコシは完璧《かんぺき》といえるほどに栽培化の進んだ作物になりえたのであろう。この農民の努力は注目されることがないが、忘れてはならないことであろう。現在、トウモロコシの栽培面積はコムギについで世界第二位を占めるほど重要な穀物になっているが、それにはメキシコの先住民の人たちの貢献があったからなのだ。

さて、トウモロコシはじょじょに主食としての地位を確立してゆくが、人びとはトウモロコシだけに依存して暮らしていたわけではなかった。とくに、はじめのうちはトウモロコシも生産性が低く、それだけでは食料は十分ではなかったであろう。このため、雑多な栽培植物を食料源にしていたが、やがて彼らはいくつかの作物を組み合わせて栄養のバランスがとれる方法を開発していった。

トウモロコシ・カボチャ・インゲンマメの複合

とくに、この組み合わせで重要なものが、トウモロコシ、マメ類、カボチャであった。著名な地理学者のC・サウアーはこの組み合わせを「メイズ・ビーン・スクワッシュ（トウモロコシ・マメ・カボチャ）複合」とよんだ。とくに、この組み合わせのなかでもっとも重要な作物は、生産性が高く、単位面積あたりのカロリー量が大きいトウモロコシであった(5)。

しかし、トウモロコシは炭水化物に富んでいるが、たんぱく質をあまりふくまない。そのため、トウモロコシだけに依存していると栄養バランスを欠くことになる。トウモロコシは人間の生存にとって不可欠な必須アミノ酸、とくにトリプトファンをほとんどふくまない。したがって、このような作物を主食にするかぎり、不足する栄養分をほかからおぎなわなければならないのだ。

おそらく、食料の大半を狩猟採集で得ていた時代であれば、このような栄養分は動物性のたんぱく質から得ることもできたであろう。また、動物を家畜化していれば、その家畜を食料源にすることもできたが、メソアメリカでは数多くの植物を栽培化したものの、動物の家畜化の点ではあまり大きな成果がなかった。そこで、重要になってきたのが各種のマメ類とカボチャであった。マメ類には必須アミノ酸のリジンやトリプトファンが豊富にふくまれているし、カボチャの種子はたんぱく質に富んでいるからだ。こうして、トウモロコシ、マメ類、カボチャという三種類の食料を同時に食べることによって、栄養学的にもバランスのとれた食生活を営むことが可能になった。その結果、トウモロコシ、インゲンマメ、カボチャは「メソアメリカの三大作物」とよばれるほどに重要なものとなったのだ。

さらに、メキシコの人びとは、これら三種類の作物の栽培にもユニークな方法を開発した。

紀元一〇〇〇年頃のことである。それは、トウモロコシを軸として、インゲンマメとカボチャの三種類の作物を組み合わせて栽培するという方法であった。この栽培法の特徴は、三種類の作物の種子を同時に播《ま》くという点にある。そうすると、トウモロコシは草丈が高く上に伸びてゆくので、蔓性《つるせい》のインゲンマメはトウモロコシを支柱として、その茎に巻き付いて成長してゆく。インゲンマメは、マメ科なので根に共生している根粒菌は、大気中の窒素を取り込んで有機窒素にかえる能力があるため、畑には自動的に窒素肥料が供給されることになる。一方、カボチャは地表を這《は》って育つので、成長する場がトウモロコシやインゲンマメと競合することなく、カボチャの葉が地表をおおって雑草が繁茂するのをおさえ、強烈な日射をさえぎって畑が乾燥するのを防ぐのにも役立つのだ。

メソアメリカで生まれた高地文明

こうして見てくると、高地文明は、メキシコの高地でも生まれていた可能性が大きい。バランスのとれた栄養分をふくむトウモロコシ、マメ類、カボチャの三大作物を栽培化したからである。また、現在欠かせないものとなっているトウガラシやマゲイ（リュウゼツラン）もかなり古い時代に栽培化していた。このような食料源を確保すれば、それを手にした人たちは余裕ができ、農耕以外の仕事にも従事することが可能になったであろう。そのことを物語るように、人びとの暮らしにも大きな変化が生まれた。

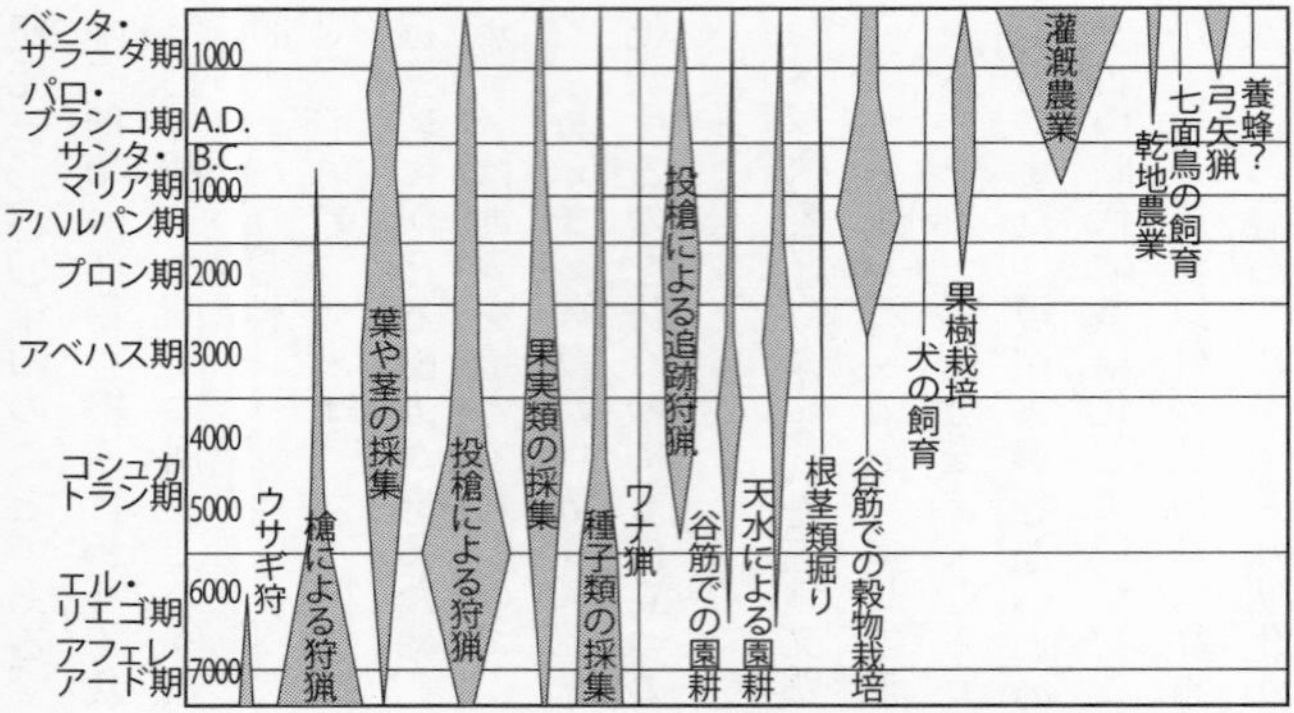

図3—11　テワカン河谷における生業の重要度の変遷（MacNeish, 1967）

ここで、あらためてテワカンの人びとの暮らしの変遷を見ておこう（図3—11）。まず、農耕における大きな変化は、プロン期に生じている。それまでの植物栽培は川ぞいの小流を利用したり、谷底の湿気を活《い》かした細々としたものであったらしい。それが、プロン期には小さな支谷をせきとめてダムを建設し、そこに大量の水を貯《たくわ》え、下方にある土地を灌漑してトウモロコシやアマランスなどの穀物を栽培するようになったのである。

この変化は次のアハルパン期になると、よりいっそうはっきりする。プロン期では谷筋などの小流や谷底の湿気を利用した農業によって得られていた食料が全体の二〇パーセント以上であった。それが、アハルパン期になると五パーセントにまで減少する。それにかわり氾濫原や谷筋を利用して栽培されたトウモロコシが全体の食料の三五パーセントを占めるようになるのである。

しかし、この谷筋での穀物栽培はアハルパン期を最盛期にして、じょじょに少なくなっていく。それにかわり、サンタ・マリア期から急激に重要になってきたのが、泉などの水源から水路を引き、広い範囲にわたって灌漑する方式の農業であった。そして、この灌漑農耕によってテワカン谷の人びとはやっと安定的な食料を得るようになったらしい。

それは、人口の増加に如実にあらわれている。アハルパン期後期からサンタ・マリア期にかけての人口は一平方キロメートルあたり四二人から一六五人であったが、それが次のパロ・ブランコ期には一一〇〇人に達し、テワカン谷全体では二万六〇〇〇人もの人口を擁するようになったと推定されているのである。

この灌漑農耕の発達とともに顕著な現象が生じている。それは、ほかの生業活動が急速に衰えてゆくことだ。狩猟や採集活動はもちろんのこと、天水農業などもほとんどおこなわれなくなる（図3—11）。このことは、それだけ灌漑農耕が安定的で、その人口維持力も大きく、それゆえ効率のよい食料生産の方法であったことを物語るものであろう。このため、テワカン谷には水路が張り巡らされるようになる。

こうして生じた人口の増大、人口密度の拡大はより大きな灌漑施設の建設を可能にする。そして、大きな灌漑施設の建設によって可能となる食料生産の増大は、その社会の階層化をひきおこす。実際に、サンタ・マリア期にはテワカン谷に祭祀センターができ、神殿を中心に、それに付随する集落もできていたことが知られている。そして、それが政治的な核を形成し、その拡大への刺激としても作用するのだ。

　このようにして灌漑農耕を基礎にした農耕社会が拡大し、首長制社会へ、さらに国家へと発達するきっかけを与えることになる。事実、テワカン谷で灌漑が始まったサンタ・マリア期には隣接する地域で首長国が誕生していたし、西暦初頭にはメキシコ中央高原で国家も成立していた。紀元前後に巨大なピラミッドを建設したことで知られるテオティワカン文明が誕生してくるのだ。

図3―12　テオティワカンの太陽のピラミッド　高さは約65m

大都市、テオティワカン

テオティワカンは、紀元前一五〇年頃から中央高原で大都市としての興隆を始めた。そして、西暦六五〇年頃の突然の滅亡までのあいだ、中央高原を支配下におさめるとともに、メキシコ湾岸、オアハカ盆地、そしてマヤ低地にまで影響力を発揮する。

　その首都のテオティワカンは、メキシコ・シティーの北東約五〇キロメートルに位置し、面積は約二〇平方キロメートル、最盛期の六世紀における人口は一五万ないし二〇万人と推定され、当時南北アメリカ大陸で最大の都市であった。

テオティワカンは碁盤の目のような入念な都市計画が特徴であり、そこには、太陽のピラミッド、月のピラミッド、ケツァルコアトルのピラミッド、そして「宮殿」という上流階級の邸宅、庶民の住宅、職人の工房、異民族の居住区画などが整然と配置されていた。なかでも太陽のピラミッドは底辺が二二四メートル四方、高さが六五メートルという巨大なものであった。地下には排水用の暗渠《あんきょ》が張り巡らされ、都市はきわめて計画的に建設されていたようだ（図3—12）。

では、一五万〜二〇万もの都市人口を支えた食料は、どのようにして供給されていたのであろうか。考古学的資料によれば、食料は交易などを通じてもたらされていた可能性が考えられる。この点で、メキシコ盆地の南のテワカン谷の発掘調査の結果が貴重な資料を提供してくれる。テワカン谷はテオティワカンの支配下にあったが、そこでは農耕がかなり発展していたからだ。

テオティワカンの都市を四〇〇年間以上も繁栄させた原動力のひとつは、基盤となる多様な食料資源であったとされる。この食料についてはテオティワカンで現在も発掘をつづけている杉山三郎《すぎやまさぶろう》（アリゾナ大学）が次のように述べている。

高地の大都市に住む住民を養う食糧源は、半径約一〇〇キロメートル内の近郊盆地からの農産物により賄われていたと考えられる。運搬用の家畜や車輛《しゃりょう》が存在せず、すべて人に頼った輸送では、重い農産物はなだらかな盆地間に限られ、地方特産物や奢侈品《しゃしひん》のみが低地の遠隔地から険しい渓谷を通り持ち込まれたのであろう。都市住民は、すでにトウモロコシを中心とした栽培植物に依存していたが、高地特有の自然種である植物・果実・根菜類も重要な食糧源であった。なかでもメキシコ中央高原で豊富なマゲイ（竜舌蘭《りゅうぜつらん》）・ノパルサボテンは重要な食材の原料となり、その繊維は衣類に、またその図像はメキシコ中央高原のシンボルとしても使われていた。（杉山、二〇一九）

一方、後述するアンデスと違って、メキシコでは動物の家畜化はあまりおこなわれず、イヌと七面鳥だけに限られていた。この動物利用についても杉山は次のように述べている。

都市における食料としての動物利用に関しても野生種が多く、家畜の重要度は低かった。食糧源と思われる動物種は、都市内出土の動物骨の頻度からすると、家畜（イヌと七面鳥）の割合は全体の動物骨の二〇パーセントに満たず、テオティワカン人は周辺に生息する自然種（もしくは餌付《えづ》けのみおこなった）ウサギ、シカ、げっ歯類小動物、またおそらくバッタ、イナゴ、アリ、ハチや多種の野鳥から動物タンパクを取っていたと思われる。（杉山、二〇一九）

じつは、ここで述べてきたようなプロセスはテワカン谷だけで生じたものではなく、メソアメリカの各地で並行的におこっていたことが考古学的に知られている。あるいは、テワカンの灌漑も他の地域からそのアイデアが導入された結果だったのかもしれない。とにかく、巨大な都市センターをもち、最盛期の六世紀に首都だけで一五万～二〇万もの人口を擁したテオティワカンの爆発的な成長の背景にはメキシコ中央高原での灌漑技術の広がりのあったことが指摘されているのだ。西暦一〇〇年頃までのテオティワカンでは、主にセロ・マリナルコとセロ・コロラドの丘陵地帯が居住地として利用され、広大な平野部では灌漑農耕がおこなわれていた。この平野部では形成期後期からすでに灌漑農耕がおこなわれており(6)、人口の急増時に食料供給をになった。また、不足した食料生産をおぎなうべく、テオティワカン谷の中部や南部、およびテスココ湖の北部地方の河川流域もテオティワカンへの食料供給地として利用された(7)。ただし、この灌漑文明は大河流域に発達したものではなく、湖沼などを利用したものだったのである。

壮大なアステカ王国

もうひとつ、メキシコの中央高原では、一五二一年にスペイン人たちによって滅亡させられたアステカ王国も誕生した。一五一九年、このアステカ王国の首都のテノチティトランを侵略

図3―13　テンプロ・マヨール神殿（右側）　遺跡はアステカ王国の都であるテノチティトランの中央神殿の一部

したスペイン人のなかには、そこに立ちならぶ神殿やピラミッドを目にして「いったい、これは夢ではないのか」と驚く者さえいた。ちなみに、このテノチティトランは征服者のスペイン人たちによって破壊されたが、その礎石の一部は残っていて、当時の面影をしのぶことができる（図3―13）。

日本では、アステカは、しばしば「マヤ・アステカ」と並び称せられるが、アステカは、メキシコ中央高原にある首都テノチティトラン、テスココ、トラコパンの三都市同盟を中心に栄華を誇った文明であり、この三都市同盟はマヤ地域から一〇〇〇キロメートル以上も離れ、マヤ文明（前六〇〇年から一六世紀）の勃興期より二〇〇〇年ほども遅かった。(8) もうひとつ大きな違いがある。それはアステカ王国がメキシコ中央高原の高地で栄えたのに対し、マヤは主としてメキシコやグアテマラなどの熱帯雨林地帯の熱帯低地で栄えたことだ。

図3—14 アステカ王国の首都であるテノチティトランがかつて湖に浮かぶ島だった頃の復元図（メキシコ国立人類学考古学博物館蔵）（木村友美撮影）

テノチティトランとトラテルコは、メキシコ盆地中央部のテスココ湖の島の上に隣接して建設された。それは、二〇万〜三〇万人の人口を擁する、当時の南北アメリカで最大の都市であった。テスココ湖は大きな塩湖であり、メキシコ盆地は最大の塩の産地であった（図3—14）。

このテノチティトランについては、征服者のコルテス自身もスペイン王に送った報告書のなかで、次のように驚嘆に満ちた表現をしている。

この市《まち》は、とても壮大ですばらしく（中略）ほんの一端をここで述べるにすぎませんが、それでもほとんど信じ難いことのように思えるでありましょう。と申しますのも、この市は［スペインの］グラナダよりもずっと大きく、奪回されたときのグラナダよりもはるかに堅固で、美しい建物をもち、人口も多いからであります。また、パン・鳥・動物・川魚・野菜、その他おいしい土地の食物がずっと豊富にあります。この市

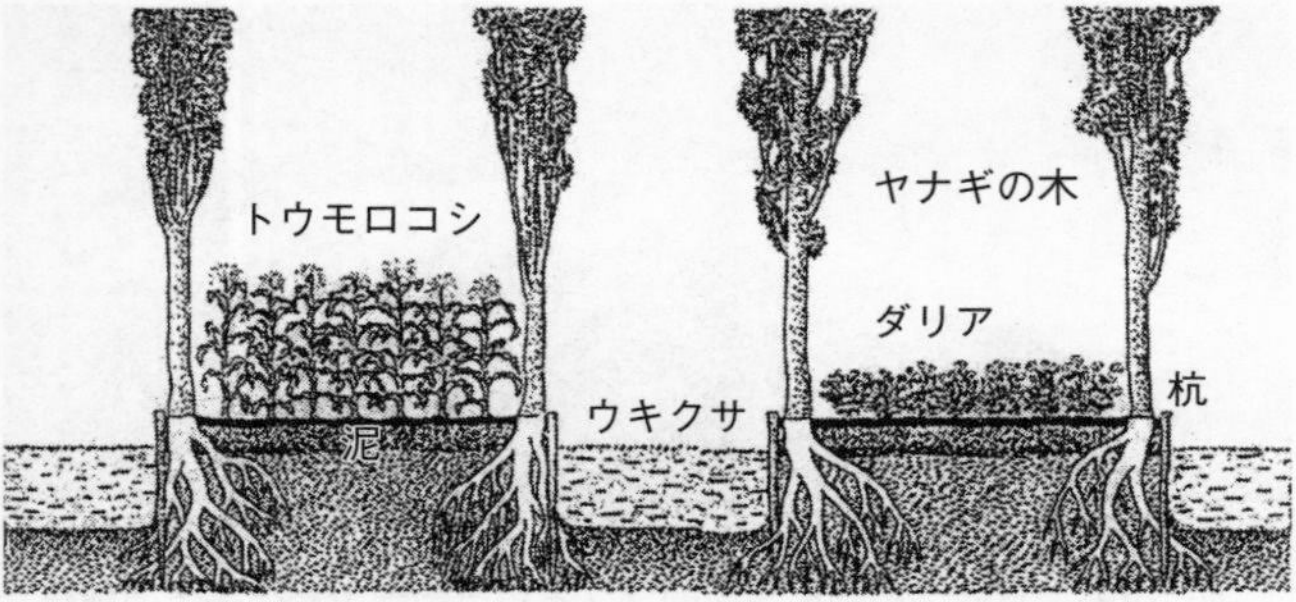

図3―15　アステカのチナンパ耕地（Coe, 1964）

には大市場がひとつあり、毎日三万人以上の人々が集まり、ものを売り買いしていますが、その他、この市のいたるところに小市場があります。（コルテス、一九八〇〔一五二〇〕）

このようにアステカ王国時代のメキシコは食料が豊富であり、それゆえに人口も多かったのであろう。そして、その背景には、安定した集約農耕の存在があった。しかも、そこにも大河はないが、湖沼が数多くあり、水には不自由しなかったと考えられるのである。

チナンパ耕作

ただし、メキシコではいささか特殊な灌漑方法も開発されていたらしい。それは、一般にチナンパとよばれるもので、メキシコ中央高原に位置するメキシコ盆地の淡水湖地域で浅い沼や湖畔に泥や水草などを積み上げて人工的に造った耕地である。図3―15に示したように、耕地の側面には柳などの木を植えて、土壌流出を防いだ。チナンパの各区画は一〇〇メートル×五〜一〇メートルほどで、一六世紀には一二〇平方キロメートルに広がった。メキシコ盆地南部のチャルコ湖とショチミルコ湖、さらに盆地南部のテノチティトラン周辺や盆地北部にも広がった。

図3―16 チナンパの耕地 トウモロコシ畑が見える。畑のまわりには土壌の流出を防ぐために並木が植えられている

その後、これが発展し、チナンパは「アステカ王国の穀倉」とよばれるほどに拡大する。アステカのチナンパは、ひとつの耕地と隣の耕地のあいだに水路がもうけられた方形の畑で、そこでトウモロコシ、マメ類、カボチャ、ハヤトウリ、トマト、トウガラシ、ヒユ科のアマランスなどの食料源はもちろん、薬用のダリアなどの花も栽培されていた。チナンパは、アステカ王国が増大する食料需要に対応するために、一五世紀以降に造成した大水利事業なのであった。

このようにチナンパは格子状の排水路に囲まれているため、耕地への水分補給が容易である（図3―15）。また耕地は泥や水草のまじった腐葉土におおわれているため、土壌も肥沃である。ただし、メキシコでは、七面鳥以外の動物はほとんど家畜化されなかったので、家畜の糞を肥料とする方法はなかったようだ。そのかわりに、人糞《じんぷん》が肥料として利用されていたとされる。(9) 人糞はテノチティトランで集めてカヌーに載せ、畑に運ばれた。また、トラテルコの市場ではポット入りの人糞が売られていた。このため、チナンパ耕作の生産性は、アジアの水田耕作に匹敵するほど高く、メソアメリカ農民のメキシコ盆地に対する生態学的適応の最終段階を示すものであるといわれることさえある。(10)

まだら模様の王国

一五一九年のスペイン人侵略時には、九代目のモクテスマ二世王(一五〇二〜二〇年統治)の勢力は、メキシコ中央高地だけでなく、ベラクルス州北部からチアパス・グアテマラ太平洋岸低地の地方にまで拡大し、その勢力圏は二〇万平方キロメートルにおよび人口は約六〇〇万人と推定されている。このアステカ王国は、インカ帝国が中央アンデスを統合したのとは対照的に、メソアメリカを政治的に統合できなかった。それは、一枚岩的な「大帝国」ではなく、「つぎはぎだらけのまだら模様の王国」と形容されている。(11) つまり、政略結婚、政治同盟、服従-保護関係などを基盤にして拠点をむすぶ「点と線」の支配に近いものだったのだ。

また、アステカ王国は、領土の占領よりも、貢納に重点をおいた。そのため、テノチティトランには各地から様々な貢納品がおさめられた。具体的にいうと、毎年、七〇〇〇トンにおよぶトウモロコシのほか、それぞれ四〇〇〇トンほどのマメ、ヒユ科のアマランス、シソ科のチア、さらに様々な奢侈品や特産品が貢納された。供物をおさめるかぎり、各地の支配層の統治や宗教の存続が許されたのだ。いっぽうで、これはアステカ王国の弱点ともなり、謀反《むほん》や不服従の危険性を常にはらんでいたのである。

なによりも重要だったトウモロコシ

ここで、もう一度メソアメリカ文明におけるトウモロコシの重要性について述べておこう。第5章でアンデスにおけるトウモロコシの利用について述べるが、トウモロコシはアンデスでは食料としてよりも、主として酒の材料として利用されてきた。この方法はメソアメリカではほとんど知られておらず、アステカ王国ではトウモロコシがなによりも重要な食料源になってきたのだ。

つまり、文明の成立に「安定的な食料の確保」が重要であるという観点から見れば、トウモロコシの栽培化がメキシコにおける文明の成立・発達にとって特筆すべき大きな貢献を果たしたと考えられるのだ。トウモロコシは、生産性が高いだけでなく、大きな高度差をもったメキシコの環境に対しても好適な作物であった。トウモロコシは標高ゼロメートルの海岸地帯から標高約三〇〇〇メートルの高原地帯まで、どこでも栽培できる作物だったからである。そして、メキシコでは低地部でマヤ文明が生まれ、高地部でもテオティワカンやアステカに代表される高地文明が生まれたが、いずれでも古くから現在にいたるまでトウモロコシを主作物・主食にしてきたのである。

アステカ崩壊後まもない頃のトウモロコシの播種《はしゅ》から収穫までの農作業については貴重な資

図3—17　アステカ崩壊後まもない頃のメキシコ先住民によるトウモロコシ栽培　点播によるトウモロコシの播種。男が手にするのはコアとよばれる掘り棒状の農具（左上）。トウモロコシ耕地の中耕（右上）。トウモロコシの収穫（左下）。貯蔵（右下）（Sahagún, 1995）

料が残されており、それによって当時のトウモロコシ農耕の概要を知ることができる。

その編著者はスペイン人神父のサアグンであり、彼は一四九九年もしくは一五〇〇年にスペインで生まれ、一五二九年に布教のためにメキシコにわたった人物であった。そして、彼は布教にたずさわるかたわら、土着の文化に大きな関心をもち、彼らから話を聞くだけでなく、絵

図３―18　メキシコ中央高原でのトウモロコシ畑
手前に見える植物はマゲイ（リュウゼツラン）

図３―19　グアテマラ高地のトウモロコシ畑　メキシコと同じように、いたるところで広大なトウモロコシ畑が広がっている

図3—20　トウモロコシからつくられるトルティーリャ

文字を描かせ、現地語による記録をスペイン語に翻訳、全一二巻の『ヌエバ・エスパニャ概史』を著したことでも知られる。

この図によれば、トウモロコシの播種には、コアとばれる掘り棒状の農具が使われていた。コアは、現在もメキシコで使われている農具である。また、耕地の中耕にもコアが使われていた。この中耕は雑草の繁茂を防ぐとともに、トウモロコシの倒伏を防ぐためでもあったようだ。トウモロコシの収穫の際には、トウモロコシの果穂をつつむ苞葉をとり、乾燥しやすくしていたようだ。そして、貯蔵の際には、穀粒をはがして、それを甕《かめ》などに入れて貯蔵していたことがわかる。

なお、トウモロコシは現在のメキシコをふくむ中米の住民にとっても不可欠な作物となっている。メキシコからグアテマラを歩くと、どこに行っても広大なトウモロコシ畑を目にするし（図3—18、3—19）、主食もトウモロコシを材料にしたトルティーリャである（図3—20）。このトルティーリャは、トウモロコシを石灰入りの水に浸してゆでたあと、石臼で挽《ひ》き、こねて伸ばしたものを素焼きの土器で焼いたものである。石灰水に入れるのは、石灰のアルカリ処理によって、トウモロコシの皮がやわらかくなって挽きやすくなり、パン生地としての粘りをひきだすからだ。またカルシウムを補給でき、トウモロコシがふくむナイアシン（ビタミンB_1）の吸収を促進する効果もある。この副食としてはマメ料理がもっとも多く、トウガラシも調味料として欠かせない。トルティーリャはスペイン人が侵略する以前からメソアメリカでつくられていたことが知られる食品であり、かなり長い歴史をもつ可能性もある。

アステカの宗教儀礼と祭礼

この章の最後に、メキシコ高地に住む人びとの精神世界も少し見ておこう。アステカ王国の宗教といえば、真っ先に連想されるのは生きた人間の心臓をとりだし、それを太陽に捧げる人身《じんしん》供犠《くぎ》であろう。たしかに、アステカ人は、太陽や月の運行を注意深く観察し、太陽神の一側面をもつアステカの守護神ウィツィロポトリのために人身供犠をおこない、月の女神に祈り、供物を捧げた。この人身供犠は、軍事力や恐怖政治を誇示する政治的行為としておこなわれたものであった。ただし、スペイン人たちは、この人身供犠について詳細な記録を残したが、犠牲者数については誇張や捏造《ねつぞう》があるため、これらの記録を読むときは注意しなければならない。

アステカの宗教といえば、この人身供犠が注目されるが、平民が参加した祭礼もいくつもあった。平民が参加した祭礼は、農耕に関連したものがもっとも重要であった。なかでも、雨とトウモロコシの神々が崇拝された。農事暦では、(1)二月一二日（アステカの元日）、(2)四月三〇

図3—21　トウモロコシを人格化した神　左がトウモロコシの男神、右の二人がトウモロコシの女神

日（トウモロコシの播種）、(3)八月一三日（雨季の最盛期）、(4)一〇月三〇日（収穫）に盛大な祭祀がおこなわれた[12]。

ここで、人間はトウモロコシから創《つく》られたという興味ぶかい伝承があるので、それも紹介しておこう。トウモロコシは神から人間への贈りものであり、人間はトウモロコシから創られたというものだ。メキシコの隣国であるグアテマラに住むマヤ人、キチェ族の「共同体の書」『ポポル・ブフ』によると、その物語の要約は次のようなものである。

　神々は暗黒のなかで、夜の間に、相集って、相談しあった。おたがいに話を重ね、考えに考えを重ねた。そしてようやく考えはまとまり、人間の肉にするものを考え出した。（中略）とうもろこしの黄色い穂と白い穂がとり寄せられた。（中略）黄色い穂のとうもろこしと白い穂のとうもろこしを臼で挽き、これから九種類の飲料を造った。（中略）そして黄色い穂のとうもろこしと白い穂のとうもろこしでその肉を創り、とうもろこしをこねて人間の腕や脚を創った。われらの父たち、すなわち初めて創られた四人の男たちの肉となったものは、この、とうもろこしをこねたものにほかならなかったのである。（レシーノス〔原訳〕、一九七七）

マヤ文明、そしてのちにはアステカ文明にとって、植えつけ、育て、収穫し、ふたたび植えつけるというトウモロコシのサイクルは、生まれ、死に、再生するという人生のサイクルを表すものにほかならなかった。そして、何百というマヤの神々のなかでもっとも重要とされるのは、主食となる植物を人格化したトウモロコシの神だったのである。

このトウモロコシを人格化した神の図は残されているので、それを最後に示しておこう。なお、このトウモロコシの神には男神と女神があり、女神のチコメコアトルは二股《ふたまた》にわかれたトウモロコシの果穂を掲げている（図3—21）。このような二股にわかれたトウモロコシはアンデスでもまれに見られるが、それはアンデスの先住民によって、やはり神とみなされている。

こうして見てくると、メソアメリカでは、トウモロコシは単なる食料品ではなく人びとの精神世界においても、きわめて重要な位置を占めていたことがうかがえるのだ。

第４章
ジャガイモが生んだアンデス高地の文明
――ティティカカ湖畔にて

チューニョづくり　標高約4000mの高原にジャガイモを広げる。野天に放置されたジャガイモは凍結、解凍のプロセスをくりかえす。このあとジャガイモを脱汁、乾燥したものがチューニョである。この加工のプロセスで有毒なジャガイモは無毒化される（ペルー、クスコ地方）

本章では、アンデス高地に生まれた高地文明をとりあげよう。アンデスはわたしがもっとも長く調査したところであり、調査した回数は約五〇回、滞在期間もトータルすれば一〇年あまりになる。このアンデスは世界一長大な山脈であり、インカ帝国に代表される様々な文明が盛衰した地域である。そこで、本書ではアンデスの全体を二章にわけて、詳しく述べることにする。まずアンデスの自然環境について述べておこう。アンデスの自然環境はきわめて多様であり、それを理解しなければ、そこで暮らす人びとの社会や文化の特徴も理解できないからだ。

熱帯アンデス

アンデスは南米大陸の太平洋岸にそって南北に約八〇〇〇キロメートルの長さにわたって走る地球上で最長の大山脈であり、そこには標高六〇〇〇メートルを超す高峰も少なくない。このアンデス山脈の北端は北半球のベネズエラに始まり、コロンビア、エクアドル、ペルー、ボリビアをへて、南はチリおよびアルゼンチンにまで達し、その南端のパタゴニア・アンデスは次第に高度を減じながら、やがてマゼラン海峡に没している（図4―1）。

と、このように書いてもアンデスの長大さはなかなか理解しにくいかもしれない。じつは、わたし自身もアンデスだけを歩いていたときは、それが世界一長大な山脈であることがなかなかか実感できなかった。世界を代表する、もうひとつの大山脈であるヒマラヤを歩くようになってはじめてアンデス山脈がじつに長大な山脈であることを理解したのであった。ヒマラヤは、アンデスとは異なり、東西に長く走る山脈であるが、その東端から西端までは約二〇〇〇キロメートルであり、アンデス山脈の四分の一くらいしかないのだ。

図4—1　南アメリカとアンデス山脈

もう少し身近なところで比較してみよう。日本とくらべた場合は、どうか。北海道から九州までの日本列島の長さは約二〇〇〇キロメートルなので、日本列島を四つつなぎ合わせて、やっとアンデスの長さになる。ただし、アンデスの幅はさほど広くなく、アンデスで最大の幅をもつ部分は、山脈のちょうど真ん中あたりの中央アンデスであるが、そこでも五〇〇～六〇〇キロメートルくらいである。つまり、日本でいえば大阪から東京あたりまでの距離しかない。

したがって、アンデス山脈の特徴を一言でいえば、きわめて細長い山脈であるということができる。そのため、アンデスはふつう大きく次の三地域にわけられる。すなわち、北部アンデス、中央アンデス、そして南部アンデスである。このうち、北部アンデスの大部分は赤道以北にあり、国でいうとベネズエラ、コロンビア、エクアドルを走る山脈である。中央アンデスはペルーおよびボリビアを走る山岳地域のことで、それよりも南のチリとアルゼンチン国境を走る山脈が南部アンデスである。

このアンデス山脈は、一本の山脈のように見えるが、中央アンデスのあたりで東西二本の山脈にわかれており、図4―6に示したように西山系と東山系が南北に走り、その中央部には標高四〇〇〇メートル前後の高原地帯が広がっている。インカ帝国の中心地であったクスコも、ペルーとボリビアの国境に位置するティティカカ湖も、この高原にある。

そして、アンデスの環境は緯度によって大きく変化するが、それを端的に示しているものがある。それは、氷河や万年雪の残る、いわゆる雪線の高さである。エクアドルやペルーのように緯度の低い地域では、万年雪を見ようとすれば標高五〇〇〇メートルくらいまで登らなければならない。すなわち、雪線は標高五〇〇〇メートル前後である。ところが、そこから南下して、アンデス最南端のパタゴニアまで行くと、雪線は標高一〇〇〇メートル前後と低くなり、ときには氷河が直接に海に落ち込んでいる光景さえ見られる。これは、緯度が高くなればなるほど、一般に気温が低くなるからである。

一方、緯度が低くなればなるほど、同じ高度であれば一般に気温は高くなる。このため、低緯度地帯に位置する地域は熱帯あるいは亜熱帯圏となる。北部アンデスや中央アンデスもこの低緯度地帯に位置しており、しばしば両地域は熱帯アンデスともよばれる。この結果、そこには一般の日本人がイメージする熱帯とは大きく異なった景観も見られる。つまり、熱帯圏に六〇〇〇メートルに達する大きな高度差をもつ山岳地帯が位置するために、標高の低いところでは砂漠や熱帯雨林、標高の高いところでは寒帯や氷雪地帯も見られるのである。

図4―2　アタカマ高地　チリとアルゼンチンの国境付近に位置する（標高約4500m）

とにかく、北部アンデスや中央アンデスが低緯度地帯に位置することが、後述するように様々な点で重要な意味をもつ。たとえば、中央アンデスでは標高四〇〇〇メートル前後の高地でも多数の人間が暮らしているが、それを可能にしている要因としては、やはりそこが低緯度地帯であることが大きい。低緯度地帯であるために、富士山の頂上ほどの高地であっても気候は一年をとおして比較的温暖だからである。

ただし、緯度と高度だけが人間の暮らしを規定しているわけではない。もうひとつ重要な要因がある。それは降水量である。降水量の多少も人間の暮らしを大きく左右する。とくに、降水量が極端に少ないところは人間の生存さえ許さなくなる。たとえば、ペルーやチリの海岸地帯の大半はほとんど降雨を見ないため、一部地域をのぞき、大部分の地域が砂漠になっている。

これは、高地でも同様である。冒頭で述べたティティカカ湖畔あたりは人口がかなり稠密な地域であるが、そこから南下するにしたがって人口は次第に希薄になる。そして、国境を越えてチリ領に入るとほとんど無人地帯となり、それは数百キロメートルにわたってつづく。ボリビアの南部あたりから降水量が乏しくなり、チリ領に入るとまったくといってよいほど雨が降らないため、世界でももっとも乾燥しているといわれる広大なアタカマ砂漠となっているのだ(図4―2)。

逆に南部アンデスの南部地域は降水量が多く、それもまた人間の生活範囲を狭めている。先述したように南部アンデスは南下するにしたがって高緯度地帯になり、熱帯と違って一年の気温変化が激しい。その結果、そこでは冬があり、大量の降雨は深雪となって氷河地帯を拡大してきたのである。こうして、南部アンデスはアンデス文明の表舞台に顔をだすことはほとんどなく、アンデスの大部分を版図としたインカ帝国時代にあっても辺境地域の位置を脱することはなかったのである。

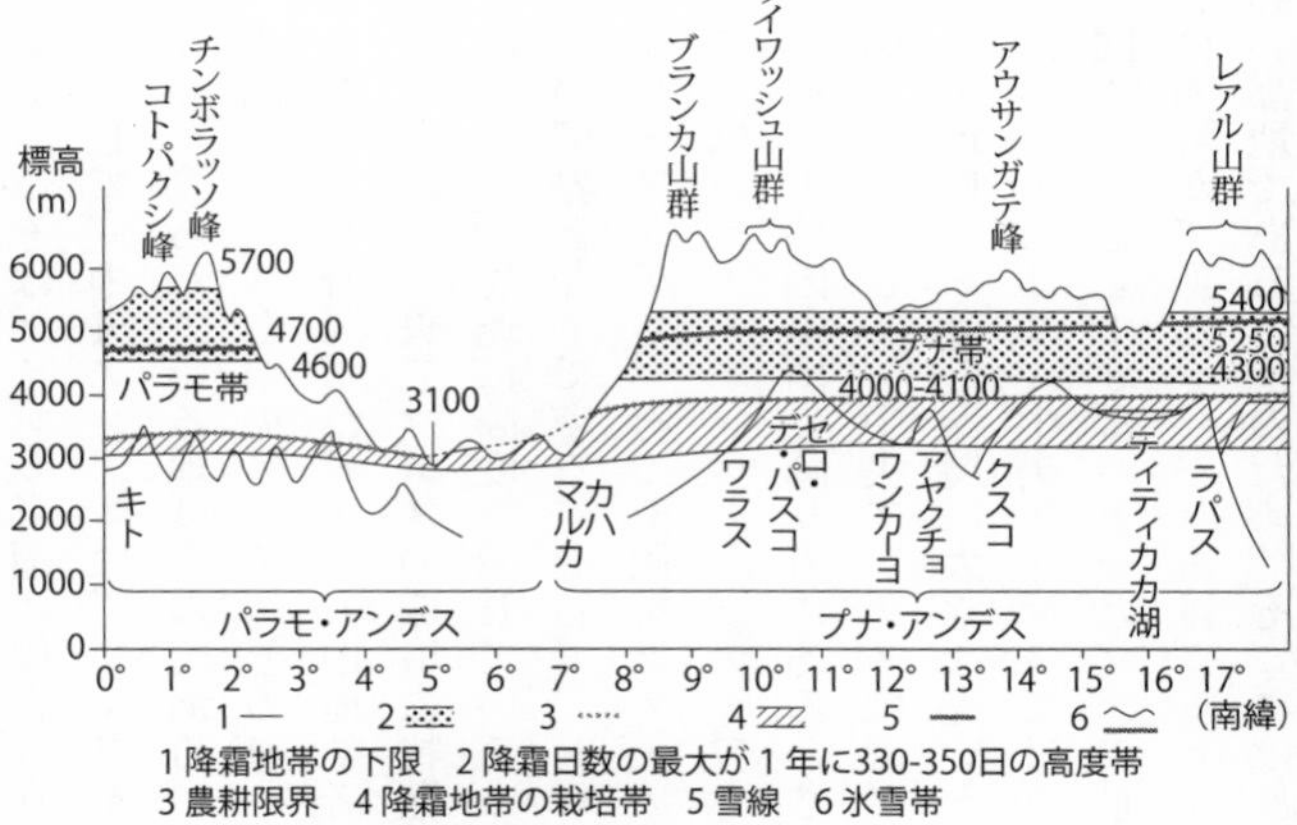

図４―３　熱帯アンデスの断面図（Troll, 1968）

中央アンデスの特徴

先に北部アンデスと中央アンデスの両地域は、熱帯アンデスとよばれると述べた。たしかに、南部アンデスとくらべれば、北部アンデスも中央アンデスも低緯度地帯に位置しており、高地であっても標高にくらべて気温が全体的に高い。しかし、同じように熱帯アンデスとよばれていても、北部アンデスと中央アンデスは一様な環境ではなく、大きく異なる点もある。その違いこそが、中央アンデスでジャガイモをはじめとする多種多様なイモ類の栽培化をうながし、ひいてはそこで文明が成立、発達した大きな要因のひとつになった、とわたしは考えている。

この点についてはあとで述べることとして、ここでは北部アンデスと比較しながら中央アンデスの特徴をもう少し詳しく見ておこう。中央アンデスこそは、インカ帝国に代表されるアンデス文明発展の舞台になったところだからである。そして、中央アンデスは、ヒマラヤ・チベットとともに世界でもっとも高所にまで多数の人びとが暮らしている地域なのである。

北部アンデスと中央アンデスとの違いをはじめて指摘したのは、世界の高山を広く歩き、その自然環境を研究したドイツ人地理学者のトロールであった[1]。そのトロールが作成した図を参考にしながら中央アンデスの環境の特徴を述べてゆこう。この図4―3でアンデスは南緯五～六度あたりで急速に高度を減じていることがわかるが、ここが一般に中央アンデスと北部アンデスの境界となっている。そして、トロールはこの低い部分を境として赤道よりのアンデスをパラモ・アンデス、その南側をプナ・アンデスとよんだ。つまり、トロールによれば、熱帯アンデスはパラモ・アンデスとプナ・アンデスの二つにわけられるのだ。そして、その違いを生んだ最大の要因は雨の降り方にあるとされる。つまり、北部アンデスは一年をとおして雨がよく降るのに対して、中央アンデスは雨がよく降る雨季と雨がほとんど降らない乾季があり、これが両地域における環境に大きな違いを生んだ。そして、それを象徴する環境が北部アンデスではパラモであり、中央アンデスではプナなのである。

図4―4と4―5にパラモとプナの景観を示したが、この写真によっても両地域における違いは明らかであろう。パラモは、トロールが湿潤熱帯高地とよんだように、雨が多く、湿度も高い高地である。そのため、そこには放射状に葉を広げる巨大な「ロゼット植物」が優占して

いる。この巨大なロゼット植物とは、厚い毛でおおわれた葉をもつ多年生植物であるキク科のエスペレティアやキキョウ科のサワギキョウのなかまであるロベリアなどだ。そのため、一見したところ、そこは東アフリカの熱帯高山と同じような熱帯高地特有の景観を作っているのだ。

図4―4　コロンビア・アンデスのパラモ帯　群生する植物はキク科のエスペレティア

図4―5　手前の高原は主としてイチュ（*Stipa* spp.）の生えたペルーのプナ　後方の雪山はコルディエラ・ブランカ山群

一方、中央アンデスでプナとよばれる高地は、一年のうちの半分ほどはほとんど降雨を見ない乾季がつづき、そのせいで樹木類はあまり育たず、イネ科の草本類が優占する草原地帯となっている。とくに、この草原にはイネ科のイチュとよばれる植物が多く、サボテンや乾燥に強い刺《とげ》のある植物なども目立つ。このようなプナが中央アンデスの山岳地帯のかなり大きな部分を占めているのである。

北部アンデスと中央アンデスとの環境の違いは、飛行機から見ていてもわかる。北部アンデスは緑が濃いのに、そこから南下するにしたがって緑はうすくなり、中央アンデス南部のボリビア領に入ると褐色の大地がむきだしになっているところが多くなる。こうして見てくると人間が暮らす環境として中央アンデスがとりたててよいとは思えない。むしろ、北部アンデスとくらべた場合、農耕などをおこなううえでは中央アンデスのほうが環境条件は厳しいとさえ思える。

ところが、そこを実際に歩いてみると意外な光景を目にして驚くことになる。北部アンデスのエクアドル・アンデスは赤道直下にあり、同じ高度であれば中央アンデスより気温は高いはずなのに人間の暮らしは中央アンデスよりずっと低いところまででしか見られないのだ。エクアドル・アンデスでの農耕はせいぜい標高三〇〇〇メートルあたりまでに限られるのに、中央アンデスでの農耕限界は標高四三〇〇メートルあたりまで達するし、家畜飼育にいたっては標高五〇〇〇メートルに近い高地まで利用されているのだ。

アンデスで最初に農耕が開始されたのも北部アンデスではなく、中央アンデスであった。その農耕をもとに諸文化を発達させたのもまた、中央アンデスであった。さらに、これらの諸文化を最後に統合し、インカ帝国が築かれた中核地帯も中央アンデスであった。つまり、アンデスでは農耕が始まったのも、それをもとに高度な文明が発達したのも中央アンデスだったのである。

さて、それでは中央アンデスの環境には農耕の誕生や文明の発達をうながすような要因がひそんでいるのだろうか。そこで、もう少し中央アンデスのペルーに焦点をあてて、その環境の特徴を検討してみよう。

生活圏が五〇〇〇メートルにおよぶ中央アンデス

アンデスは緯度によって環境が大きく変化すると先に述べたが、この環境は標高によっても変化する。そして、この標高による変化は中央アンデスでは容易に実感できる。それというのも、中央アンデスは緯度が低いうえ、そこに大きな高度差があるため、標高差によって様々な環境を見ることができるからである。実際に、ペルー人地理学者であるプルガル・ビダルはペルーの自然環境を大きく八つに区分したが、その八区分法は次のように基本的に標高に生活圏を組み合わせたものであった(2)。そして、車で走れば、中央アンデスでは一日でこれらほとんどの環境区分を見ることができるのだ。

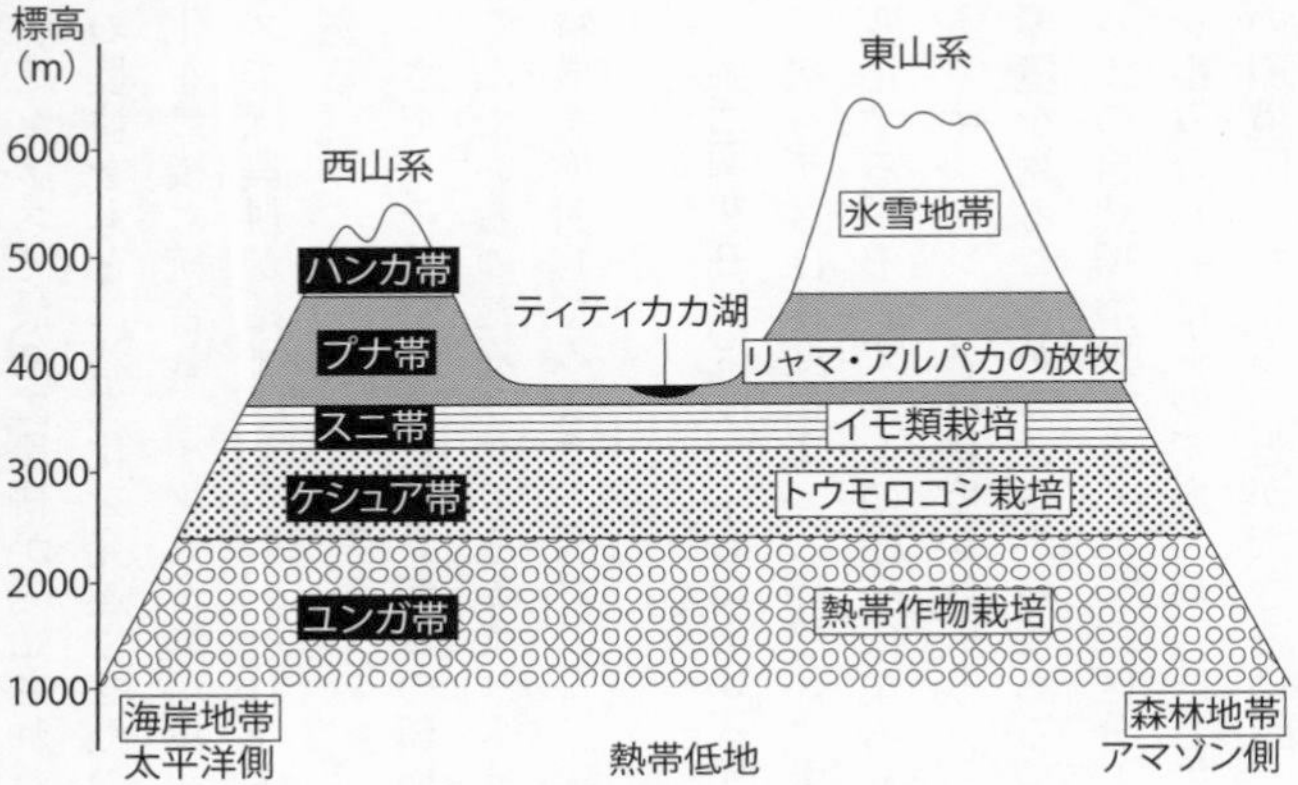

図4—6　中央アンデス南部の環境とその利用　左は現地の住民による環境区分の名称。チャラ、ルパルパ、オマグアは省略

チャラ（標高〇～五〇〇メートル）
　海岸砂漠
ユンガ（標高五〇〇～二三〇〇メートル）
　山麓地帯
ケシュア（標高二三〇〇～三五〇〇メートル）
　温暖な谷間
スニ（標高三五〇〇～三八〇〇メートル）
　冷涼な高地
プナ（標高三八〇〇～四八〇〇メートル）寒冷
　な高地
ハンカ（標高四八〇〇メートル以上）
　氷雪地帯
ルパルパ（標高一〇〇〇～四〇〇〇メートル）
　アマゾン川流域の森林地帯
オマグア（標高四〇〇メートル以下）
　アマゾン川流域低地の森林地帯

ただし、ここに記されている標高はあくまで目安であり、地域によって二〇〇〜三〇〇メートルくらいの違いがある。

さて、これらの環境区分帯のうち、ハンカは人間の居住できない氷雪地帯のことである。また、ルパルパおよびオマグアはアマゾン流域の熱帯降雨林地帯のことであるが、ここは古くからアンデス住民にとってあまり大きな意味をもたなかった。したがって、アンデス住民にとって重要な自然区分帯は最初の五つ、すなわちチャラ、ユンガ、ケシュア、スニ、プナである（図４—６）。そこで、これら五つの自然区分帯について高地部に焦点をあてながら以下に説明をくわえておこう。

図４—７　大部分が砂漠であるチャラ帯

①チャラ

一年中、まったく雨が降らないか、降っても降水量は五〇ミリ以下で、ほとんどのところが砂漠になっている（図４—７）。緯度のうえでは熱帯ないしは亜熱帯に位置しているが、年平均気温は摂氏一九度とあまり高くない。これは沖合を南から流れてくる寒流のフンボルト海流の

図4―8　ユンガ（アンデスの東斜面）

影響にほかならない。この海流は北のほうで赤道直下の暖流とぶつかるため、豊かな海産資源を海岸地帯にもたらしている。そのため、そこはきわめて古い時代から漁業が重要な生業になってきた。チャラの大部分は砂漠であるが、一部地域では農耕も古くからおこなわれてきた。アンデス山脈から流れおちる河川流域のオアシス状のところである。

②ユンガ（ユンカ）

ユンカともよばれる。主としてアンデス山脈の西側および東側の山麓地帯のことである（図4―8）。緯度が低く、標高も低いため、気温が高い地域である。ただし、太平洋岸に位置する西側の山麓とアマゾン川に面した東側では大きく異なる点もあり、そのため前者は海岸ユンガ、後者は山間ユンガとよばれて区別されることもある。両者における違いを生む最大の要因は雨量である。先述したように、太平洋岸の沿岸部はほとんど降雨を見ないため、そこでは大部分のところで砂漠になっており、海岸ユンガもほとんど樹木の見られない乾燥した環境である。一方、山間ユンガは雨が多く、湿度も高く、樹木が繁茂している地域である。

③ケシュア（ケチュア）

ケチュアともよばれる。標高三〇〇〇メートル前後の温暖な山間の谷間のことである。熱帯性の果実類は、ケシュア地帯では気温が低くなるので見られなくなるが、それにかわって目立つのがトウモロコシ栽培である。標高のもっと低いチャラやユンガなどでもトウモロコシ栽培は見られるが、ケシュア帯でのトウモロコシはしばしば斜面を階段状にした階段耕地で栽培される。そのなかには標高差が数百メートルにおよぶ大規模なトウモロコシ耕地もあり、これがケシュア帯を代表する景観となっているのだ。ただし、これは日当たりのよい北向きの斜面のことであり、南向きの斜面はしばしば森林でおおわれている。このことはケシュア帯が、本来は森林地帯であったことを物語りそうである（図4―9）。

図4―9　ケシュア帯の階段耕地

④スニ

アンデスの東斜面で見ていると、ケシュア帯に位置する標高三〇〇〇メートルあたりでは森林がまだ密生しているが、標高三五〇〇メートルあたりまで登ると灌木《かんぼく》が目立つようになる。そして、標高三八〇〇メートルあたり

図4—10　**スニ帯**　森林限界を超えている。寒冷なため、トウモロコシは育たず、寒さに強いジャガイモが主作物になる

では樹木よりも草地が目立つようなる。このあたりがスニ帯である。地形的にはU字谷（氷食谷）が多く、この谷底の部分にはしばしば先住民の集落が見られる。ただし、標高のせいで気温は低く、年平均気温は摂氏七〜一〇度くらいのあいだである。最高でも二〇度を超えることはなく、最低は氷点下にまでさがる。このスニ帯では、もうトウモロコシは育たず、それにかわって中心になるのがアンデス原産のイモ類である。すなわち、ジャガイモ、オカ、オユコ、マシュアなどである（図4—10）。

⑤プナ（プーナ）

プーナともよばれる。おおまかにいえば、プナは標高四〇〇〇メートル前後の傾斜がゆるやかな丘陵地帯または平坦な高原地帯のことで、それはペルーからボリビアをへてチリまでつづく。とくに、ペルー南部からボリビア北部にかけての地域には広大なプナが広がっている。このプナには人家だけでなく、数多くの集落や町、さらに都市さえある。たとえば、ティティカカ湖畔にはプーノやフリアカなどの町があるし、そこから車で半日も走ればボリビア最大の都市であるラパスもある。このような町や都市がプナに立地しているのもプナが平坦だからこそであろう。もちろん、これは地形だけではなく、中央アンデスが低緯度地帯に位置しているため、高地でも気候が比較的温暖だからでもある。

図4—11　乾燥プナを行くリャマのキャラバン

三種類のプナ

プナは中央アンデスのなかで大きな面積を占めており、南北に一〇〇〇キロメートル以上の長さにわたってベルト状にのびている。そこでプナについてはもう少し詳しく述べておこう。プナは地域によって環境にかなり大きな違いが見られるからだ。全体的な傾向としてプナは北から南に向かうにしたがって、また東から西に向かうにしたがって乾燥が激しくなる。そのため、地理学者のトロールは、プナを湿潤プナ、乾燥プナ、そして砂漠プナの三地域にわけている。(3)

これらのうち、湿潤プナは半年におよぶ雨季のおかげで草本類が豊富で、その代表的な植物が現地でイチュと総称されるイネ科の植物である。このため、湿潤プナでは古くからリャマやアルパカなどのラクダ科家畜が放牧されてきた。また、湿潤プナの一部ではジャガイモも栽培されている。スニ帯でもジャガイモは栽培されているが、もっとも多様な品種が見られるのが湿潤プナだ。この湿潤プナで注意しておきたいことがある。それは、これまでの報告ではプナがしばしば家畜の放牧だけに使われ、作物栽培ができないと述べられていることだ。しかし、プナのなかでも標高がやや低い標高四〇〇〇メートル前後のところであれば、かなり広い地域でジャガイモや乾燥に強い雑穀のキヌアなどの作物も栽培されているのだ。

この湿潤プナは、南下するにしたがって小さくなり、ボリビア領内に入ると乾燥プナのほうが大きくなる。これまで優占していたイチュにかわり、キク科のトーラ（*Lepidophylum quadrangulale*）の名前で知られる低木が高原をおおうようになる。しかし、ここでも一部地域では農耕がおこなわれている。ジャガイモ耕地は少なくなるが、キヌアなら栽培できるからだ。また、家畜のほうも湿潤プナに生える草しか食べないアルパカは見られなくなるが、いろいろな植物を食べるリャマは放牧されているのだ（図4―11）。

一方、典型的な乾燥プナは一木一草生えていない高原地帯にすっかり干上がった白い塩湖が点々と見られるような景観を呈するようになる。そこは、もう砂漠プナであり、そこでは人の暮らしも見られなくなる。このような景観がボリビア南部からチリのアタカマ高地あたりまで数百キロメートルにわたってつづくのである。

植生のあり方を決定しているのは基本的に雨量と気温であるが、中央アンデス高地にはもうひとつの大きな要因がある。それが氷河の存在である。中央アンデスの氷河は高原にそびえる山脈や火山の高所など、おおよそ標高五〇〇〇メートル以上に分布する。とくに、氷河がよく発達しているのは、ペルー中部のブランカ山群（図4—12）やビルカノータ山群、さらにボリビアのレアル山群などの東山系に位置する高峰群である。

この氷河が雨のほとんど降らない乾季にもアンデス高地に水を提供している。すなわち、氷河が存在しているおかげで、それが融《と》けた水によってうるおされた高原には、牧草の乏しくなる乾季も豊かに植物が生えるところがある。スペイン語でボフェダル、ケチュア語でオッコとよばれる湿地状のところだ。ここが乾季の放牧地として利用されるのである。また、この氷河が融けた水は、中央アンデス高地に住む人びとにとって雨が降らない乾季の飲料水として欠かせないものとなっているのだ。

図4—12　ペルー・ブランカ山群の最高峰ワスカラン（6768m）

栽培植物の故郷

栽培植物については、まず述べておかなければならないことがある。それは、人類がアンデスにはじめて姿をあらわしたのは今から一万年くらい前のことであるが、当時の

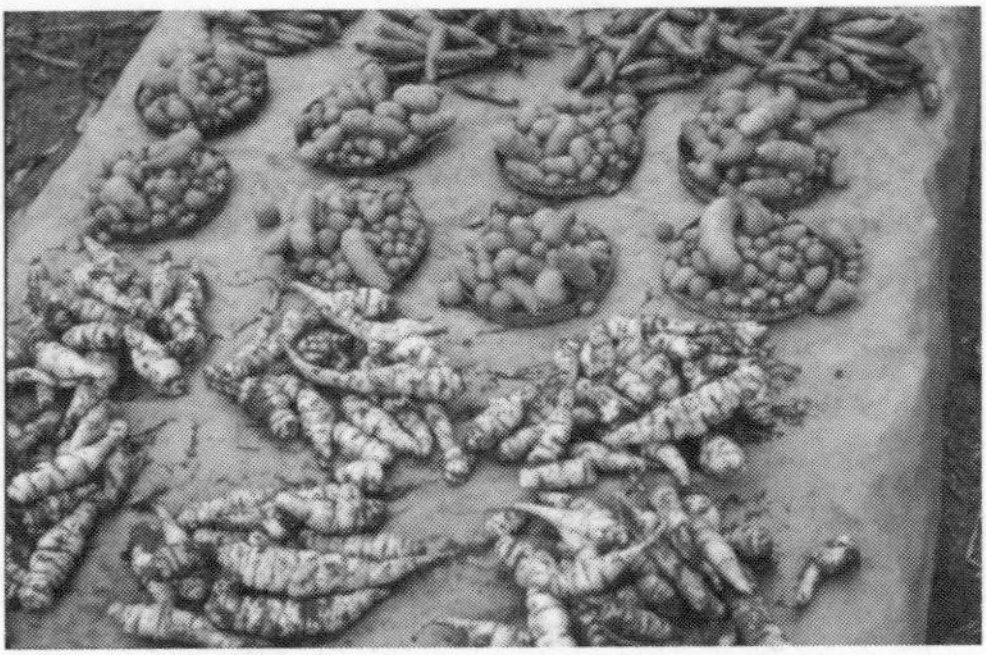

図4―13　オユコ（上段）とマシュア（下段）のイモ類

アンデスには栽培植物もなければ家畜もいなかったことだ。そのため、彼らは農耕も家畜飼育も知らず、野生の植物を採集したり、野生の動物を狩猟の対象として手にいれ、それらを食料とする生活を送っていたはずである。

　では、アンデス高地に住みついた人びとは、どのようにして栽培植物や家畜を生んだのか。この点で、中央アンデスは、世界でもまれに見るほど数多くの栽培植物の故郷であるということを強調しておきたい。中央アンデスはジャガイモやトウガラシ、トマト、オカ、オユコ、ピーナッツなどの起源地である。さらに、アンデス以外ではほとんど知られることのないローカルな栽培植物も多くが中央アンデス高地原産である。このような植物の栽培化と中央アンデスの文明の誕生のあいだには密接な関係があるとわたしは考えている。栽培化は、食料の採集から生産への第一歩であり、食料生産は文明の誕生への第一歩だからである。

　ただし、この栽培化については注意すべきことがある。たしかに、中央アンデスは数多くの栽培植物を生みだし、栽培植物の世界における発祥中心地のひとつにあげられているが、食料生産に大きな貢献をしたと考えられる栽培植物は限られる。この意味で重要な栽培植物は主食になりうるものであり、単位重量および単位耕作面積あたりのカロリーの高いものでなければならない。このような条件を満たすものは、一般にイモ類か穀類であるが、この点で中央アンデスでは興味ぶかいことがある。それは、穀類はほとんど栽培化されなかったが、イモ類には多種多様なものが栽培化されていることだ。

例をあげれば、ジャガイモ（ナス科）のほかに、オカ（カタバミ科）、オユコ（ツルムラサキ科）、マシュア（ノウゼンハレン科）、マカ（アブラナ科）、ヤコン（キク科）、ラカチャ（セリ科）などのイモ類がある（図4―13）。ジャガイモ以外のイモ類は、いずれも日本ではほとんど知られていないが、アンデス高地ではふつうに栽培され、食べられている。とくに、オカは、地域によってはジャガイモより重要なイモ類となっているところさえある。

いずれにしても、これほど多種多様なイモ類が栽培化された地域は世界を見まわしても中央アンデス以外にはほとんど例を見ない。日本における民族植物学のパイオニアである中尾佐助《なかおさすけ》も、多種多様なイモ類を栽培化したアンデス高地の農耕について次のように述べて驚嘆している。

根栽〔イモ類〕農耕文化の環境としては、このアンデス高地はまったく例外的な場所で、こんなところで、よくもイモ類をこれまで開発できたものと、つくづく感嘆されてくる。
（中尾、一九六六）

なぜ中央アンデス高地で多種多様なイモ類が栽培化されたのか？

それでは、なぜ中央アンデスではこれほどまでに多種多様なイモ類を栽培化することができたのであろうか。ここで重要な意味をもってくるのが、プナとよばれる中央アンデス高地部の存在である。それというのも、先述したように中央アンデス高地には乾季と雨季の明確な二つの季節があるが、これがイモをつける植物の出現に大きな影響を与えていると考えられるからである。長い乾季の存在は植物の生育にとっては不都合であり、このような乾燥に適応した植物の生態型のひとつが地下茎や根に養分を貯蔵することなのである。また、中央アンデス高地は熱帯高地であるため、一日の気温変化が激しいが、この気温変化の激しさもイモの形成をうながすことが知られているのだ。

したがって、中央アンデスの高地には、もともとイモをつける野生の植物が多かったと考えられる。実際に、わたしも野生のジャガイモやオカを中央アンデス高地のあちこちで見ている。そして、植物学的にも中央アンデス高地はジャガイモをはじめ、オユコやマカなどのイモ類が栽培化された地域として知られるようになっているのだ(4)。

ただし、中央アンデスにイモをつける野生植物が多かったからといって、そこで自動的に栽培化が始まるわけではない。栽培化のためには、まず人間が野生植物を利用し、野生植物に関する知識を蓄積して身近で栽培するようになることが必要である。家畜化および栽培化がドメスティケーションとよばれることは先述したが、このドメスティケーションは人間が野生の動植物を長い年月にわたり、おそらく数千年にわたって利用し、それらを人間にとって都合のよいものに改変するなかで生みだされたものだからである。

そのように長い年月をかけて中央アンデス高地で栽培化された作物としては、先に紹介したイモ類のほかに、マメ類のタルウィ、雑穀のキヌアやカニワなどもある。また、中央アンデス高地で家畜化されたものとしては、ラクダ科のリャマやアルパカ、そしてテンジクネズミ（クイ）が知られている。このように、中央アンデス高地で数多くの動植物が家畜化されたり、栽培化されたことは、そこがきわめて古くから人間生活の舞台として大きな役割を果たしてきたことを物語るものでもある。人間がいないかぎり、栽培化も家畜化もおこりえないからだ。

そして、これらの家畜や栽培植物の誕生こそは、中央アンデス高地での人びとの定住化や人口の増大、ひいては文明の誕生にも大きな影響を与えた、とわたしは考えている。先に中央アンデス高地で人びとの暮らしを可能にしている理由として、そこが低緯度地帯にあり、標高のわりに気候が温暖であることを指摘したが、それだけではなく、高地でも栽培可能な栽培植物や飼育できる家畜を生みだしたことが人びとの暮らしの可能性を大きく広げたと考えられるのである。

ジャガイモの栽培化

とりわけ、ジャガイモは中央アンデス高地の人びとの暮らしに決定的といえるほどに重要な役割を果たしたとわたしは考えている。さらに、ジャガイモ栽培の拡大こそはアンデス文明の誕生にも大きな貢献を果たしたとも考えている。

ここで注意していただきたいことがある。それは、中央アンデスでは太平洋岸の海岸地帯と山岳地帯の両方で諸文化が生まれ、それを総称してアンデス文明とよんでいることだ。しかし、植物の栽培化が進められたのは山岳地帯であり、海岸地帯で栽培化された植物はほとんどない。そして、わたしがジャガイモによって文明が生まれたと考えているのは、海岸地帯ではなく、山岳地帯でのことである。

以上、見てきたようにジャガイモはアンデス高地の人びとにとって不可欠な食料であったし、現在もそうであるとわたしは考えている。彼らの暮らしはジャガイモ抜きでは語れないほどジャガイモと密接な関係をもっている。ただし、これはアンデス高地全域ではない。後述するように、ジャガイモを重要な食料源にしているのは中央アンデス南部高地であり、わたしはそこを中央アンデス高地の根栽農耕文化圏と考えているのだ。では、そのような生活様式はどのようにして生まれたのであろうか。それに関する考古学的資料はまったくないので、少し推理しておこう。アンデス高地の人びととジャガイモの関係は、アンデスに人間がはじめて姿をあらわした頃までさかのぼる可能性がある、とわたしは考えているので、その当時までさかのぼって考えてみよう。

図4―14　野生のラクダ科動物、グアナコ　チリのパタゴニア地方で撮影

図4―15　野生のラクダ科動物、ビクーニャ　ペルー南部高地で撮影

図4—16　ティティカカ湖畔の景観　この高原地帯こそがジャガイモの起源地。ここはティワナク文明の発祥地でもある

ジャガイモの起源地はティティカカ湖畔地方

まず、述べておかなければならないことがある。それは、ジャガイモが現在のペルーからボリビアにかけての国境付近に位置するティティカカ湖畔を起源地とする作物であることだ。アンデス考古学者のなかには、ジャガイモの起源地をペルーの海岸地帯であると信じている研究者もいるが、これはまったくの間違いである。ジャガイモの起源についてはイギリスやロシアの研究者が何度も調査し、その植物学的な証拠がいくつも提示されているからだ⑤。

このティティカカ湖は、先述したように湖面の標高が三八〇〇メートルもあり、周辺は高山草地の高原地帯となっている。そこに、今から一万年ほど前、はじめて姿をあらわした人びとは歓声をあげたかもしれない。彼ら

図4―17　野生のジャガイモ　左はマッチ箱。大きさを比較してほしい

はまだ農耕を知らず、家畜飼育も知らない狩猟採集民だったと考えられるが、その彼らの前に狩猟の対象となる野生動物が多く生息していたからだ。アンデスにはマンモスはいなかったが、ビクーニャやグアナコ、そしてシカが多くいたはずである（図4―14、4―15）。ずっと時代はくだるが、インカ帝国滅亡まもない頃にアンデス高地を訪れたスペイン人のシエサ・デ・レオンは「ペルーの王国にはひじょうな数のビクーニャなどの野生動物があふれていた」と述べているのだ(6)。

また、そこの気候は狩猟採集民にとってもしのぎやすかったはずだ。そこは熱帯ではあるが、低地ではなく、高地だったからである。たしかに、乾季の一日の気温変化は激しいが、それも耐えられないほど寒くはない。こうして流浪の旅をつづけていた狩猟採集民のなかに、中央アンデス高地にとどまり、狩猟採集を中心とした生活を始めた人びとも出現したと考えられるのだ。それを物語る証拠がある。後氷期の狩猟採集民の遺跡が標高四〇〇〇メートル前後の高原地帯に集中していることだ(7)。

最初のうちこそ、ふんだんにいた野生動物であったが、やがて狩猟の影響か、それとも気候変化のせいか、動物の数は急速に減少してゆく。そこで、彼らは狩猟だけでなく、採集活動も始めたであろう。その対象はほとんど植物しかないが、高原地帯には食用となる植物は乏しい。森林限界を超えた高地では、ほとんど草本類しか生えていないからだ。そのなかで、食料源として魅力的に映ったものがひとつあったにちがいない。それこそはイモ類であったのではないか。イモ（塊茎・塊根《かいこん》）は、養分を根や茎に貯蔵している器官だからである。ただし、当時、栽培植物はまったくなかった。ジャガイモの発祥地のティティカカ湖畔にも栽培植物としてのジャガイモはなく、あったのはイモ類の野生種だけであった（図4―16）。

ジャガイモの野生種は、現在もティティカカ湖畔を中心として中央アンデス高地では広く見られる。しかし、そのイモは小さく、小指の先か、せいぜい親指大の大きさしかない（図4―17）。それを食用にするとすれば大量のイモが必要になりそうだ。最初のアンデス人は狩猟のかたわら、女性や子どもなども一緒になって家族をあげて野生のイモ類の採集をしていたのかもしれない。

毒ぬき技術の開発

この野生のイモ類を食用とするためには、もうひとつ大きな問題があった。それは野生のイモ類にはイモに有毒物質のソラニンがふくまれていて、苦くて食べられないことだ。そのため、ペルーの人たちは野生のジャガイモを人間が食べないという意味で「イヌのジャガイモ」とか「キツネのジャガイモ」とよんでいる。では、狩猟採集民たちは野生のジャガイモをどのようにして食べたのであろうか。おそらく、毒ぬきの技術を開発して、毒をぬいてから食べたのであろう、というのがわたしの考えである。この技術が開発される前は、そのまま食べて食中毒になったり、死んでしまった不幸な人もいたかもしれない。

毒ぬき技術の開発は、まだ農耕を知らなかったアンデス高地の住民に画期的な変化をもたらしたであろう。毒があるために食べられなかった様々なイモ類が食用になったと考えられるからだ。そうだとしたら、彼らは採集して食べるだけでなく、そのイモを居住地の近くに植えつけるようになったであろう。栽培の開始である。じつのところ、どのようにしてジャガイモの栽培が始まったのかという点についてはまったくわかっていないが、わたしは次のようなストーリーを考えている。

……狩猟採集時代のアンデス高地の住民は身近にある雑草型のジャガイモを、くりかえし長く利用した。〔第3章のトウモロコシの例で述べたように、栽培植物の野生種には、雑草のように人間が攪乱した環境のみに分布するという性質があり、ジャガイモの野生種もこのような雑草型のものが多い。〕そのため、ジャガイモの野生種は、人間の目につきやすかったはずである。そのあいだに彼らは雑草型ジャガイモに関する知識を蓄積し、そのイモを植えつ

表4—18　アンデスにおける有毒な作物とその主要な加工方法（山本、2014）

作物名	学名	有毒物質	加工方法
マニオク	*Manihot esculenta*	青酸	水晒し，加熱
ジャガイモ	*Solanum juzepczukii*	ソラニン	凍結乾燥，水晒し
	S. curtilobum		発酵
オカ	*Oxalis tuberosa*	蓚酸	凍結乾燥，水晒し
キヌア	*Chenopodium quinoa*	サポニン	水晒し
タルウィ	*Lupinus mutabilis*	ルパニン	水晒し

> ければ再生産できることを知る。やがて、くりかえし植えつけられたジャガイモのなかから、突然変異などで大きなイモをもつものも生まれた。さらに、このような過程のなかで少しでも有毒成分の少ないものを探し、それをくりかえし栽培したかもしれない。こうして、加熱しただけでも食べられ、大きなイモをつけるジャガイモが誕生したのではないか……。（山本、二〇〇八a）

　このストーリーは証明されたわけではないが、このように考えないとジャガイモの栽培化のプロセスが理解できないのだ。実際に、栽培化されたジャガイモはイモにふくまれる有毒成分が少なくなっており、そしてイモ自体も大きくなっているのだ。

　なお、ジャガイモの野生種だけがイモに有毒成分をふくんでいるわけではない。イモ類の野生種は有毒成分をふくんでいるのがふつうである。たとえば、カタバミ科のオカもジャガイモの場合と同じように凍結乾燥したり、水晒《みずざら》しをして毒ぬきをしている。オカも多量の蓚酸《しゅうさん》をふくむものがあり、これも煮ただけでは食べられないからだ。

さらに、中央アンデス高地の人たちはイモ類だけに毒ぬき技術を開発したわけでなく、ほかにも毒ぬきをしている作物がある（表4―18）。こうして見てくると、中央アンデス高地で野生の植物を食料源として利用するとき、真っ先に毒ぬきの技術が開発されたのではないかと考えられるのだ。[8]

ジャガイモ栽培の開始

これまでジャガイモの利用から栽培化まで論じてきたが、いささか先を急ぎすぎたかもしれない。ジャガイモの栽培化は紀元前五〇〇〇年頃とみなされているので、その栽培化までには最初のアンデス人がジャガイモの利用を始めてから数千年もの長い年月が必要であったと考えられるからだ。この数千年のあいだ、考古学的資料によれば中央アンデス高地の住民はシカとラクダ科動物を中心とした狩猟をおこないながら、野生の植物資源も利用していた。この高地の暮らしこそが中央アンデス高地で数多くの動植物の家畜化や栽培化を進めた大きな要因であると考えられる。先にジャガイモの栽培化について述べたが、中央アンデス高地ではオカやオユコ、マシュアなどのイモ類、キヌアやカニワなどの雑穀、そしてタルウィなどのマメ類も栽培化されているからだ。また、中央アンデス高地はリャマやアルパカなどのラクダ科動物の家畜化の舞台にもなったのである。

さて、それではジャガイモの栽培化はアンデス高地の人びとの暮らしにどのような変化をもたらしたのであろうか。真っ先に考えられることは、食料の採集や狩猟から食料の生産への変化である。この変化はアンデスに限らず、世界の各地でおこったが、それは人類の歴史においてきわめて大きな意味をもつものであった。そのため、この変化を考古学者たちは「農業革命」あるいは「食料生産革命」とよんだ。

この点については第1章でサンダーズの意見を紹介したが、食料の採集から生産への変化は、定住の発達、人口の増加、そして余剰時間の増加をもたらす。ここで注意すべきことがある。それは、食料生産の最初の段階では様々なものを食料源にしていたであろうが、農耕を基盤にした社会では、一つ、あるいは二、三の栽培植物が人口の大部分に対して食料の大半を供給するようになることだ。これが主作物とよばれるものであり、これから必要カロリーの大部分がとられる。主食となる栽培植物は単位重量および単位耕作面積あたりのカロリー量が高いものになっており、これらのほとんどすべては穀類かイモ類なのである。

この点でアンデスには注目すべきことがある。それは、先述したようにアンデスでは穀類がまったく栽培化されなかったのに、イモ類は多種多様なものが栽培化されたことだ。そして、その多種多様なイモ類のなかで中心となるものこそが、ジャガイモなのである。

アンデス高地の人びとはジャガイモを栽培化しただけではなかった。先述したようにジャガイモの加工技術を発達させ、毒ぬきの技術とともに、イモ類が水分を多くふくみ、貯蔵にも輸送にも不便な欠点も見事に克服した。さらに、後述するように、ジャガイモの栽培には休閑システムを開発し、安定的な食料生産方法を確立した。また、リャマやアルパカなどの家畜の糞を肥料として大量に与え、生産性の向上にも成功した。こうして、この方法からジャガイモ栽培とリャマやアルパカ飼育をむすびつけ、中央アンデス高地に独特の農牧複合システムを生むことになったのだ(9)。

これまでのアンデス研究では、トウモロコシ農耕の重要性のみが注目され、ジャガイモの果たしてきた役割は無視されたり、軽視されてきたが、インカや後述するティワナクを高地文明と位置づけるならば、ジャガイモを中心とした農耕こそがもっと注目されるべきであろう。ジャガイモ栽培とリャマ・アルパカ飼育こそは中央アンデス高地を特徴づける生業だからである。そして、そのような暮らしは、インカ帝国が滅亡してから約五〇〇年をへた今日でもペルー・アンデス高地では日常的に見られるのである(10)。

アンデス文明の展開

さて、中央アンデスでは紀元前三〇〇〇年頃、海岸地帯でも山地でも、ようやく定住生活が確立していた。その背景には、農耕の発達があったにちがいない。先に検討したように農耕は定住を促進するからだ。そこに紀元前一五〇〇年頃、調理に便利な土器が出現したので、人間

図４―19　チャビン・デ・ワンタルの神殿　地下には長い回廊が掘られている
図４―20　ライモンディの碑石　地下回廊の中央部には複雑な文様が彫られた２メートルあまりの石柱が建てられている。宗教的な儀式がおこなわれたと推定されている

が食べることのできるものは飛躍的に広がったであろう。土器があれば、様々なものを煮たり、炒ったりして食べることができるからだ。その結果、老人や幼児も食べられるものが増え、人口が急速に増大した可能性がある。そして、農耕の発達や人口の増加は社会や文化の発展を可能にする。その結果、アンデス社会は、いよいよ本格的な文明形成の時代をむかえることになる。アンデス考古学でいう形成期をむかえることになるのだ。

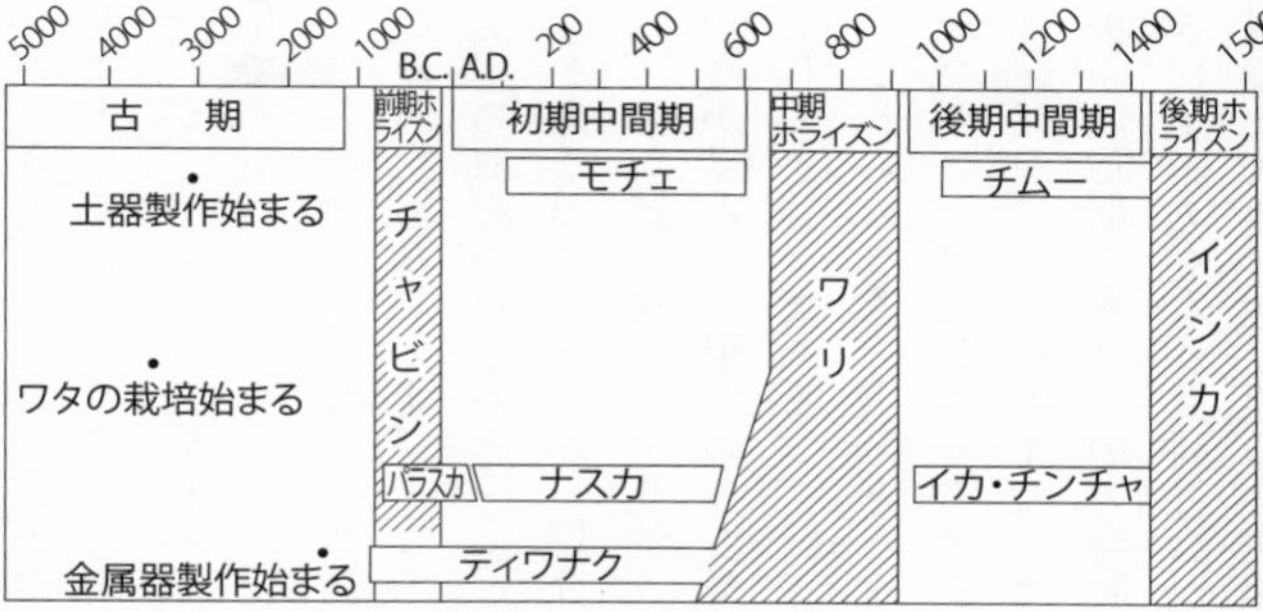

図4―21　アンデス古代文化編年表　チャビン、ワリ、インカの3つのホライズンを軸とし、その間に初期中間期と後期中間期をはさんで組み立てられる（ピース・増田、1988を一部改変）

中央アンデスでいう形成期とは、おおよそ紀元前一五〇〇年から紀元前一〇〇年頃までのことだ。この時期に中央アンデスでは、ひとつの顕著な現象が生じている。それは、各地で遺跡の数が急増することだ。たとえば、ペルー北海岸から中央海岸にかけての地域では、海岸から少し内陸に入ったところや、さらに内陸のユンガ地帯などでも遺跡の数が増え、しかも、これらの遺跡の建築規模がこれまでよりはるかに大きくなってくるのである。もうひとつ、重要なことがある。それは、人口が増えただけでなく、大規模な神殿が各地で誕生してくることだ。神殿でおこなわれる祭祀を中心に社会がまとまっていたのであろう。

このように海岸地帯で人口が増大し、各地で神殿が建設されはじめた頃、アンデスの山岳地帯の人びとの暮らしはどのようなものだったのだろうか。これは考古学的資料がないためほとんどわかっていない。しかし、農耕がかなり発達していたのではないか、とわたしは考えている。実際に、形成期に入ってしばらくすると山岳地域における農耕の大きな発達を物語るものが出現してくる。それが、アンデスで最初の本格的な神殿文化といえる紀元前八〇〇年頃に生まれたチャビン文化である。

このチャビンからインカ帝国の成立まで中央アンデスでは海岸地帯と山岳地帯で様々な文化が盛衰をくりかえす。そこで、チャビン文化については後述することにして、ここでアンデス文明の概要を見ておくことにしよう（図4―21）。まず、アンデス文明を知るうえで便利な概念があるので、それから紹介しておこう。その概念とは「ホライズン」である。ホライズンとは、強い政治権力や文化的な力の浸透によって広い地域にわたり共通の文化スタイルまたは統一性が見られる現象のことだ。このホライズンがアンデスには三つあった。チャビン、ワリ、そしてインカである。

これらのうち、もっとも古いものがチャビンである。このチャビンこそは「ペルー最初の高地文明」とよばれるものであり[11]、壮大な神殿、すぐれた土器などで知られる。チャビンの統一は紀元前二〇〇年頃までには崩壊し、初期中間期とよばれる時代をむかえる。地方文化の花が咲いた時期であり、地方発展期とよばれることもある。ペルーの北部海岸では灌漑によって大きな生産力をもつ農耕社会が基礎になって成立したモチェが生まれた。また、ペルーの南部海岸では大きな地上絵の存在で日本でも知られるようになったナスカ文化が誕生し、同じ頃、中央アンデス南部のプナ帯に位置するティティカカ湖畔ではティワナクとよばれる社会も生まれていた。

紀元七世紀頃にはチャビンにつぐ第二のホライズンであるワリがペルー中部山岳地帯を中心として成立した。ワリのホライズンは紀元七世紀半ば頃から一〇世紀までつづく。ワリのあと、後期中間期をむかえるが、この時代は各地に王国が生まれた時期であり、この点から地方王国期とよばれることもある。ペルー北部海岸ではチムー王国、中部海岸ではチンチャ王国、そしてティティカカ湖畔ではルパカ王国などが生まれていた。これらの諸王国を統一したのが、ほかならぬインカ帝国であり、海岸地帯から山岳地帯までの大きな地域を統合する社会であった。このインカ時代が後期ホライズンとよばれる。

このようにアンデス文明と一口にいっても、その歴史はきわめて長く、そのあいだには様々な文化の盛衰があったのだ。そして、これらの諸文化の発達の背景には農耕文化の発達があったにちがいない。先に検討したように農耕文化の発達は人口の増加や余剰時間の増加を可能にし、それが政治や社会、経済などの発達も可能にすると考えられるからである。ただし、アンデスには大河は流れておらず、アンデス文明は大河文明ではない。では、その農耕文化とは具体的にはどのようなものであったのだろうか。それについては、以下でティワナクに焦点をあてて検討してゆくことにしよう。

図4―22　ペルー南部海岸地帯の灌漑水路　川の水が乏しいため、カナートのように地下に水路を張り巡らしている

謎の神殿

ここでティワナクをとりあげるのは、ひとつにはティワナクがときに帝国とよばれることがあるほど中央アンデス南部や南アンデス北部の広い範囲に強い影響をおよぼしたからである。また、ティワナクの中核部が、標高約三八〇〇メートルのティティカカ湖畔にあり、インカ帝国とともにアンデスの高地文明を代表すると考えられるからでもある。

ペルーとボリビアの国境付近の高地にティワナク文化が生まれ、発展していた頃、海岸地帯ではモチェ文化やナスカ文化が栄えていた。ここで注意しておきたいことがある。このモチェも、ナスカもペルーの海岸地帯、つまり低地で生まれた文化であることだ。そして、灌漑によって様々な作物を栽培していたが、どちらも大河のほとりに位置していたわけでなく、小流といってもよいような小さな川の流域に位置していた。そのため、モチェでは長い用水路を引き、ナスカではカナートのような地下水路をつくり、そこから水を引いていたのである（図4―22）。

本書は、高地に焦点をあてているため、低地については必要最小限しか述べていないが、中央アンデスでは高地とともに低地の海岸地帯でも様々な文化の盛衰があったのだ。

しかし、先述したように中央アンデスの海岸地帯は大部分が砂漠であり、南北に移動するのは容易ではなかった。独自の文化が育《はぐく》まれてきた谷と谷のあいだは数十キロメートルの砂漠によって隔てられているからだ。その結果、海岸地帯では、谷ごとに比較的小さな社会を形成し、高地で見られたホライズンのような広域を支配する社会は誕生しなかったのである。

一方、アンデスの高地部には広大で平坦な高原（プナ）が広がっており、そのプナは南北にベルト状にのびている。そのため、プナでは南北の迅速な移動やリャマによる物資の往来も容易であり、情報はもちろん、物資もさかんに運ばれたと考えられる。このことが中央アンデス高地でのホライズンの成立をうながしたのであろう。

さて、ティワナク文化の中心地であるティワナク遺跡の標高は約三八四〇メートル、ティティカカ湖畔の南東約二〇キロメートルに位置し、周囲には典型的なプナ帯が広がっている。ティワナク遺跡はカラササーヤとよばれる大神殿やすぐれた石彫をもつ「太陽の門」などで知られる。ティワナク文化は、日本ではあまり知られていないが、インカ帝国が成立する一〇〇〇年も前の紀元前数世紀頃から紀元一〇〇〇年頃まで標高約三八〇〇メートルのティティカカ湖畔に栄え、その素晴らしさの一端を今も見ることができる（図4—23）。

インカ帝国征服後まもない頃にティワナクを訪れたスペイン人のシエサ・デ・レオンは巨大

な建造物に驚き、「巨大な石を、今あるところまではこんで来るにはどれほどの人力が要ったことか、と考えると、まったく驚嘆する」と記録に残しているほどだ。(12) なかでも、「太陽の門」として知られる建造物は、門の上の部分だけで高さが三メートル、幅が三・七五メートル

図4—23　ティワナクのカラササーヤ神殿

図4—24　ティワナクの「太陽の門」 門の中央部に「神像」の彫刻が彫られている

に達する一枚の岩でできていて、その重さは一〇トン以上もある。そして、その石の表面には大きく、すぐれた神像が浮き彫りにされているのだ（図4—24）。

このティワナク文化の性格については長いあいだ議論がくりかえされてきた。それは、ティワナクが富士山の頂上よりも高い標高三八〇〇メートルあまりの高地にあって、その生産力の低さから考えて都市ではありえず、各地から巡礼が通う神殿でしかない、とする説である。この説は、そこがトウモロコシの栽培できない高地であることと無関係ではないだろう。中央アンデスにおけるトウモロコシ栽培の上限は標高三〇〇〇メートルあたりであり、ティティカカ湖畔ではほとんどトウモロコシが栽培できないからだ。また、トウモロコシ農耕こそがアンデス文明の基礎になったと考えられていたことも関係あるだろう。さらに、ティワナク文化の位置するプナが、人間にとって住みにくいところであると考えられていたことにも関係があるだろう。

このような考え方にわたしは疑問をもっていた。先述したように、ティティカカ湖畔の位置するプナが一般に考えられているほどには住みにくいところではないと考えていたからだ。実際に、ティワナク遺跡から車で一、二時間ほどの距離にあるラパスの町は標高四〇〇〇メートルに近い高地にあるが、そこは現在、二〇〇万近い人口を擁しているのだ。また、一六世紀頃にティティカカ湖畔地方を訪れたスペイン人たちは、同地方の人口が多く、また人口の稠密なことにも驚いている。これはティティカカ湖の周辺が、高い標高のわりに熱容量の大きい湖水

図4―25　ティティカカ湖畔に見られるレイズド・フィールド

の温め効果のため、温和な気候になっているということも関係しているであろう[13]。したがって、ティワナクには、神殿があっただけではなく、多くの人びとも住んでいたのではないかとわたしは考えていたのである。

やがて、従来の説の見直しを迫る新しい事実が見つかった。この遺跡に隣接する場所で広大な居住区域が発見されたのだ。その発掘を指揮したロウは、二〇〇ヘクタールにおよぶ連続した居住区域を明らかにしたが、居住のあとを示す堆積《たいせき》がさらに遠くまでのびていることから、二〇〇ヘクタールの居住区域は都市区域のなかのごく小さな部分にすぎないとする見とおしを得たのである[14]。

ティワナク社会を支えた生業

その後に明らかにされた資料によれば、ティワナクにはティティカカ湖の南岸を中心にいくつもの地方センターがあり、かなりの人口を擁していたらしいこともわかってきた。そして、

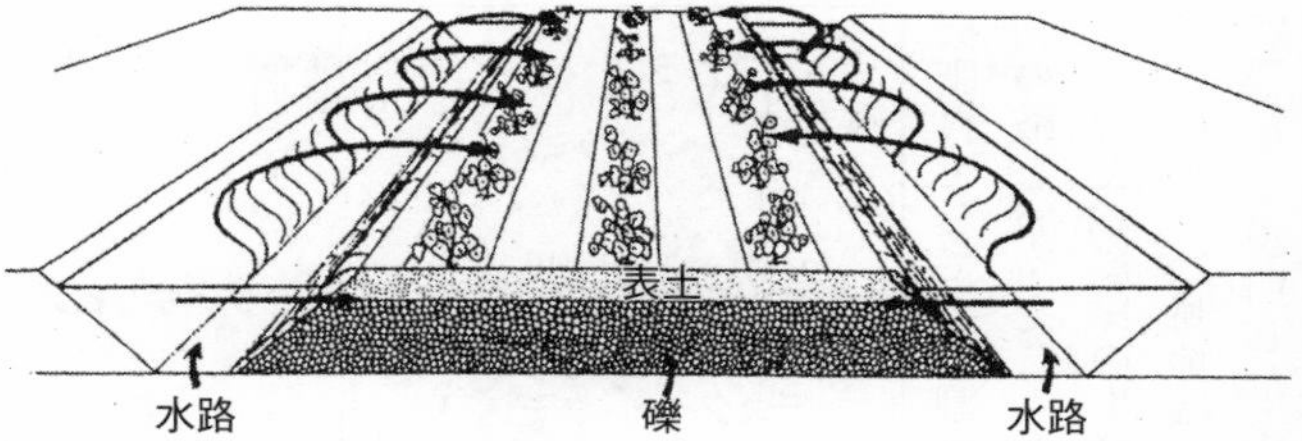

図4—26　レイズド・フィールドの構造　矢印は水による保温効果の方向を示す（Kolata, 1993より）

その最盛期（紀元四〇〇〜八〇〇年）の勢力範囲はティティカカ盆地を越えて拡大し、支配地域はおおよそ日本の国土面積に匹敵する約四〇万平方キロメートルにおよんだのだ。

さて、それでは、このティワナク文化の成立や発達を支えた生業は、どのようなものであったのだろうか。ティワナクを発掘したコラータによれば、その都市部の経済を支えていたのは、集約農業とリャマおよびアルパカの集約的な牧畜、そしてティティカカ湖の資源の利用であったという。なかでも、英語でレイズド・フィールド、現地でワルワルの名前で知られる農耕技術はきわめて生産性が高く、これによって大きな人口を支えることが可能になったという(15)。

この農耕法は「盛り土農耕」とでもいえるものであり、その方法による耕地はティティカカ湖畔では現在も見られる。図4—25でもわかるように、レイズド・フィールドは耕地の一部を掘り下げ、その土を盛り上げて畝《うね》とする。この畝の高さは一メートルから二メートル近いものまである。また、畝の幅は五メートルから一〇メートル、長さは数十メートルから一〇〇メートル以上のも

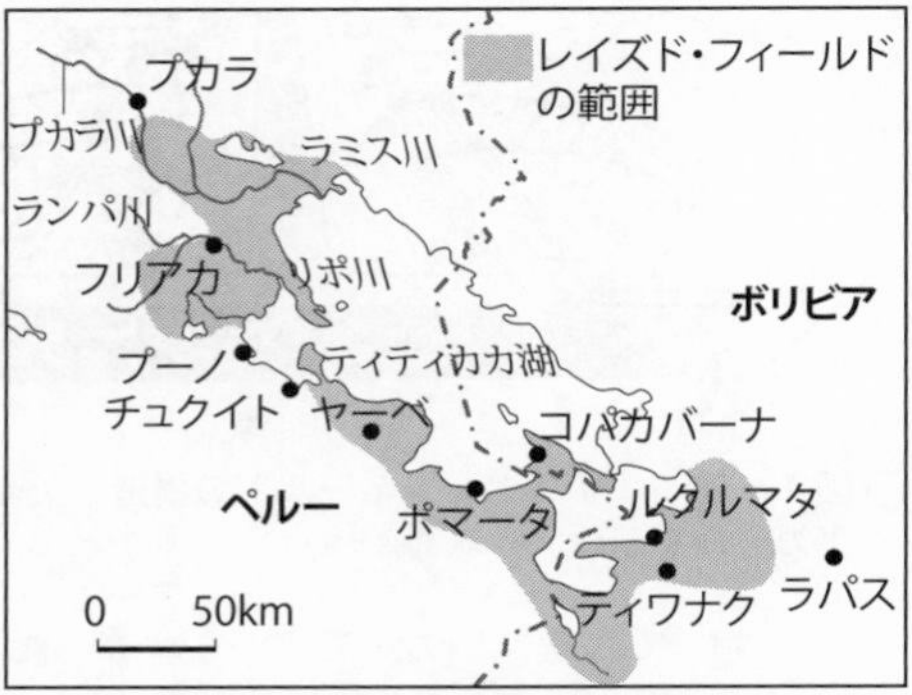

図4―27　ティティカカ湖畔におけるレイズド・フィールドの範囲（Kolata, 1993）

のもある。

このレイズド・フィールドを詳細に調査したアメリカ人研究者たちによれば畝の内部構造は次のようになっている（図4―26）。最下層には礫《れき》が敷かれ、その上に一〇センチメートルほどの厚さの粘土層がある。さらにその上には小さな砂利のまじった三層の土、一番上には栄養分を多くふくんだ土が盛られている。最下層の礫は湖畔の泥土に土を盛り上げるための土台であり、その上の粘土層は塩分の浸透を防ぐための工夫らしい。溝にはティティカカ湖から水を引くが、この水が作物栽培に大きな役割を果たす。まず、繁茂する水草やそこに生息する生物が有機肥料としての役割を果たす。また、長い溝にはられた水が耕地の温度を安定させ、とくに夜間の厳しい冷えこみから耕地をまもる。この結果、この耕地で作物を栽培すれば生産性は高まり、現在の農民の生産量の五倍以上もの収量を上げると算定されている。

このような耕地はかつてティティカカ湖を取り巻くように広く分布していたらしい（図4―27）。先に説明したようにティティカカ湖は平坦な高原に位置しており、雨季など湖が増水すると周辺地域はしばしば冠水する。この状況から判断して、レイズド・フィールドは、灌漑とは逆に多すぎる水をコントロールする技術、あるいは豊富な水を効率的に利用する技術であった可能性もある。もしそうであれば、すぐに想起される耕作技術がある。

それは、メキシコの有名なチナンパ耕作である。先述したようにチナンパは浅い沼や湖畔に泥や水草などを積み上げてつくった耕地である。これも、ひとつの耕地と隣の耕地のあいだに水路がもうけられた方形の畑であるが、耕地は泥や水草のまじった腐植土におおわれているため土壌が肥沃なのである。チナンパ耕作の生産性はアジアの水田耕作に匹敵するほど高いといわれる。

ティワナクで発掘調査をしたコラータは、レイズド・フィールドによって支えることのできた人口も算出している。それによれば、ティワナクの中核地帯を約一九〇平方キロメートルとして、二期作をおこなえば五七万人から一一〇万人、一年に一度の収穫であれば約二八万人から五五万人と算出した。ただし、わたしの見るところ、ジャガイモの二期作は考えられない。ジャガイモを連作すると、てきめんに病気が発生するからだ。最終的にコラータが選んだのは三六万五〇〇〇人で、このうち一一万五〇〇〇人が神殿の集中する都市や衛星都市に住み、残りの二五万人が農耕、牧畜、そして漁労に従事していたと考えた(16)。

図4―28　アカザ科の雑穀、キヌア（ペルー、プーノ県）　キヌアは乾燥にも寒さにも強い作物

図4―29　チパヤ族によるキヌアの播種作業　手にもつのは掘り棒状の農具。チパヤの人びとは砂漠のような乾燥した高原で暮らす

ティワナク文明の成立

これらの生業のなかで、これほどの大人口を支えた最大のものは、レイズド・フィールドによる作物栽培であったにちがいない。それでは、その作物とは何であったのだろうか。コラー

タは、レイズド・フィールドでは高地に適した多様な作物を栽培し、とくに寒さに強い「苦いジャガイモ」を主作物にしていたという[17]。先のティワナクの人口もジャガイモの単位面積あたりの収量をもとに推定したものであった。わたしの考えでは、ジャガイモだけでなく、やはり寒冷な気候でもよく育つキヌアやカニワも主作物のひとつとして栽培されていたにちがいない。そうであれば、ティワナクの人口はもっと多かったかもしれない。

ここでキヌアおよびカニワとよばれる作物についても説明が必要であろう（図4―28）。キヌアもカニワもアカザ科アカザ属の双子葉植物である。そのため、厳密には穀類ではないが、子実を利用する方法から雑穀のひとつとして知られているのだ。アンデスでもマイナーな作物なので、知る人は少ないようだが、ティティカカ湖畔地方では大変重要な作物となっている。ボリビア北部から中部にかけての乾燥した高地ではキヌアが主食になっているところさえある。また、トウモロコシを栽培できない寒冷高地では、主としてキヌアからチチャ酒をつくっていたようだ[18]。

たとえば、ボリビア中部高地に住む少数民族のチパヤ族の人びともキヌアを主食にしている（図4―29）。その理由のひとつはキヌアの子実が高タンパクであり、穀類にくらべて二、三倍ものアミノ酸をふくむなど、栄養価が高いことである。さらに、キヌアは、ほかにも大きな特徴をもっている。それは、環境に対する適応性、とくに乾燥や寒さに対する大きな適応性をもつことだ。実際、キヌアを主食とするチパヤ族の人びとは砂漠のような乾燥地で暮らしているが、そこでもキヌアは栽培できる。また、寒さに対しても強く、氷点下五度でも枯死することがないという報告もある。[19] このような特徴をもつため、現在キヌアはアンデス地域のほか、世界各地の五〇ヵ国以上の国で栽培されているそうだ。したがって、ティティカカ湖畔のような寒冷高地で大きな人口を維持し、ティワナクのような社会が誕生した背景には、ジャガイモだけでなく、キヌアの存在も大きかったと考えられるのだ。

ほかにも、ティワナクは安定的な食料生産を求めて、それを強化する方法もとっていたようだ。それは、温暖な低地部への進出である。まだ調査は十分ではないが、最近、太平洋岸のモケグア谷やボリビア東部のケシュア帯に位置するコチャバンバ地方でもティワナクの遺跡が調査され、地方支配の実態が明らかにされつつある。その報告によれば、これらの地方では温暖な気候に適したトウモロコシも栽培されていたようである。その栽培面積はさほど大きいものではなかったらしいが、遠隔地の低地部への進出は安定的な食料確保の一端であったと考えられる。

以上、ティワナクの生業について述べてきたが、全体をとおして見ると、そこでの主要な作物はトウモロコシではありえず、ジャガイモやキヌアなどの寒冷高地に適した作物であったと考えてよさそうである。ペルー人考古学者のルンブレラスも、「ティワナク経済の基礎は、なんと言ってもジャガイモ、キヌア、カニワ、オカ、マシュアなど、すべて寒冷な気候と高度に適応した植物の栽培であった」と述べているのだ。[20]

こうして見てくると、ティワナク文化は、ティワナク文明とよんでもよい社会だったのではないだろうか、と思えてくる。それというのも、ティワナクでは安定的な食料生産のシステムが確立されていたようだし、また「カラササーヤ」の神殿や「太陽の門」というモニュメントもある。さらに、人口も中枢部だけで少なくみつもっても三〇万人以上と多かった。そして、その住民は神官、農民、牧民、漁民などがいて、社会の階層化もうかがえ、さらに支配地域もきわめて広かったからだ。

苦いジャガイモを主食にする理由

コラータによれば、ティワナクで栽培されていたジャガイモは、主として「苦いジャガイモ」であった、という。このジャガイモは、現地ではとくに「ルキ」とよばれていて、一般のジャガイモとは区別されている。そのため、ここでも、このジャガイモを「ルキ・ジャガイモ」とよんでおこう。ルキ・ジャガイモは煮ただけでは苦くて食べられず、「チューニョ」という食品に加工してはじめて食用になるジャガイモなのだ。

それでは、なぜ、ティワナクではふつうのジャガイモではなく、わざわざ加工の必要のあるルキ・ジャガイモを主として栽培していたのであろうか。その理由についてコラータ自身は何も述べていないが、おそらく、これは考古学的な証拠によるものではなく、現在の民族学的な証拠によるものであろう。もしそうであれば、考えられる理由がある。

まず、「苦いジャガイモ」(ルキ・ジャガイモ)は寒さに強いだけでなく、病害虫にも強いことで知られるからだ。これは、中央アンデス高地の環境を考えれば、非常に重要なことである。それというのも、中央アンデス高地は低緯度地帯にあるため、気候は比較的温暖であるが、そこで農耕をおこなううえでは様々な危険をともなうからだ。高地特有の激しい気温変化、それにともなう季節はずれの降雪や降霜もある。また、ティティカカ湖畔ではしばしば干ばつや多雨による被害もおこっている。

このような中央アンデス高地での農耕には、高い生産性よりも安定的な生産が求められなければならないのだ。ちなみに、この「苦いジャガイモ」は植物学的にもふつうのジャガイモとは異なり、*S. juzepczukii* と *S. curtilobum* の二種があるが、どちらも中央アンデス高地部だけで栽培されている、いささか特殊なジャガイモである。

この点で、ルキ・ジャガイモの栽培は効果的であったと考えられる。ジャガイモはティティカカ湖畔地方を起源地とするだけに寒冷な気候に適した作物であり、アンデス高地のような寒冷地では一年くらい保存できるが、そのなかでも「苦いジャガイモ」はとくに寒さに強いだけでなく、病害虫にも強い。さらに、このジャガイモを加工したチューニョは、貯蔵食品としてもすぐれており、条件さえよければ腐ることがなく、何年でも貯蔵が可能である。そのため、たとえ気候不順による飢饉《ききん》などがあったとしても、それに対してチューニョが大きな役割を果たしたと考えられるのだ。

（左）図4—30　ジャガイモを足で踏んで脱汁する
（右）図4—31　市場で売られている「白いチューニョ」

チューニョの発明

ここで、チューニョについては説明が必要だろう。チューニョは、中央アンデス高地に特有の加工食品であり、日本人には知る人がほとんどいないと思われるからだ。このチューニョの加工法は、中央アンデス高地特有の気象条件を利用した奇想天外なものだ。そこで、わたしの観察をもとに、その加工法を紹介しておこう。まず、指摘しておきたいことがある。それは、チューニョの加工がペルー南部やボリビア北部などの中央アンデス高地部だけに限られていることだ。そのため、アンデス研究者のなかにもチューニョという加工食品についてよく知らない人も少なくない。

さて、チューニョの加工には標高四〇〇

○メートル前後の中央アンデス高地の気候条件が欠かせない。

とくに、乾季の最中の六月頃の気候が最適だとされる。この時期、中央アンデスでは雨がほとんど降らず、一年中でもっとも乾燥している。さらに、日中と夜間の気温の差が最大になる時期でもある。日中の気温は摂氏二〇度くらいまで上昇するが、夜間は氷点下にまでさがる。日中はポカポカ陽気だが、夜は急激に気温がさがり、朝のうちは霜が降りて高原も真っ白になっている。しかし、太陽がでると気温は急激に上昇し、日差しは強く、暑いと感じることさえある。

図4―32　「白いチューニョ」　流水でジャガイモを水晒しする

作業は、このような時期にジャガイモを高原の野天に広げることから始められる。イモとイモが接しないよう、またイモが重ならないように広げる。ひとつひとつのイモが外気に十分ふれるようにするための工夫だ（扉写真参照）。そして、この状態で数日間放置しておくと、放置されたジャガイモは、夜間は凍結し、日中は解凍するというプロセスをくりかえす。これを数日もつづけると、イモは指で押しただけでも水分がふきでるほど、やわらかく膨張してくる。

このような状態のジャガイモを少しずつ集めて小山状にし、これを足で踏みつける（図4―30）。踏みつけられたイモからは水分が流れだす。水分がでなくなるまで、イモをまんべんなく、しかもリズミカルに踏みつづける。そのリズムにあわせるかのようにイモからは「ザクッ、ザクッ」という音とともに水分が流れでてゆく。ちなみに、この踏みつける作業をわたしも手伝ったことがあるが、予想に反してジャガイモからでる水分は冷たくなく、温かいことに驚いたものだ。それほど中央アンデスの乾季の日差しは強いのだ。

脱汁したジャガイモは、ふたたび野天に広げ、そのまま数日間放置しておく。乾季の低い湿度、摂氏二〇度以上もの激しい気温変化のおかげで、イモにふくまれた水分はほとんど取り除かれる。ジャガイモの有毒成分はアルカロイド性物質のソラニンであるが、これは細胞のなかにある液胞に存在する。したがって、イモを踏みつけて細胞壁をこわして脱汁すれば、液胞の水分とともに有毒物質も流れでるのである。

なお、ルキ・ジャガイモのなかには苦みのとくに強いものもあるが、このようなジャガイモは前記のプロセスにさらに水晒しをくわえる（図4—32）。水晒しは、川などの流水にジャガイモを二〜三週間つけておこなう。こうして、乾燥したジャガイモがスペイン語や現地のアイマラ語で、さらにケチュア語でも「チューニョ」とよばれるものなのだ。水晒しをくわえたものは「白いチューニョ」、またはアイマラ語でトゥンタ、ケチュア語でモラヤとよばれる。こ

表4—33　ジャガイモ、チューニョ、トゥンタの主要成分の比較（%）（山本，2014）

	ジャガイモ	チューニョ	トゥンタ
水分	78.8	10	10
灰分	1.1	0.7	0.8
蛋白質	2.2	8.4	1.8
炭水化物	17.8	76.5	87.8
油脂	0.1	0.4	0.2

の加工法はジャガイモだけでなく、ほかのイモ類にも適用され、オカもさかんに加工され、それはチューニョではなく、カーヤとよばれている。

チューニョは、もとのイモにくらべて重量も大きさも数分の一ほどに軽く、小さくなっている（表4—33）ため、輸送にも貯蔵にも便利なものになっている。そのため、チューニョは市場などでも重要な商品となっている（図4—31）。

このような点などから、わたしはアンデス文明におけるチューニョの役割を重視しているが、(21)チューニョの役割を無視あるいは否定する研究者もいる。その代表が国立民族学博物館の考古学者である関雄二《せきゆうじ》である。重要な問題なので、ここで、わたしの意見を述べておこう。まず、その批判部分を引用しておく。

現代の高地の人々の生活を長年調査している山本紀夫は、食事におけるジャガイモの重要性に注目し、この作物こそアンデス南高地で開花した古代文化の食糧基盤を形作るものという説を展開している（山本、一九八二）。山本はこの考え方をインカばかりかティワナクにも適用している。（中略）この冷凍乾燥処理は、ジャガイモに限らず他の根菜類にも適用されている。インカ時代にも、チューニョが各地の倉庫に収められていたことが記録に残っている。山本はインカ以前のティワナクにこの起源を求めたのである。

たしかにレイズド・フィールドでの効率的な生産に、このチューニョを加えると、コラータが想像した以上に安定した社会が成立していたことが予想できる。しかし問題は、今のところティワナク中核地帯においてはインカ時代のような貯蔵用倉庫が見つかっていない点にある。ティワナク遺跡のケリ・カラ宮殿の倉庫があると指摘する人がいるかもしれないが、規模が小さく、宮殿内にあることから判断すれば、奢侈品や交易品用とみるべきであろう。ティワナク政体自身が農業生産物のコントロールをしていたのだとするならば、貯蔵施設は各地、あるいはティワナクそのものに相当程度あってしかるべきだ。これが見あたらないということは、逆にチューニョの役割も過大評価はできない。現在では、あえてチューニョを取り上げずともティワナクの成立は説明できるのである。（関、一九九七）

はたして、そうであろうか。わたしには関がボリビア北部高地の自然環境も、そこで生きる先住民の人たちの暮らしもまったく理解していないとしか思えない。だからこそ、彼はチューニョの役割を無視あるいは軽視するのであろう。わたしは一九六八年から一九七五年まで毎年のように、主としてボリビア高地、とくに、その北部高地で調査をしてきたが、そこの住民の大半はティワナク文明の末裔《まつえい》とよべるアイマラ族の人たちであり、彼らの暮らしにチューニョは不可欠といっても過言でないほど重要な食料であったのだ。

それでは、なぜアイマラの人たちにとってチューニョが不可欠になっているのであろうか。いくつもの理由が考えられるが、ここでは二点だけ述べておこう。まず、彼らが雨季と乾季のある中央アンデス高地で暮らしていることが大きい。というのも、中央アンデス高地、とくにボリビア北部における乾季はまったくといっても過言でないほど雨が降らない。ということは、この時期は農耕がまったくできず、食料生産ができない端境期であることを物語る。このため、アイマラの人たちは、半年間におよぶ雨季のあいだに一年間の食料を生産し、それを翌年までの食料にしなければならないのだ。ところが、ジャガイモは水分を多くふくんでいるため貯蔵がむずかしい。芽がでたり、しなびたりもする。こうして、ボリビア高地に住む先住民の人たちはジャガイモをチューニョのかたちにして長期にわたり保存するわけだ。そのため、わたしが観察したところによれば、彼らはジャガイモの場合、収穫量の半分から三分の一もチューニョに加工してしまうのだ。

もうひとつ大きな理由がある。これも高地ゆえの居住環境と密接な関係がある。中央アンデスはしばしば降雪にみまわれたり、ときには雹《ひょう》や霰《あられ》が降ったりするからだ。このような環境でも生育するジャガイモこそが、ケチュア語やアイマラ語でルキとよばれる「パパ・アマルガ（苦いジャガイモ）」なのだ。また、このジャガイモは病虫害にも強い。これがルキ・ジャガイモが依然として中央アンデス高地で栽培される理由なのである。

だからこそ、ティワナクを発掘したコラータも、そこでの主作物は、煮ただけで食べられるふつうのジャガイモではなく、「苦いジャガイモ」だと考えたのであろう。そうだとすれば、ティワナクではチューニョがさかんに加工され、それが重要な食料源になったと考えられるわけである。

これはティワナクだけでなく、後のインカ帝国の時代になっても変わらなかったようだ。インカ時代も、ジャガイモを凍結乾燥したチューニョがアンデス高地の住民にとって不可欠であったとスペイン人たちが記録に残しているからだ。そのため、トロールは、「もしアンデス高地で、このようなイモ類の加工技術が発明されていなければティワナクやインカのような高度な文明は生まれなかったであろう」と述べているのだ(22)。

ちなみに、このような状況はペルー・アンデス高地で暮らす先住民のケチュア族の場合でも、程度の差こそあるものの、かわらない。彼らの多くが大量のジャガイモをチューニョに加工し、重要な食料源にしているのだ。ただし、ペルー北部までアンデスを北上すると、そこでは高地部でもチューニョを保存食料にしている人はほとんどいなくなる。ペルーの北部高地は標高が低いため、そこではジャガイモを凍結させることができないからだ。

関は、もうひとつ疑問を呈しているので、それにも答えておこう。関によれば、ティワナクではチューニョの貯蔵庫が見つかっていないので、チューニョの役割を過大評価できないという。しかし、インカ時代のような石づくりの貯蔵庫を念頭においているようだが、貯蔵庫は必ずしも石づくりである必要はないだろう。たとえば、アンデス高地の住民が家を建てるときに使うアドベ（日干しレンガ）を使った貯蔵庫であっても問題はないはずだ。実際に、ティワナクが位置するボリビア北部高地に住むアイマラ族の人たちは世帯ごとにアドベづくりの貯蔵庫をもち、そこにチューニョやキヌアのような重要な作物を貯蔵しているのだ。

土器に象られたチューニョ

ここまで読まれた読者のなかには、はたしてチューニョがティワナクにおいて本当に重要な食料であったのか、その証拠はあるのか、と疑問をもたれた方もおられるかもしれない。

しかし、直接的な証拠こそないものの、間接的な証拠はある、とわたしは考えている。それは、ティティカカ湖畔でティワナクが栄えていた同時期にペルーの中部海岸地帯で興った農耕社会のモチェでチューニョを象《かたど》った土器が出土していることだ。その土器が図4―34に示した写真である。これはペルー、リマ市にある国立人類学考古学博物館の収蔵庫で、わたしが発見したものだ。形態はジャガイモそっくりだが、ジャガイモにしては色が白すぎる。これこそは、ジャガイモを凍結乾燥したうえで水晒ししたスペイン語で「白いチューニョ」とよばれるものを象った土器なのだ。

ただし、熱帯低地に位置するモチェでは、ジャガイモを凍結させることができるほど気温は低くならないので、このチューニョはモチェで加工されたものではなく、交易などによりアンデス高地からもたらされたのであろう。であるとすれば、アンデス高地では当時チューニョがさかんに作られていたことを物語りそうだ。したがって、モチェでのチューニョを象った土器の存在は、当時ペルーの中南部高地やボリビア北部高地などにおいてチューニョ加工がさかんにおこなわれており、それはティワナクにおいてもチューニョ加工がおこなわれていたことを物語るとわたしは考えているのだ。

このチューニョ加工に見られるジャガイモの貯蔵技術をわたしは重要視している。それというのも、イモ類は水分を多くふくんでいて長期の貯蔵がむずかしく、そのために文明の食料基盤として軽視あるいは無視されてきたからだ。ところが、中央アンデス高地ではチューニョの開発によってイモ類の貯蔵性は格段に高くなり、また乾燥しているため軽くて輸送も容易になった。つまり、中央アンデスの人びとはジャガイモなどのイモ類の欠点を見事に克服したのである。

図4―34　モチェ時代のチューニョを象った土器　水晒しをしたチューニョなので白い（ペルー国立人類学考古学博物館蔵）

ちなみに、チューニョは足で踏んで作り、その形状もイヌの糞のように見えるため、観光客などのなかには食べるのに抵抗を示す人が少なくないが、なれてしまえば病みつきになる独特の味をもつ。食べるときは、調理の前にチューニョを数時間ほど水につけておき、やわらかくなったら石臼で砕き、これをジャガイモや肉などと一緒に煮込んでスープとすることが多い。この料理は、ボリビア高地では「チューニョの入っていないスープは、愛のない人生のようなものだ」という諺《ことわざ》があるほど人気がある。

このティワナクの社会は一〇世紀頃に崩壊し、土地も放棄された。その原因について、コラータはティティカカ湖畔に大規模な乾燥化がおこったせいであるという。乾燥化により高地における農業生産性が落ち、ティワナクの政治体制の維持ができなくなったと考えたのである。おそらく、これは突然に生じたものではなく、規模の小さい乾燥化はしばしばおこっていたのであろう。だからこそ、ティワナクでは食料生産の方法を強化していたのではなかったかと考えられるのだ。とにかく、ペルー南部のティティカカ湖畔では約一〇〇〇年にわたって高地文明とよぶにふさわしいティワナクの社会が生まれ、発展したのであった。

第5章　高地文明としてのインカ帝国
――天空の帝国が生んだ文明

インカ帝国最大の遺跡、マチュピチュ　「天空の都市」ともよばれるが、マチュピチュはインカの遺跡としては例外的に低い標高（2400m）に位置している

中核地帯が高地にあったインカ帝国

ティワナク文明の崩壊後も、中央アンデスの海岸地帯と山岳地帯では様々な文化の盛衰があった。そして、一五世紀頃には中央アンデス各地に王国が生まれていた。海岸地帯では、北海岸にチムー王国、南海岸にはイカやチンチャなどの王国があった。また、山岳地帯ではペルー南部高地に後にインカ帝国へと発展するクスコ王国、ティティカカ湖畔ではルパカやコヤなどの諸王国があった。一方、北部高地のように都市国家が成立しないで部族レベルにとどまる多くの民族集団が住んでいるところもあった。

これらの地方国家を統一したのが、インカ帝国にほかならなかった。一五世紀のはじめ頃、ペルー・アンデス南部に位置するクスコ盆地だけを支配していたインカ族が急速に勢力を広げ、わずか一〇〇年たらずのあいだに中央アンデス全域を支配下におき、さらに隣接する地域をも征服したのだ。その最盛期には北は現コロンビアからエクアドル、ペルー、ボリビアをへてチリ中部にいたるまでのアンデスの大半の地域を領土としたのである。

では、このインカ帝国を支えた農耕とはどのようなものであったのだろうか。じつは、インカ帝国もトウモロコシ農耕が生んだと考える人が少なくない。少なくないというよりも、研究者もふくめて、ほとんどの人がそう考えている。たしかに、インカ帝国は海岸地帯までを領土としていたので、低地部ではトウモロコシを主食にしていたのかもしれないが、インカ帝国の中核はアンデスの山岳地帯にあった。首都のクスコも、トウモロコシがほとんど栽培できない標高約三四〇〇メートルのペルー・アンデス山中の高地にあった（図5―1）。また、太平洋岸もすべての地域にインカ帝国の支配が十分におよんでいたわけではなく、ペルー北部海岸などは影響が小さかった。

図5―1　インカ帝国の中心地であったクスコの町の中央部　標高は約3400m

インカ帝国の中核地帯が高地にあったことは、インカ時代に築かれた公共建造物の大半がアンデス高地に集中していることからもうかがえる。この公共建造物は、しばしば美しく切り出された石をぴったり組み合わせ、石のすき間に「カミソリの刃一枚さしこめない」と表現されるような石壁もある（図5―2）。実際に、インカ帝国が滅亡してから約五〇〇年たった今日でも、往時の面影をしのばせる建築物がアンデス各地では見られる。そこで、その代表的なものを数ヵ所、紹介しておこう。

クスコは標高約三四〇〇メートルに位置するが、インカの中心であっただけに、クスコおよびその周辺部には立派なインカ時代の建造物がいくつも残されている（図5―2）。ただし、残されているのは礎石の部分だけで、屋根や壁などは残されていない。そのひとつが、クスコの中央部に位置する「太陽の神殿」とよばれる建造物

図5―2　「カミソリの刃一枚入らない」ほどぴったり積み上げた巨石　クスコ市内にある

図5―3　クスコの町の中心部にある「太陽の神殿」　かつて、この石壁は金箔でおおわれていたので、「黄金の館」を意味するコリ・カンチャとよばれていた。現在はスペイン人たちによって、インカの建物を土台とした修道院が建てられている

であった（図５―３）。この神殿はインカの国家宗教であった太陽信仰の総本山であり、黄金であふれていたので、「黄金の館」を意味するコリ・カンチャともよばれていた。

この「太陽の神殿」については、侵略者のひとりであるペドロ・ピサロが次のような記録を残している。

この太陽〔の神殿〕は、いくつかの大きな館を持っており、そのすべてが、ひじょうによく加工された石造建築であった。また同時に、ひじょうに高く、りっぱに加工された石の囲い壁もあった。その壁の前面には、幅一パルモ〔約二一センチメートル〕以上の金の帯が、石にはめこまれていた。（ピサロ、一九八四〔一五七一〕）

残念ながら、この金の帯はスペイン人たちによってはがされ、金の延べ棒にして持ち去られたが、「よく加工された」石壁の基壇は今も見ることができる。

また、クスコの町を見下ろす北方の丘にもサクサイワマンの名前で知られる大城塞がある。巨大な石を何段にも積み重ねてあり、その石壁は「とうてい人の手でつくられたとは思えない」とスペイン人を驚嘆させたほどだ。その石積み全体からはインカの人たちのすぐれた美的感覚もしのばせるものになっている（図５―４）。

クスコ県のほぼ西に位置するアヤクーチョ県の高原地帯にもインカ時代の建築物がある。標高約三四七〇メートルの高原地帯に位置するビルカス・ワマンである。インカがもっとも重要視した場所のひとつであり、インカの建築物としては珍しく、ピラミッド状の建築物である。上方の基壇の上には大きな石の腰かけがあり、記録者によれば昔は黄金でおおわれていたとさ

図５―４　サクサイワマンの城塞　侵略してきたスペイン軍とインカ軍が激しく戦ったところとして知られる

図５―５　ワヌコ・パンパ遺跡の基壇　標高3600mの高原に位置する

れる。

ペルー中部高原に位置するワヌコ・パンパは、インカの地方行政のためにつくられた都市の型をよく示す建造物群である。方形の基壇を中心とする広場の四方を囲むように多くの建造物が築かれているが、これも標高約三六〇〇メートルの高原に位置する(図5―5)。この建築群から少し離れたところに数多くの倉庫が立っているが、その倉庫に貯蔵されていたのは主としてジャガイモであったと考えられている[1]。

ペルーを北上し、エクアドル領内に入ってもインカの建築物は見られる。そのひとつがエクアドル南部高地にあるインガピルカで、標高約三一〇〇メートルに位置する。円形状の基壇の上に神殿が立っており、その周辺にはコルカの名前で知られる倉庫群もあったらしい。

もうひとつ、日本でも大変有名なインカの遺跡がある。それが扉写真に示したマチュピチュである。この遺跡はしばしば「天空の都市」とよばれるが、その標高は約二四〇〇メートルあまりで、インカの遺跡としては例外的に低いところに位置している。

このようにアンデス文明の最後をかざるインカ帝国の中核地帯は山岳地帯、とくにその高地部にあった。そもそも、拡大するまでの第九代のパチャクティ王の時代のインカ帝国は、現ペルーの南部高地に版図が限定されていた(図5―6)。首都のクスコも標高約三四〇〇メートルの高地にあり、二〇万もの大人口を擁した当時南アメリカ最大の都市であった。また、インカ帝国は少なく見積もっても一〇〇〇万もの人口を擁していたが[2]、その大半がアンデス高地に

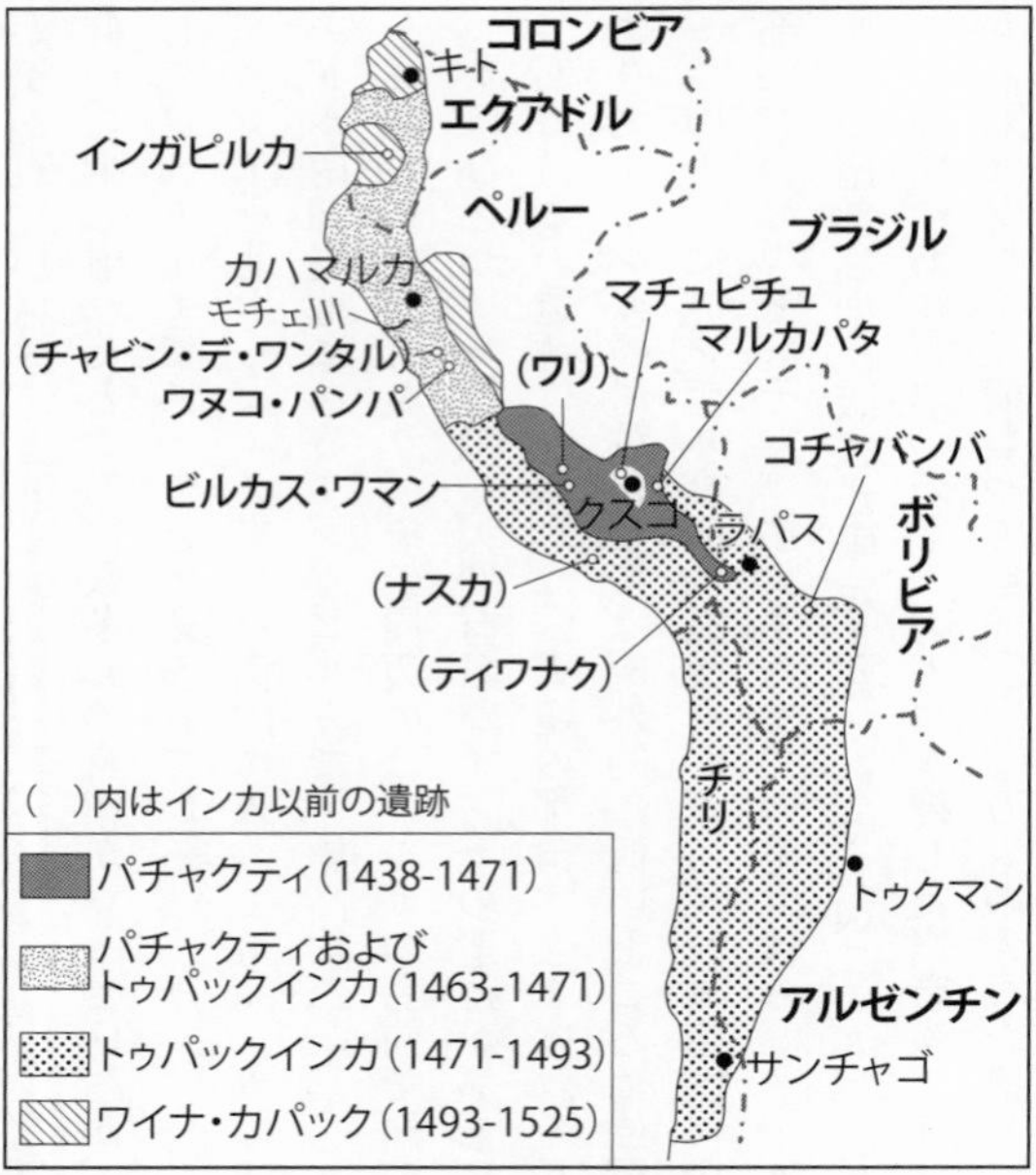

図5—6　歴代のインカ王による支配地域

集中して住んでいた。また、インカ帝国の版図のなかを総延長四万キロメートルにおよぶ王道も張り巡らされていた。このような点などから、わたしはインカ帝国をアンデスの高地文明のひとつと考えているのだ。

ここで、ちょっと注意しておきたいことがある。インカ帝国という呼称は後世の人たちによってつけられたものであり、「タワンティンスーユ」が正式な名称だったことだ。インカ帝国の公用語であったケチュア語でタワは四、スーユは地方という意味なので、タワンティンスーユは「四つの地方」を意味する。その名のとおり、インカ帝国の領土は、四つのスーユとよばれる地域にわけられていた。これら四つの地方とは、チンチャイスーユ、コリャスーユ、アンティスーユ、そしてクンティスーユである。

最初のチンチャイスーユとは、クスコの北方に位置する地域で、現在のエクアドルをもふくんでいた。コリャスーユは、クスコの南方に位置する地域で、ティティカカ湖畔をへて現在のボリビアやチリ北部、さらにアルゼンチン北西部までをふくむ広大な地域であった。アンティスーユは、クスコの東方、主としてアマゾン川に面したアンデス東斜面の地域であった。クンティスーユは、四つの地域のなかでもっとも小さく、クスコの西側の太平洋岸に至る地域であった。

つまり、「タワンティンスーユ」は、クスコを中心として四方に広がる大帝国であり、これら各地域にはインカ王の命によりつくられた王道が通じていた。この王道をとおして各地の情報や生産物がクスコに集められたのだ。そのため王道の主だったところにはタンボとよばれる宿泊所がもうけられ、そこをチャスキという飛脚が頻繁に通っていたのである。

文字のかわりを果たしたキープ

ここまでインカ帝国についての記述を読まれた読者のなかには、大きな疑問をもたれた方がおられるかもしれない。その疑問とは、本書の冒頭で述べたようにインカ帝国をふくむアンデス文明は文字を欠いていたが、そのような文字をもたない民族がどのようにして、インカ帝国のような大きな帝国をつくりあげることができたのか、という疑問である。この疑問に対して

図5―7　食料や衣類などを貯蔵していた倉庫群（コルカ）
右手の男性はキープ・カマヨックか。手にもつのはキープ
(Guamán Poma, 1980〔1613〕)

歴史民族学者のピースと増田は、その答えはいくつかあるとして、次のように述べている(3)。

まず、道路網を整備して、クスコで定める政策をすみやかに実行できる体制をつくったこと。同じく道路網を利用して、統治する各地の情報を一手に首都に集めることができたこと。そして、人口を十進法で区分し、その動態を把握するとともに、各地の首長を通じ、軍事目的や生産のためにそれを容易に動員できるシステムをつくったこと。

それだけではなかった。重要なのはインカが文字のかわりに使っていたキープという道具である。キープとは、リャマの毛で作られた紐《ひも》に、何本かの細紐をむすびつけ、十進法の位どりの位置をきめて、そこにはむすび目を作り、数を表すようにした、一種の計算具である。日本語では結節縄《けっせつじょう》の名で知られる。

文字がなくても、一〇〇〇万以上の大人口をかかえ、おそらくそれに匹敵する数の家畜をもつインカ帝国にとって、数字の表記と記録は絶対的な必要事であったのだろう。スペイン人の記録者たちの多くは、インカの人たちがキープを使っているところを目にしている。スペイン人がインカ帝国の人たちに情報を求めると、彼らはキープを読みながら説明したという。なお、キープは数を表すだけでなく、紐を色分けすることによって、数を示すものの種類についても表示することができた。実際、キープが表したものは、人口、家畜の数（リャマとアルパカの区別がある）、貢納品の量、倉庫から出し入れする物資の量、軍隊の兵力、ミッタ（労役）の員数、日数計算など多岐にわたった（図5―7）。

図5―8　クスコ近くのプカ・マルカ（赤い町の意味）にあるインカ時代の倉庫群

キープは、誰でも読みとることができるほど、その原理は簡単だったが、国家の膨大かつ複雑な諸統計を作り、読みとるためには、専門家が必要だった。そのため、キープの専門家はキープ・カマヨックとよばれて、インカの役人のなかでもとくに重要な存在だった。おそらく、首都のクスコには、国家統計のためのキープ保管所があり、そこでキープ・カマヨックの教育がおこなわれていたと思われる。

こうして見ると、インカ帝国では、今日のわれわれよりももっと正確に人口動態を把握していたようだ。また、アンデス文明は文字を欠くがゆえに、いわゆる「四大文明」とは同格に扱われてこなかったが、キープの存在や役割を考えれば、そしてインカ帝国の大きな人口やその統治の方法なども考慮に入れれば、それは文明といってもけっして過言ではない、とわたしは考えているのだ。

飢える者がいなかったインカ帝国

インカ帝国は一〇〇〇万人以上の大きな人口を擁し、その大半の人口が高地に集中していた。このような大きな人口以上に驚かされることがインカ帝国にはあった。それは、きわめて豊かな食料に恵まれていたらしいことである。そのため、侵略したスペイン人たちは、「インカ帝国には物乞《ものご》いをする者も飢える者もおらず、一般庶民は自分の家で必要とするものをすべて自分で調達していた(4)」と記録に残し、驚いているのだ。

さて、それでは、インカ帝国の中核となった山岳地帯、とりわけ高地部での主な食料源はトウモロコシだったのか。先にティワナクで見たようにジャガイモではなかったのだろうか。この問題に対しては、一六世紀はじめにアンデスを侵略し、インカ帝国を征服したスペイン人たちの記録が参考になる。このようなスペイン人の記録文書は一般にクロニカの名前で知られ、これらのクロニカを追ってゆけば、インカ帝国の人びとが何を、どのように栽培し、利用していたのかを知ることができるのだ。

クロニカを見てゆくと、はじめてインカの領土に入ったスペイン人たちを驚嘆させたインカの農耕技術が少なくとも二つあったようだ。そのひとつは灌漑であり、もうひとつは階段耕作であった。灌漑は海岸地帯で古くからおこなわれていたが、階段耕作は山岳地帯に限られ、山岳地帯に多い斜面を階段状にして、そこを耕地とする方法である。アンデスにおける階段耕地の起源はインカ帝国の前のワリ期（一〇世紀頃）までさかのぼりそうであるが、それが広く見られるようになるのはインカ帝国が成立した一五世紀頃からであった。なお、階段耕地そのものは世界各地で見られるが、アンデスのそれはきわめて精巧につくられ、しかも大規模なものであった。そのため、この階段耕地について記録を残しているスペイン人が少なくないのだ。たとえば、マティエンソは次のように述べている。

> インガ（インカ王）はローマ人の建設規模をしのぐ用水路や石畳み（の道路）をつくらせたが、標高の高い山岳地帯の石や岩だらけの斜面も播種できるように石を使って階段耕地をつくらせた。こうして、平野部だけではなく、標高の高いところも播種が可能になり、実り豊かな土地になる。（Matienzo, 1967〔1567〕）

スペイン人を驚嘆させたインカの農耕技術

この階段耕地には、しばしば灌漑がほどこされていた。入念につくられた階段耕地は山岳地域で灌漑をおこなううえで重要な役割を果たしたと考えられる。アンデスに多い斜面にあるよ

図5—9　ウィニャイワイナの階段耕地　マチュピチュ遺跡の近くにある

図5—10　クスコ近郊にあるティポン遺跡の階段耕地につけられた水路

うな耕地では、そこに水を引くことによって土壌が侵食され、とくに肥沃な地表が流出して河川に流れこんでしまうからだ。この問題を解決するためのひとつの方策として考えられたのが階段耕地の建設であった。

ちなみに、この水路を引くことに対してインカの人たちは尋常ならざる情熱を注いだようだ。インカ時代の建築物は巨石を使って精巧につくられたことで知られるが、この技術が水路づくりにも生かされ、しばしば水路としては驚くほど精巧に、また美しくつくられているのだ。このような階段耕地は現在もクスコを中心として各地で見られ、その美しさや精巧さには現代人も驚かされるほどだ（図5―9、5―10）。

したがって、インカ帝国を侵略したスペイン人たちが、灌漑をともなった階段耕地に驚嘆したのも当然であろう。そして、このことがインカ帝国はトウモロコシを主作物にしていたという印象を与えたようである。それというのも、階段耕地で栽培されていた作物が主としてトウモロコシであったからだ。そのためか、トウモロコシに関するスペイン人の記録はきわめて多い。

一方、ジャガイモなどイモ類に関するスペイン人の記述は、トウモロコシのそれとは対照的に乏しい。しかし、スペイン人によるジャガイモの記録は乏しいものの、クロニカを注意深く読めば、インカ帝国の耕地がすべてトウモロコシ用だったわけではなく、ジャガイモなどのイモ類の耕地もあったことがわかる。この点についてはガルシラーソの次の記録が参考になる。なお、ガルシラーソはスペイン人ではなく、最後のインカ皇女とスペイン人のあいだに生まれた混血であった。ケチュア語も解し、アンデスの伝統文化にも詳しい人物である。

灌漑されたトウモロコシ畑の他に、水の引かれていない耕地もまた分配され、そこでは乾地農法によって、別の穀物や野菜、例えばパパ、オカ、アニュスと呼ばれる、非常に重要な作物の種が播かれた。（ガルシラーソ、一九八五〔一六〇九〕）

図5—11　灌漑がほどこされたトウモロコシ用の耕地（Guamán Poma, 1980〔1613〕）

念のために述べておくと、ここで述べられているパパはジャガイモのことであるし、オカやアニュス（マシュア）もどちらも地中に食用となるイモをつけるイモ類である。つまり、ガルシラーソによれば、インカ帝国の耕地には二種類あったのだ。すなわち、灌漑をほどこした耕地と無灌漑の耕地である。そして、基本的に前者はトウモロコシ用の耕地であり、後者はジャガイモやオカ、アニュス（マシュア）などのイモ類の畑であった。

　これは、基本的に現在の中央アンデス高地の農耕法と同じである。実際に、わたしの観察によっても、トウモロコシ用の階段耕地はおおよそ標高三〇〇〇メートル以下でしか見られないが、それよりも高地部では基本的に灌漑をほどこさないでイモ類を栽培する畑となっているのだ。その背景には、トウモロコシが基本的に温暖で雨の多い低地に適した作物であり、中央アンデスでは標高約三〇〇〇メートル以下でしか栽培できないのに対して、ジャガイモは寒冷な気候に適した作物であり、標高三〇〇〇メートル以上の高地で栽培され、ときにその上限は標高四三〇〇メートルあたりにまで達するという事情がありそうだ。

こうしてクロニカを追ってゆくと、トウモロコシとジャガイモなどのイモ類の栽培には様々な違いがあったようだ。それをもう少し追ってみよう。ガルシラーソによれば、これら二つの作物のあいだでは以下のように耕地の使用法も異なっていたのだ。

（水の引かれていない）土地は水不足ゆえに生産性が低いので、一、二年耕しただけでこれを休ませ、今度はまた別の土地を分配する、ということが繰り返された。このように彼らは、循環的に使用することによって絶えず豊富な収穫が得られるよう、やせ地を見事に管理運営していたのである。（ガルシラーソ、一九八五〔一六〇九〕）

すなわち、この記録によれば、灌漑をほどこしていないジャガイモなどのイモ類の畑は、一、二年使っただけで休閑するというのである。他方、トウモロコシ用の畑は次の記録のように連作していたようだ。

一方、トウモロコシ畑には毎年種が播かれた。そこは果樹園のように、水と肥料に恵まれていたので、豊作が約束されていたからである。（ガルシラーソ、一九八五〔一六〇九〕）

この記述からは、トウモロコシが連作できるのは、その畑が水と肥料に恵まれていたからだという。この肥料とは、クロニカによれば魚や海鳥の糞などが使われていたが、山岳地帯では人糞が使われていた。一方、ジャガイモなどのイモ類栽培のための肥料には家畜の糞が使われていた。この点についてもガルシラーソの次の記録が参考になる。

寒さのためにトウモロコシの育たないコリャオ地方では、一五〇レグワ〔一レグワは約五・六キロメートル〕以上の全域にわたって、人びとはジャガイモやその他の野菜に家畜の糞を施し、それが他のいかなる肥料よりも有効だと言っていた。（ガルシラーソ、一九八五〔一六〇九〕）

なお、ここで述べられているコリャオ地方とは、ティティカカ湖畔地方のことである。ここはインカ時代においてもリャマやアルパカなどのラクダ科動物が数多く飼われていたことが知られているので、肥料には不自由しなかったと考えられる。

踏み鋤の分布が意味するもの

このようにトウモロコシとジャガイモなどのイモ類では、それが栽培される耕地だけでなく、肥料も違っていたのだ。さらに、耕作に使われる農具も違っていたようだ。海岸地帯のトウモロコシ耕地では鍬《くわ》や鋤《すき》が使われていたようだが、[5]高地部のジャガイモなどのイモ類の耕地ではインカ時代になって新しい農具が登場してくる。それが踏み鋤である。[6]インカ時代の踏み鋤についてはガルシラーソが次のような貴重な記録を残してくれている。

彼らは長さ一尋《ひろ》〔約一・七メートル〕ほどの棒を鋤として用いた。前面が平らで裏側は丸くなっているこの鋤の幅は、指幅四つほどであった。そして一方の先端を、土にささるように尖《とが》らせ、先端からほぼ半バーラ〔一バーラは八三・六センチメートル〕のところに、二本の小さな棒切れをしっかりと縛りつけて、足掛けとした。インディオたちはそこに足を掛け、激しい勢いで力いっぱい鋤を打ちこむのである。（ガルシラーソ、一九八五〔一六〇九〕）

図５―12　インカ時代の踏み鋤による畑の耕起　左側の男性が手にするのが踏み鋤。右後方の女性は酒をふるまっている（Guamán Poma, 1980〔1613〕）

この踏み鋤は、チャキタクヤまたは単にタクヤとよばれて、インカ帝国では中心的な農具になっていたようで、インカ時代の象形土器にも踏み鋤を象ったものが少なくない。また、インカ時代の人びとの暮らしや風俗を描いたワマン・ポマも踏み鋤を使った農作業の光景をいくつも描いており、それを彼が刊行した本『新しい記録と良き政治』のなかでも容易に見ることができる（図5—12）。

図5—13　踏み鋤を使った畑の耕起作業　踏み鋤の足掛けに体重をかけて耕地を掘りおこしている。ペルー、クスコ地方

また、中央アンデス高地では、現在もインカ時代とほとんどかわらない踏み鋤が依然として重要な農具になっている（図5—13）。にもかかわらず、この踏み鋤の存在は意外に知られていないようだ。たとえば、伊東俊太郎も新大陸の農耕について述べるなかで、踏み鋤にまったくふれず、次のように述べている。

新大陸における都市文明成立の時間的な遅延については（中略）農業技術の点からみると鍬農耕の段階にとどまって、犂《すき》の使用にいたらなかったということがあげられよう。（伊

東、一九七四）

また、伊東は別のところでも「アンデスの農耕はメソアメリカと同様、牧畜をともなわず最後まで人力にだけたよる鍬農耕に終始したのである」と述べている。

しかし、これは間違いではないか。たしかに、アンデスの海岸地帯ではスペイン人の侵略の頃まで鍬が主たる農具だったようだが、アンデス高地では遅くともインカ時代に踏み鋤という新たな農具が開発され、それが中心的な農具になっていたからだ。ちなみに、先スペイン期に新大陸で使われていた農具は、掘り棒、鍬、鋤、踏み鋤がすべてであり、踏み鋤を使っていた中央アンデス高地は新大陸でもっとも農具の発達した地域であったのだ。

おそらく、伊東は、畜力を使った犂を念頭においてこのように述べたのであろう。たしかに、アンデスには牛のような大型の家畜がいなかったので、畜力を使った犂は先スペイン期にはついに開発されなかった。しかし、踏み鋤による耕起作業は、畜力に匹敵するほど効果的であり、それは犂に匹敵するといっても過言ではないほどだ。実際に、ガルシラーソも先の文章につづけて次のように述べているのだ。

彼らは親族、あるいは隣人同士で七人から八人の組をなして作業を行ない、全員一緒になってひとつのことにあたるので、それを見た者でなければとうてい信じられないような、巨大な芝土の塊も平気で掘り起こしてしまう。（中略）女たちは男衆の反対側から、素手で芝土の塊を掘り起こすのを手伝い、雑草の根を引き抜く。そうすることによって雑草が枯れ、後になって除草の手間が省けるようにするためである。（ガルシラーソ、一九八五〔一六〇九〕）

ここで述べられている踏み鋤はインカ帝国が滅亡してから約五〇〇年たった現在でも中央アンデス各地で広く見られ、その使用法もインカ時代とほとんどかわらない。インカ時代と異なるのは、踏み鋤の先端が木製から鉄の刃先がつけられたことだけだ。また、ガルシラーソが述べている「巨大な芝土の塊を（踏み鋤で）平気で掘り起こす光景」もしばしば見られる。もちろん、現在はヨーロッパから伝えられた犂も広く使われているが、インカ時代以来の伝統をうけつぐ踏み鋤も依然として中央アンデス高地では広く使われているのだ。このことは踏み鋤が、犂に劣らず、優秀な農具であることを物語っていそうだ。

この踏み鋤の使用は、アンデス高地の農作業に画期的な変化をもたらしたと考えられる。それというのも、踏み鋤は、全体重を鋤にかけることができるので、掘り棒や鍬よりもはるかに深く掘ることができるからだ。そのため、ジャガイモの植えつけを容易にしたし、休閑後の固くなった耕地の耕起も可能にした。また、耕地を深く耕すことができれば、それが土壌中の微生物の活動をよくするために必要な酸素の供給も可能にする。つまり、踏み鋤の使用をとおして土壌のより有効な利用が可能になり、ひいてはジャガイモの生産性を高めることができたのだ。

中央アンデス高地は根栽農耕文化圏

この踏み鋤の分布については、興味ぶかい事実がある。踏み鋤は中央アンデス高地では広く見られ、農作業の中心的な農具になっているが、アンデスを北上してエクアドルまで行けば、まったく姿を消し、そこからは掘り棒が中心になることだ（注1）。逆にアンデスを南下し、アルゼンチンまで行けば、そこでも踏み鋤は見られなくなる。[7]これは何を意味するのであろうか。それを知るために、もう少し中央アンデス高地に特徴的な農耕文化を見ておこう。

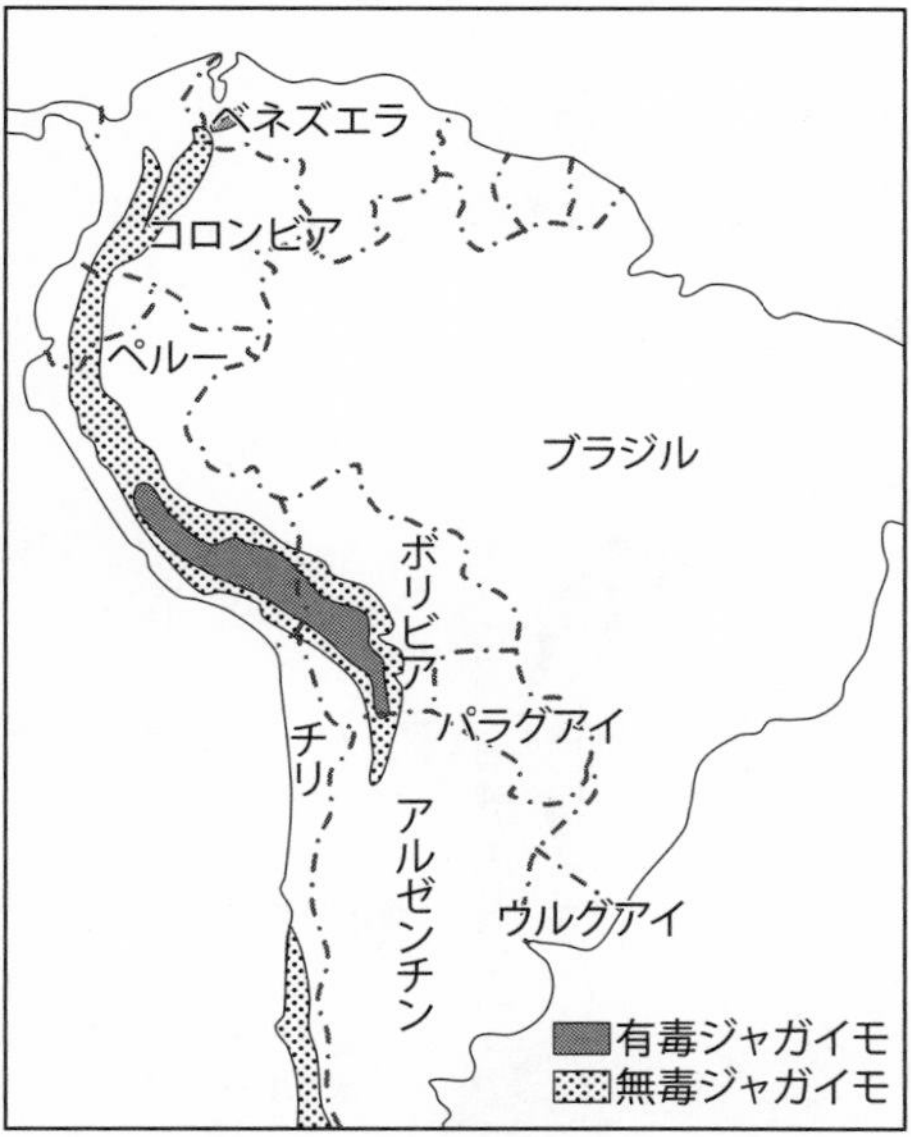

図５─14　有毒ジャガイモの分布（Yamamoto, 1988）

図5―15　アルパカの分布　リャマの分布もほぼ同じ（Novoa and Wheeler, 1984）

じつは、先述したジャガイモ耕地の休閑システムの分布は中央アンデス高地に限られるのだ。[8] そして、チューニョが加工される地域も中央アンデス南部高地に限られる。[9] また、チューニョの材料になる「苦いジャガイモ」の栽培も中央アンデス高地に限られる[10]（図5―14）。さらにアンデスで栽培されるジャガイモの品種は数千種類に達するとされるが、もっとも多様な品種が見られるのも中央アンデス南部高地だけだ。さらに、もうひとつ、中央アンデス南部高地にほぼ分布が限られるものがある。それは、ラクダ科動物のアルパカやリャマだ（図5―15）。

これらの一致は偶然であろうか。けっしてそうではなく、ジャガイモを中心とする農耕文化の発達を物語るものではないかと、わたしは考えている。それというのも、アンデスの伝統的な農耕法ではリャマやアルパカの糞はジャガイモの肥料として不可欠であるし、リャマはジャガイモの輸送などにも欠かせない動物だからである。そこで、もう一度踏み鍬の話題にもどり、わたしの考えを述べることにしよう。

　日本における民族植物学のパイオニアである中尾佐助は、主としてアフリカやアジアでの調査にもとづき、イモ類などの栄養体繁殖の農耕文化を根栽農耕文化とよび、その特徴のひとつとして掘り棒の使用をあげている。一方で、掘り棒による欠点についても述べ、「掘り棒で植えつけをやると、農具の関係上しぜんに点植え式になり、条植えやバラ播き型の植え方はやりにくい」ことも指摘している。[11] わたしもジャガイモを中心とするアンデス高地の農耕を寒冷高地型の根栽農耕と位置づけ、前記の踏み鍬を使い、チューニョを加工し、ジャガイモ畑に休閑システムをとり、ラクダ科動物の糞を肥料に使っている地域、すなわち中央アンデス南部高地を根栽農耕文化圏と位置づけているが、[12] 中尾の根栽農耕文化とはやや異なる点もある。そのひとつが、中央アンデス高地では、掘り棒ではなく、踏み鍬を使っている点だ。

図5―16　インカの建築技師。図の中央後方にはチュルパ（墳墓）らしき建築物も見える。インカの建築技師は、神殿、城塞、水路、階段耕地、王道など様々なものを造っていた（Guamán Poma, 1980〔1613〕）

　しかし、わたしは、この点について次のように理解している。

図5—17　第9代インカ王パチャクティ（Guamán Poma, 1980〔1613〕）

おそらく、中央アンデス高地でも古くは掘り棒を使っていたのであろうが、そこでは掘り棒の技術段階にとどまらず、掘り棒から鋤へ、そして鋤から踏み鋤へと発展していったのではないか[13]。すなわち、中央アンデスの根栽農耕文化は、踏み鋤に象徴されるようにインカ時代には旧大陸の根栽農耕文化よりもはるかに高い技術段階にまで発展していた、と考えられるのだ[14]。

後述するように、研究の世界では「イモで文明は生まれない」と酷評されながらも、中央アンデス高地ではイモ類を中心とした農耕をおこない、インカ帝国に代表される高度な文明を築き上げた、とわたしは考えているのだ。その背景には、きわめて安定的で、生産性が高く、すぐれたアンデス独自の根栽農耕文化が発達したという歴史があったのではないか。アンデス文明に詳しい増田義郎も「(インカ帝国の住民は)高度の農業生産力をもつ文化的種族であった」とインカ帝国の農耕の優秀さを強調しているのだ[15]。

この点で、もうひとつ興味ぶかい事実があるので、それについても述べておこう。インカ帝国はアンデスの大半の地域を支配下においた大帝国であったが、初期の頃はペルー南部からボリビア北部にかけての高地だけの比較的狭い地域を支配していたのだ。それはインカの第九代皇帝のパチャクティ（一四三八〜七一）時代のことである（注2）。じつは、このパチャクティ時代の領土にあたる地域こそ、典型的な根栽農耕文化圏なのである（図5―6）。この事実は、インカ帝国は本来根栽農耕に支えられて成立、発展した国家であったことを物語るものではないだろうか。

「インディオの主食はジャガイモ」

ちょっと脱線したようだ。問題はインカ帝国を支えた作物がトウモロコシであったのか、それともジャガイモなどのイモ類であったのかということだった。わたしの観察によれば、それはジャガイモであったといいたいが、わたしの観察だけでは説得力をもたないだろう。そこで、あらためてクロニカ資料に目をとおしてみよう。先述したようにジャガイモについて記録を残しているクロニカは少ないが、ないわけではない。そんなクロニカのひとつがシエサ・デ・レオンの書いた『インカ帝国地誌』（二〇〇七〔一五五三〕）である。シエサはスペイン軍と一緒にアンデスを南下してきた一兵士であった。そして、彼はティティカカ湖畔のコリャオ地方を訪れ、「コリャス〔コリャオ〕という地方は、私の見るところ、ペルー全体で最大の地方であり、また人口もいちばん多い」と述べたうえで、そこに住む住民の暮らしや食料について次のように記しているのだ。

……むかし、このコリャス人の土地全体は、人口が多く、大きな町々が互いに接して立っていた。インディオたちは、それらのまわりに畑を持ち、食料を作っている。彼らの主食はジャガイモである。これは、（中略）地中にできる松露《しょうろ》〔キノコ〕のようなもので、これを日で乾かして、つぎの収穫期まで保存する。こういう乾かしたあとのジャガイモをチュノ〔チューニョ〕と呼び、これが彼らの間ではたいへん貴重視される。なぜかというと、この王国の多くの他地方のように用水路の水がなく、野原を灌漑しようがないからである。それどころか、もし畑つくりのための天水が足りない場合、この乾燥ジャガイモの食料がなかったら、困って難儀するだろうと思う。（シエサ・デ・レオン、二〇〇七b）（傍点は筆者による）

インカ帝国はジャガイモ国家

このように、シエサ・デ・レオンは「彼らの主食はジャガイモである」とはっきり述べている。「アンデス高地の住民の主食がジャガイモである」という指摘は他のクロニカにも見られる（注3）。

このシエサの記述から見て、ティティカカ湖畔のような寒冷高地での主食はジャガイモであったと判断してよさそうである。さらに、これらの記述で注目すべきことがある。それは、彼らがジャガイモを加工したチューニョを重要視していることだ。シエサは、チューニョがないと「困って難儀するだろう」と述べているし、アコスタは「これは、そのまま何日も保存され、パンの役目を果たす」と述べているのだ。

図5―18　ケチュアの人びとの昼食風景　いつもジャガイモばかり。ペルー南部のマルカパタ村にて

これらの記述は、チューニョが保存食品として大きな役割を果たしていたことを物語るであろう。これは、先述したようにジャガイモが長期の保存がむずかしいことを考えたとき、特記すべきことである。世界的に見ても、大量のイモ類を長期に保存できるように加工する技術は、中央アンデス以外ではまったく開発されていないからである。

それではジャガイモとともに、もうひとつの主作物であるトウモロコシは何のために栽培されていたのであろうか。クロニカを見ているとトウモロコシは食料としてよりも、むしろ主として酒の材料として使われていたのではないか、と思われるふしがある。この酒は、一般にチチャの名前で知られているが、このチチャ酒がインカ帝国では大量に消費されていたようで、国家宗教である太陽信仰のための祭り「太陽の祭典」ではもちろんのこと、インカ帝国の兵士やインカ王のための畑の耕作をするインディオたちにもチチャ酒がふるまわれていたのだ。

このようにクロニカでもトウモロコシは食料としてよりも酒の材料として欠かせないものであったことをうかがわせる記録が多い。また、現在もアンデス高地の先住民社会では、わたしの観察によればトウモロコシはあまり食べず、儀礼や宗教に欠かせないチチャ酒として大量に消費されている。したがって、インカ帝国では「主食としてのジャガイモ、儀礼的な作物としてのトウモロコシ」という位置づけができそうなのだ(16)。

近年になって、アンデスの歴史のなかでジャガイモの役割を再評価する研究者も目立つようになってきている。なかでも、歴史民族学が専門の著名な著者による本『インカ帝国』のなかでピースと増田は口をそろえてアンデス高地におけるジャガイモの重要性について次のように述べている。

ジャガイモは、トウモロコシと比べて保存が長くきかない。イモ類は腐りやすく、貯蔵できないから、それに主として依存する文化は、都市や国家をつくるだけのエネルギーを蓄積できない、とよくいわれる。ところがジャガイモは、海岸地方はべつとしても、アンデス高地の農民にとっては、決定的な重要性を持つ作物である。彼らにとって、ジャガイモはトウモロコシよりもだいじな主食である。(ピース・増田、一九八八)

さらに、ラテンアメリカの歴史に詳しい増田は次のようにも述べているのだ。

それには秘密がありまして、インカは、ジャガイモを高原の寒気で水抜きして、チューニョという保存食を開発した。これは単なる乾燥イモではなくて、一定の工程があるんですが、チューニョの状態にしますと、ほとんど半永久的に保存できます。それから、トコシュといって、水につけて一定期間保存する方法も開発されていた。だから根菜でありながら、それを保存食品に転換させることによって、エネルギーの蓄積を可能ならしめ、インカ経済の基礎を作る重要な一因子となった。だからインカ帝国は、ジャガイモ国家といえるんです。(増田、二〇〇二)

なお、増田はこの文中でチューニョをインカの発明品のように述べているが、先述したようにチューニョはティワナク時代にもすでに加工されていたと考えられる。

「垂直統御」論の登場

ここまで述べてきたように、わたしはクロニカとよばれる一六世紀から一七世紀頃までに主としてスペイン人たちによって書き残された資料を丹念に読み込み、インカ時代の農耕文化の特徴を明らかにしようと試みた。しかし、スペイン人たちのほとんどがインカ王やエリートに関心をもち、一般民衆に対する関心は乏しく、先に検討したように彼らの関心はインカと密接な関係をもつトウモロコシ栽培に集中し、一般民衆が主食としていたジャガイモなどイモ類に対する記録は乏しかった。そのせいか、アンデス研究においてジャガイモの役割を重視する研究者は少なく、その後も依然としてトウモロコシの役割を重視する研究者が多かったのである。

このような動向に対して強く異を唱えたのがアメリカにおける歴史民族学の権威者であるジョン・ムラであった。じつは、彼こそは、一九七〇年代のアンデス研究を席捲《せっけん》した「垂直統御」論の提唱者であった。

この「垂直統御」論については、ここで少し説明をしておく必要があるだろう。一九六〇年代後半、ジョン・ムラはインカ帝国成立の謎に迫る、ひとつの解答を示したからだ。彼は一六世紀の地方史料を分析した結果、アンデスの住民は大きな高度差と複雑な地形によって生じる多くの異なった自然環境を「垂直に」利用して生産物の補完体系をつくりあげ、様々な資源を手に入れていたことを明らかにした。そして、この体系のなかで生産と流通を統御する政治的な核がじょじょに形成され、アンデス固有の支配体系が形成されたと考えた。これが、アンデス研究者に大きなインパクトを与えた「垂直統御」論であった(17)。

そのひとつの例として、ムラは一六世紀後半にティティカカ湖畔で、もともとの政治的・社会的自立性を維持していた王国、ルパカをとりあげた。ルパカは、ティティカカ湖西岸にあるチュクイトを中心として、そこから約一〇〇キロメートルの範囲を占めていた。一六世紀、その世帯数は約二万、人口が一〇万から一五万と推定される大きな政治集団であった。ルパカのほとんどはアイマラ語を話すアイマラ族であったが、この社会の下層にウル族という漁労民がおり、また全体を大きな権力をもつ長《おさ》が統治していた。

さて、彼らの生業の中心は、プナでおこなわれるリャマやアルパカの牧畜とイモ類栽培を中心とする農業であった。ただし、ルパカはこの高地部のほかにも、アンデス山脈の西側の海岸地帯と東側の低地部にも土地をもち、そこに一部の人間を送りこんで農耕を営んでいた。海岸地帯では谷間のオアシス状のところでワタやトウモロコシを栽培し、肥料用に利用されるグアノと称する海鳥の糞も採取していた。

こうして、ムラは、アンデス高地の経済の基本は、高度により異なる自然資源を最大限に利用することにあり、そのため各民族あるいは各集落（共同体）が様々な自然区分帯に人を送って資源の入手に努めていたことを明らかにしたのであった。また、アンデスにおける生態学的環境は垂直に分布する列島、すなわち「垂直列島」のようなものであり、それを利用する方法を「垂直統御（バーティカル・コントロール）」とよんだのだ。

この「垂直統御」論を提唱したジョン・ムラは、一七世紀および一八世紀のスペイン人による記録を精査し、トウモロコシの重要性を強調する見方はインカ帝国征服時のインカの農業の現実を反映していないと批判した。そして、初期のクロニスタたちはトウモロコシを重視するあまりに、ジャガイモやオカ、オユコなどのアンデス高地のイモ類を過小評価していると結論づけたのだ。(18)

その後、フランス人の民族学者であるアンリ・ファーブルも「[インカ帝国の]食料は基本的に塊茎類の栽培に頼っていた」と述べたうえで、以下のようにつづけているのだ。

トウモロコシ生産は、帝国の拡大と国家組織の確立に伴って増大した。しかしながら、それは支配機構を通じてすべて巧みに吸い上げられ、農民の食習慣に何ら影響を与えず、相変わらず農民は、パパミクク――「芋食い」――であった。(ファーブル、一九七七)

「イモなんか食って文明ができるか!?」

ここで検討しておかなければならない問題がある。それは、一般にイモ類を中心とした農耕では文明は生まれないといわれていることだ。もし、それが本当であれば、先述したティワナクはその例外ということになるのであろうか。また、インカ帝国も同じように例外なのであろうか。「四大文明」という呼称の発案者は考古学者の江上波夫であったようだが、その江上は農耕と文明の関係について次のように述べているのだ。

　穀物農耕は、人間の集落を農村から都市まで発達させた唯一無二の経済的要因であった。というのは、芋農耕、野菜農耕、果物農耕など、また羊、山羊《やぎ》、牛、豚などの肉畜の飼養など、いわば非穀物農耕や牧畜の生産経済では、一万人以上の人口を一緒に集住させ、生活させることはほとんどまったく不可能であって、都市の成立はそこではありえないからである。（江上、一九八六ａ）

また、比較文明学者の伊東俊太郎も文明と食料の関係について次のように述べている。

……要するに農耕社会から文明社会が形成されてくるためには、蓄積可能な穀物生産による余剰農作物の存在が前提となる。この余剰農産物によって、直接農耕にたずさわらない人口（チャイルドのいう「社会余剰」）を生みだしえたところに、都市文明が開花してくるのである。つまり、穀物農耕こそ、文明社会成立の必須の基盤であるということになる。（伊東、一九八八）

このように江上は、イモ類を中心とする農耕では文明は生まれない、とはっきり述べている。

また、江上も伊東も穀物農耕こそが文明を生んだと強調している。二人とも著名な研究者であり、これらの説は考古学や文明学の分野では、いわば定説のようになっているのかもしれない。そのせいか、アンデス文明もイモ類ではなく、トウモロコシを中心とする農耕が生んだというのが定説であった。実際に、日本の中学校や高等学校の歴史教科書でもほとんど例外なく「アンデス文明はトウモロコシ農耕を基礎に成立、発達した」と述べられているのだ(19)。

しかし、これらの説ははたして正しいのであろうか。これらの説は、今から三〇年以上も前に発表されているので、そのような説に対して、いまさら異論を唱えるのは学問としてフェアではないとも思う。しかし、このような穀類中心の歴史観が依然として広く流布しているからこそ、アンデス文明もトウモロコシ農耕を基盤にして成立したと中学や高校などの学校の教科書でも記述されるのであろう。しかし、誤った情報を日本の少年少女たちに流しているのを研究者として黙って見過ごすわけにゆかない。ところが、考古学者のなかには、後述するように「イモなんか食って文明ができるか」といって、依然として激しくわたしを批判する研究者もいるのだ。そのため、わたしは少数意見であるにもかかわらず、これまで五〇年以上にわたって、いくつもの論文や著書でイモ類を重視する理由を発表してきたのであった。

アンデス文明において、トウモロコシを重視する考え方に、わたしが疑問をいだいたのは、先述したようにわたしがはじめてアンデスで調査をした一九六八年のことであった。トウモロコシが予想に反して大規模に栽培されていなかったからだ。栽培面積から見れば、中央アンデスではトウモロコシよりもジャガイモのほうがはるかに広い面積で栽培されているように見えたのである。その後も、わたしはアンデスで何度も調査をしたが、この印象はかわらなかった。

また、わたしの観察だけでは説得力をもたないので、中央アンデスに位置するペルーやボリビアのジャガイモとトウモロコシの生産量や耕作面積も調べてみたが、どちらでもジャガイモがトウモロコシを圧倒していたのだ（図5—19、5—20）。この資料によれば、ボリビアではジャ

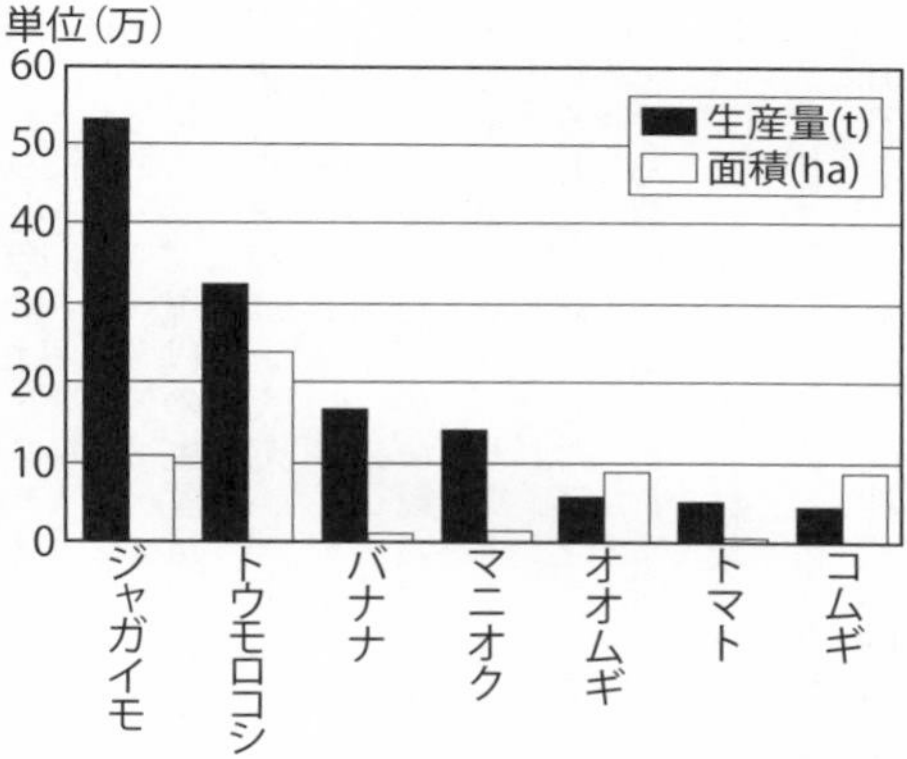

図5—19　ペルーにおける主要な食用作物の生産量と耕作面積（1955—57年の平均）
（Ministerio de Agricultura, Perú, 1959より作成）

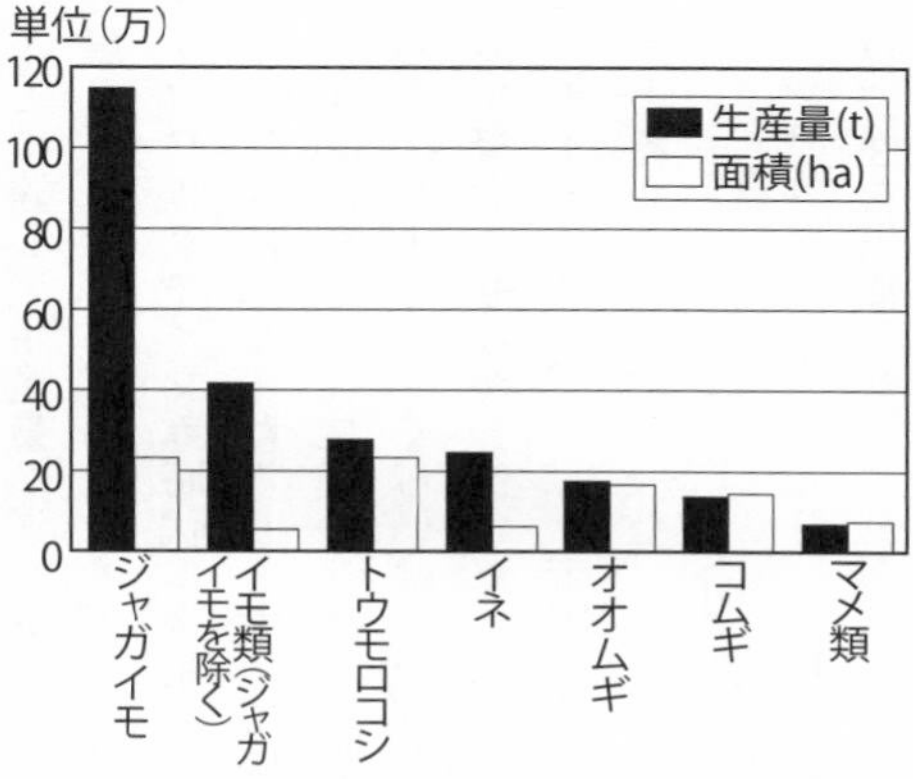

図5—20　ボリビアにおける主要な食用作物の生産量と耕作面積（1961—63年の平均）
（Barja y Cardozo, 1971より作成）

ガイモの生産量はトウモロコシの生産量の五倍ほどに達し、生産量がダントツの一位であるし、トウモロコシの生産量はジャガイモ以外のイモ類よりも少ない第三位にすぎないのである。

もちろん、現代の生産量のデータをそのままティワナクやインカ時代に適用するのには無理があることは、わたしも承知しているが、ひとつの目安にはなるだろうと考えているのだ。さらに、わたしはペルー、クスコ地方の農村に約二年間滞在し、先住民のケチュア族の人たちの食生活も調査したが、驚いたことに彼らの食事の八〇パーセントくらいはジャガイモを中心とするイモ類であり、トウモロコシはほとんど食卓に姿をみせなかったのだ[20]。

こうして、わたしはアンデス高地の主食はジャガイモであり、インカ帝国もジャガイモを中心とする農耕に支えられて成立したのではないかと考えるようになった。そして、二〇〇四年には、それまでの調査結果をまとめて『ジャガイモとインカ帝国――文明を生んだ植物』(東京大学出版会)を、二〇〇八年には岩波新書で『ジャガイモのきた道――文明・飢饉・戦争』を刊行し、アンデス高地におけるジャガイモの重要性を指摘した。これらは、ともにわたしの三〇年あまりにおよぶフィールドワークと文献調査をもとにしたものであり、自信をもって世に送りだしたものであったが、考古学者からは厳しい批判が浴びせられた。次の文章は、そのような批判のひとつである。

最近『ジャガイモとインカ帝国』(東京大学出版会、二〇〇四年)という本が出たんです。

> 著者は私と仲のいい山本紀夫さん。僕は昔からトウモロコシ、トウモロコシと言っていたから、彼とはいつもその点でケンカになるわけです。考古学者は、アンデスがトウモロコシ文明と言っているのはけしからんと、こう言うわけです。ジャガイモだというのです。それでいつもケンカしているのですけれども。ジャガイモなんか、イモなんか食って文明ができるかなんて、ついつい戦後の代用食のことを思い出してしまって（笑）。あんな、サツマイモ、ジャガイモでは力が入るかと。（大貫、二〇〇六）

このように述べたのはアンデス研究者のひとりである考古学者の大貫良夫東京大学名誉教授であった。わたしは大貫名誉教授の深い識見にいつも尊敬の念をいだいているが、「サツマイモ、ジャガイモなんか食って力が入るか」、「イモなんか食って文明ができるか」という言葉には同意できないのだ。しかし、この大貫説に追随する考古学者や歴史学者は少なくなかったが、わたしには考古学者や歴史学者がアンデス高地の多様な環境も人びとの暮らしも理解していないようにしか思えなかった。

この山本批判にさらに手をくわえた論文が学会誌の『古代アメリカ』に掲載されたので、わたしも、その批判に丁寧に答えた反論を同誌に掲載させてもらった[21]。この議論を通じて明らかになったことがある。それは、大貫が文献を重視しているのに対して、わたしは自分の目で見たものを重視するというように、二人のあいだでは研究姿勢が大きく異なっていたことだ。いずれにしても、公開の場で議論すれば、問題点がよりいっそう明らかになるので、この議論はわたしにとっても大変意義があった。

とくに、この議論で気になったことは、アンデスはきわめて長大な山脈であり、標高差も大きいため、地域によって環境も人びとの暮らしも大きくかわるにもかかわらず、それを見ないで一部地域だけの観察から「アンデスでは」と一般化する研究者が少なくないことだ。実際に、アンデス研究者と称していても、大半の研究者がペルーだけ、それも一部地域しか見ていないのだ。この点から見れば、穀物農耕論を唱えた江上、伊東両氏も実際にアンデスの地を踏んだのか、先住民の人びとの暮らしを見たのかどうか、大いに疑問がある。

考古学者や歴史学者が穀類を重視し、イモ類を軽視する理由がもうひとつありそうだ。それは、一般に穀類が考古学的遺物として残りやすいのに、イモ類は考古遺物として残りにくいという事情があることだ。それというのも、イモ類は水分を多くふくんでいて腐りやすいし、また食べればあとに何も残らないからだ。一方、穀類、とくにアメリカ大陸の代表的な穀類であるトウモロコシは、穀粒が固いだけでなく、芯《しん》も食べられないので、考古遺物として残りやすい。こうして、遺跡などでもトウモロコシは頻繁に出土するのに、イモ類はほとんど出土しないことになるのだ。

しかし、イモ類が出土しなかったことは、「それがなかった」ことを物語るのであろうか。わたしは、そうは思わない。それは単に考古遺物として残らなかっただけであり、古代の人びとが栽培し、利用していた可能性まで否定するものではないはずだ。では、その可能性を証明するものはないのであろうか。わたしは、あると思っている。人びとが暮らしていた環境の特徴や植生などを明らかにすれば、かなりの程度にイモ類栽培の可能性に迫れるはずだ。さらに人びとの暮らし方や食文化も参考になるであろう。わたしは、そのように考えているからこそ、先住民の人たちと暮らしをともにし、寒さに耐え、食事も同じものを食べて、アンデス高地で民族学の調査をしているのだ。

一方、考古学者で、アンデスの先住民と暮らしをともにして、彼らの食生活を調査した研究者は少なくともわたしの知るかぎり、ひとりもいないのだ。

ジャガイモが蔑視される理由

それにしても、大貫がトウモロコシを重視し、「イモなんかで文明が生まれるか」といってジャガイモなどのイモ類を蔑視《べっし》するのは、なぜだろうか。わたしには、彼がイモ類を蔑視する理由がある程度理解できる。大貫は「ついつい戦後の代用食のことを思い出して」と述べているように、戦中派の人びとは幼い頃の飢餓時代をイモによって生き延びた経験をもつ。そして、イモをとおしてあの苦しく忌まわしい時代の思い出とむすびつくので、イモ類に好感がもてず、蔑視するようになったのではないかと考えられるのだ。

しかし、イモ類に対する好悪の感情は別として、冷静に考えれば、イモ類が世界各地で飢饉を救ったことは事実であり、(22)この事実はイモ類の価値を再考するうえで大きな意味をもちそうだ。それというのも、ジャガイモやサツマイモなどのイモ類は、日本人の主食である米のように栽培がむずかしくなく、また手間暇をかけなくても容易に栽培できるからだ。さらに、イモ類の生産性は穀類とはくらべものにならないくらいに大きいからでもある。その結果、この世界にはイモ類のおかげで飢饉から救われた人びとがきわめて多いが、アンデスでは食料不足で餓死した人は知られていないのだ。

実際に、農学者の星川清親《ほしかわきよちか》は「イモ類は未来世界の救世主」と述べて、イモ類のすぐれている点を次のように列挙しているのだ。

まずイモ類は太陽エネルギーの利用効率が高く、一定面積の土地からとれるカロリーは穀類よりずっとすぐれ、あらゆる作物のなかで最高である。また、イモは穀物が冷害をうけるような気候のもとでも、かなりの量の太陽エネルギーのキャッチ、つまり収量を上げることができる。さらに、土壌水分の利用効率も高い。これは水分の少ない土でもよく生育できることだから、トウモロコシなどの穀物が干ばつで育たないときでも、イモ類は収量を上げることができるのだ。また、肥料の吸収力も強く、少ない肥料で栽培することも可能である。そのうえ不時の災害にも強い。これらの性質はイモが穀類のように、花が咲き、受精し、実るというデリケートな過程を経過しなければできない生殖器官ではなく、茎や根という栄養器官であって、それが地中で肥大しさえすれば収穫物となるという性質によるところが大きいのである。

このように、イモ類はトウモロコシなどの穀類より、はるかにすぐれた長所をいくつももっているのだ。したがって、わたしはイモ類を蔑視することは、イモ類に対する無理解によるものだと考えているのである。

大貫がトウモロコシを重視する、もうひとつの理由がありそうだ。それは、彼がメキシコなどの中米における文明の発展モデルをアンデスにあてはめようとしているのではないか、と考えられることだ。それというのも、アメリカ人考古学者のブルーンズが次のように述べているからだ。ちなみに、彼女はアンデスで発掘調査をしただけでなく、メソアメリカでも考古学的調査をおこなっているので、大方の考古学者よりは広い視野をもっているようだ。彼女は自身の著書 ***Ancient South America***（『古代南アメリカ』）のなかで、「トウモロコシの問題」と題する一章をもうけて、トウモロコシについて次のように論じているのだ。

アメリカ大陸の先住民の人々によって栽培化された数多くの植物の中で、トウモロコシほど研究者の関心をひきつけたものはない。先住民の生業にとってジャガイモ（***Solanum* spp.**）やマニオク（***Manihot esculenta***）の方がおそらくより重要であったが、トウモロコシはアメリカ大陸におけるすべての進んだ文化的発展の鍵になったとみなされていた。それというのも、トウモロコシは穀物であり、西洋の農業は主として穀物をベースにしているからだ。また、トウモロコシ農耕がきわめて重要であったメソアメリカでの先史研究や古代経済の研究が先行していたため、研究者たちはメソアメリカにおける農耕の発展モデルをまったく異なった大陸である南アメリカにもあてはめようとしたのである。（Bruhns, 1994）

真偽のほどは明らかではないが、この可能性は大きい、とわたしは考えている。それというのも、大貫はトウモロコシを重視するだけでなく、アンデス文明において高地が果たした役割を軽視し、もっぱらアンデスでも低地部を重視した考え方をするからだ。このアンデス高地こそはジャガイモなどのイモ類が栽培されるほか、リャマやアルパカなどの家畜が放牧される高度域なのである。しかし、メソアメリカではこのような高度域に人はほとんど暮らしておらず、そこでは先スペイン期にジャガイモはまったく栽培されていなかった。したがって、大貫がトウモロコシを重視し、中央アンデス高地で暮らす先住民にとって不可欠なジャガイモを軽視するのも無理はないと考えられるが、事実は逆である、とわたしは考えているのだ。

わかりにくいインカの宗教

この章の最後に、アンデス高地で暮らす先住民族であるケチュアの人びとの精神世界についても少し述べておこう。現在も中央アンデスの高地には一般に「インカの末裔《まつえい》」として知られるケチュア民族が約三〇〇万人暮らしており、そのなかにはインカ時代とほとんどかわらない生活を送る人たちが少なくないからだ。わたしが民族学の調査のために暮らしたペルー、クスコ地方の村、マルカパタもそうだった。リャマやアルパカを飼い、ジャガイモもトウモロコシも主作物として栽培、きわめて伝統的な色彩の濃い生活を送る人びとであった。

このマルカパタ村に、わたしは一九七八年から一九八七年までのあいだ、何度かの中断はあったが、通算で約二年間先住民の人たちと生活をともにして暮らした。もっと長く滞在したかったが、ペルーの治安が悪くなり、全土に非常事態宣言もだされ、やがて夜間の外出も禁止されるにいたって、やむをえず村を離れたのであった。しかし、この村での二年間は得がたい経験を与えてくれた。また、村びとの暮らしや文化なども、かなり理解できるようになった。

彼らの暮らしでもっとも印象的であったことは、標高四〇〇〇メートル前後の高地に主居住地をもちながら一年をとおして、アンデスの東斜面を登ったり下ったりしながら大きな高度差を利用して農耕も牧畜もおこなって自給自足的な生活を維持していることであった。それというのも、このような暮らしこそは「垂直統御」に象徴されるようにインカ時代以来の伝統であったからだ。

また、彼らの精神世界も少し理解できるようになったことは嬉《うれ》しいことであった。ここでは、その一端を報告しておこう。この村に滞在するまで、わたしは先住民のケチュアの人たちはインカ帝国の滅亡後、みんなキリスト教に改宗させられていると思いこんでいた。征服者のスペイン人たちがアンデス各地に教会をたて、アンデス土着の宗教を弾圧し、キリスト教への改宗を強制したと聞いていたからだ。たしかに、マルカパタで暮らすケチュアの人たちに聞くと、みんな異口同音に「自分はカトリコ（カトリック教徒）だ」と答えたのだ。しかし、村にひとつだけある教会で、時々おこなわれるミサに参加する村びとはほとんどいなかった。とくに、先住民のインディオでミサに参加する者はまったくいなかった。

歴史民族学者のピースと増田によれば、「インカの文化の中でも、宗教はもっとも疑問の点が多いテーマである」とされる。それというのも、「精神文化は物質文化ほど客観的に観察しにくいうえに、スペイン人がキリスト教という一神教の神の立場から、アンデス固有の宗教現象をすべて「偶像崇拝」と見なし、布教によって一掃すべき悪魔のしわざと考える傾向が強かったからである」という[23]。

しかし、わたしは先住民の人たちと暮らしをともにするうちに、少しずつ彼らの精神世界が見えてくるようになった。これは彼らが話すケチュア語をわたしが少し理解できるようになったことも関係していたかもしれない。まず、わたしが最初に覚えたケチュア語は「パチャ・ママ」であった。それというのも、酒を呑むとき、村びとがかならず発する言葉が「パチャ・ママ」だったからである。パチャ・ママのパチャとは大地のこと、ママは神のことなので、パチャ・ママは「大地の神」という意味になる。先住民の人たちは、酒を呑むとき、「サンタ・ティエラ（聖なる大地）、パチャ・ママ」という言葉とともに、かならず酒を大地に数滴こぼす。自分たちが呑む前に「大地の神」に呑んでもらおうというわけだ。パチャ・ママは農耕の神でもあるので、豊作を願ってのことらしい。

　パチャ・ママの次に覚えた言葉は「アプ」であった。アプは、山々に棲《す》む神で、家畜の守り神であるとされる。マルカパタでは、村びとのほとんどがリャマやアルパカ、そしてヒツジなどを飼っており、これらの家畜は村びとにとって、とくに先住民にとっては貴重な財産である。

図５―21　山々に棲む神々に捧げるために酒を山々にふりまく若者　まわりにいるのは先住民の人たち

そのため、一頭でも失わないよう、一頭でも増えてほしいと常に願っている。そして、マルカパタの近くにはアウサンガテやパチャトゥサンという山々があるので、これらの山々に向かってしばしば酒をふりまき、そのとき「アプ・アウサンガテ」とか「アプ・パチャトゥサン」と叫ぶのである（図５―21）。

　ここで気になることがある。それは、インカ帝国は「太陽の帝国」ともよばれるように太陽信仰で有名であるにもかかわらず、マルカパタ村では太陽に対する信仰がまったく見られなかったことだ。ピースたちも述べているように、「太陽は、（中略）インカにとってもっとも重要な、国家的神であった」とされるが、「太陽を唯一神のように扱い、アンデス

に布教を行なったというのは、キリスト教宣教師の観点を持ちこんだ見解であろう」といわれるのだ。(24)

また、「太陽神はあくまでクスコのエリートの神であったようである」ともいわれる。マルカパタは、クスコからかなり離れた僻地《へきち》に位置しているので、太陽神は一般の農民にとっては無縁の存在だったのかもしれない。

今も生きつづけるワカ信仰

インカ帝国が征服されてからまもない一六世紀から一七世紀にかけてのスペイン人の記録には、太陽信仰とともに、ワカとよばれる信仰に関する記述が少なくない。カトリックの布教をアンデス侵略の大きな目的のひとつとしていたスペイン人たちにとって、土着のワカ信仰が大きな障害となったからである。スペイン人のアリアーガ神父もそのひとりで、彼はキリストを唯一絶対の神とする立場からワカ信仰を偶像崇拝として糾弾し、根絶するための方策を提言しているのだ。

そのアリアーガ神父によれば、インカ時代のアンデス住民が信仰の対象としていたものは、太陽、稲妻、海、山、丘、大地、泉、川などであり、これらはまたワカとよんで、礼拝したという。たとえば、「高い丘や山やひじょうに大きいある石なども崇拝してモチャ（礼拝）をおこない、ひとつひとつに名をつけて呼ぶ」のだそうである。

ガルシラーソも、ワカの内容について以下のように詳しく述べている。

一方で、人に恐怖と驚きをかきたてるような醜怪なものもワカと呼ばれ、長さが二五フィートから三〇フィートもあるアンティス〔アマゾン〕地方の大蛇にこの名がつけられた。また例えば、一度に二人の子を生む女のように、通常の成り行きから逸脱した者もすべてワカと呼ばれ、その出産と誕生の異常さ故に母親と双生児にこの名称が与えられた。この場合、人びとは嬉々《きき》として母親を通りに連れ出し、歌と踊りのお祭り騒ぎの中、多産を祝って彼女の頭に花冠を飾る。（ガルシラーソ、二〇〇六〔一六〇九〕）

このような記述を見ていると、アンデスの先住民は自然界で見られる特別に大きなものや異常な形態をしたものなども崇拝し、それに特別な力を認めているようである。双生児の母親もワカとよび、多産を祝ってお祭り騒ぎをするというのも、これを物語るものであろう。この双生児が聖なるものとみなされることはアリアーガも言及していたが、ガルシラーソは次のようにもっと多くの例をあげている。

……逆子や体を曲げたまま生まれてくる赤子、手や足に指が六本ある者、せむし、あるいは頻繁に見られる兎唇や、自然にねらいをつけられた者と呼ばれていた斜視のような、顔

や身体に程度の差こそあれ何らかのさわりのある者もワカである。（ガルシラーソ、二〇〇六〔一六〇九〕）

この文章で、ガルシラーソは「何らかのさわりのある者」という表現をしているが、これはヨーロッパ人的な見方であろう。彼は二〇歳頃までクスコにいたが、それ以降はずっとスペインですごしたからである。アンデス的な見方からすれば、「さわりのある者」こそは「通常の成り行き」から逸脱し、「特別な力あるいは神秘的な力をもった者」と考えられるからである。

とにかく、アンデス高地では、インカ帝国が滅亡してから約五〇〇年たった現在もなお、インカ以来の宗教が脈々と生きつづけているようだ。とりわけ、インカの末裔とよばれるケチュア族の人びとがアンデスの高地で暮らす理由の背景には、インカ以来の土着の宗教が大きく影響しているようであった。

こうして見ると、異文化、とくにその精神文化を理解するためには、できるだけ先入観を排除し、先住民の人びとと暮らしをともにするなかで、その特徴を知る必要がありそうだ。そのためにも、わたしはまだまだアンデスに通わなければならない。

（注1）ボリビア中部高地に住む少数民族のチパヤ族の人びとは踏み鋤を使わず、タキサとよばれる、木の先に鉄製の刃をつけた掘り棒のような農具を使っている。この農具では深く耕起することができ

ないが、それは彼らがジャガイモではなく、キヌアを主作物にしているからであろう（山本、二〇〇七b）。

（注2）インカの王は、初代のマンコ・カパック以下、最後のアタワルパまで一三人の名が知られているが、第八代のウィラコチャまでは伝説上の人物であり、第九代のパチャクティからアタワルパまでが歴史上の人物である。したがって、パチャクティを初代のインカ王とする考え方もある。

（注3）スペイン人神父のアコスタも次のように述べている。

新大陸の他の地方、たとえばピルー〔ペルーのこと〕の山地《シエラ》の高い地域とか、ピルー王国の大きな部分を占める、コリャオという地方（ティティカカ湖畔の高原）などでも、小麦や玉蜀黍《とうもろこし》のパンはできない。そこでは気温がひじょうに低く、乾燥していて、小麦や玉蜀黍を育てることはできず、そのかわり、インディオは、パパ（じゃがいも）という別種の根菜を用いる。これは松露のようなもので、上にむかって、小さな葉を出す。このパパを収穫すると、日光でよく乾かし、砕いてチューニョというものをつくる。これは、そのまま何日も保存され、パンの役目を果たす。

（アコスタ、一九六六〔一五九〇〕）

第6章　チベットの高地文明
——チンコーとヤクとチベット仏教

投石具を使って放牧中の家畜をコントロールするチベット族の親子（チベット北部のチャンタン高原にて）　このような投石具は、興味ぶかいことにアンデスでも使われている

乾燥チベットと湿潤チベット

チベットは世界最高の山脈と世界最大の高原である。地球全体のスケールで見ると、まとめてヒマラヤ・チベット山塊とよぶのがふさわしい広がりと高さをもっている。そこは、おおまかにいえば、二つの地域にわけられる。すなわち、ヒマラヤの南側の湿潤チベットと北側の乾燥チベットである。その違いを知るために、わたしはチベット側からヒマラヤを越えて陸路でネパール側に車で下ってみたことがある。チベットのラサからヒマラヤを越えて、ネパールのカトマンズに通じる道路があり、それを利用したのだ。一九九九年のことだ。

その道路は、ラサからまず西に向かい、標高四〇〇〇メートル前後の高原地帯を何度も登ったり下ったりしながら次第に高度をあげてゆく。そして、ティンリ（定日）の町から南下し、五〇〇〇メートルあまりの峠を越え、そこからはヒマラヤ南面の斜面を一気に下ってゆく。このとき驚きの声をあげる人が少なくない。あまりにもチベットの高原とヒマラヤ南斜面との景観が違っているからだ。チベットの高原は大地をおおう植生が乏しく、地肌がむきだしになっているところが多いのに、ヒマラヤ南面の斜面は植物におおわれていて、緑の世界といった感じを与えるからだ。

このような違いを生みだす要因こそが、モンスーンと、それをさえぎるヒマラヤの高峰群の存在である。まず、インド洋から吹きこむ湿ったモンスーンの気流は、東西に高くつらなるヒマラヤ山脈によってほとんど遮断される。この結果、ヒマラヤ山脈の北側のチベット高原では降水量が少なく乾燥しているのに対して、その南側のヒマラヤ南面の斜面では降水量が多く、そのおかげで植物が繁茂しているのだ。こうして、ヒマラヤ・チベット山塊は、乾燥チベットと湿潤チベットに二大別されるわけだ。おおまかにいえば、湿潤チベットとはネパール・ヒマラヤおよびブータン・ヒマラヤのことである。一方、乾燥チベットとはチベット高原のことである。ただし、ここでは紙幅の関係もあり、乾燥チベットだけをとりあげる。湿潤チベット（ヒマラヤ）については、拙編著『ヒマラヤの環境誌——山岳地域の自然とシェルパの世界』を参照していただければ幸いである。

チベットは寒くて荒涼とした住みにくい国か?

チベット高原の特徴についてはチベット研究者のスタンが次のように述べている。

チベットの占める空間は極めて広大で、およそ三八〇万平方キロメートル、フランスの面積の七倍にあたる。しかし、居住人口は三五〇万ないし四〇〇万にすぎない。周知のように、この国は世界でも最も高所に位置しており、高度三〇〇〇メートルないし四〇〇〇メートルのところに村や町のあることは珍しくない。道路は高度五〇〇〇メートルの峠を

図6—1　**チベット、チャンタン高原の光景**　家畜はヤクとヒツジ。左後方に黒いテントが見える

越え、山々の高いものは七〇〇〇メートルから八〇〇〇メートルに達する。このようなことをいうと、チベットは寒くて荒涼とした、とても住みにくい国と思われがちであるが、この印象はただちに訂正してもらわねばならない。チベットの緯度はアルジェリア（沖縄北部）の緯度と同じである。国ただこれ雪と荒涼、云々《うんぬん》というのは大きな間違いである。このような流説は探険家達の話から拡《ひろ》がった。彼等は未知の地域の地図をつくるために、あるいは、チベットに入ることを公認されなかったために、居住地域から遠く離れた道を通らねばならなかったのであろう。たしかに、チベットの北部にはチャンタンのような大部分無人の境がある。また、可住地帯といえども、巨大な山脈のためにその広さはだいぶ削減されている。隊商たちの通路も大山脈のために非常に険しい峠をとおらねばならなくなっている。（中略）しかし、平地や山あい——広い山あいもあれば、せまった山あいもある——には畠《はたけ》も牧場も森もあ

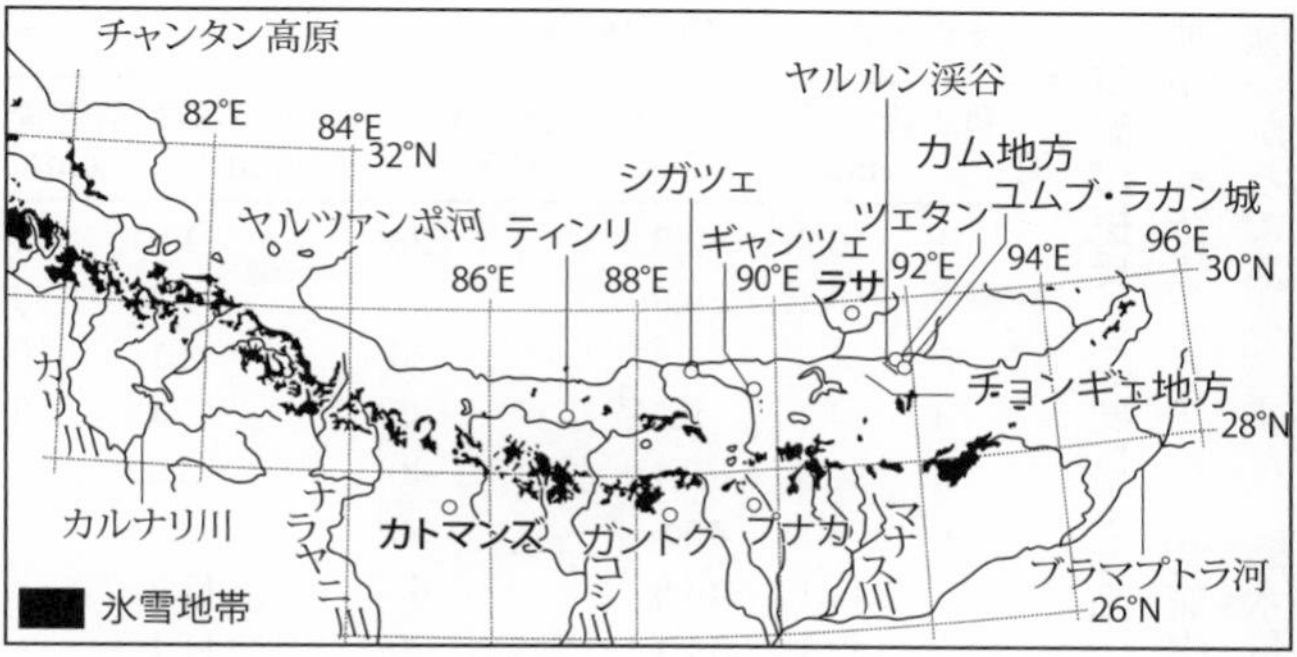

図6―2　ヒマラヤ山脈とチベット高原（安成・藤井、1983）

る。（スタン、一九七一）

ここでスタンも述べているように、「チベットは寒くて荒涼とした、とても住みにくい国と思われがちである」が、チベットの全土がそうなのではない。じつは、わたしもチベットを実際に訪れるまで、そこは荒涼とした遊牧の世界というイメージをもっていたが、それは現地を歩いてみて大きくくつがえされた。たしかに、ラサを北上すると草原におおわれたチャンタン高原が広がり、そこにはイメージどおりのヤクを放牧する世界が展開されている（図6―1）。

そこが標高四〇〇〇メートルをはるかに超す高地であり、また緯度も高くなっているからだ。ところがチベット高原の南端を東西に流れるヤルツァンポ河流域を歩いてみて、チベットの印象は大きくかわった。そこは穀倉地帯といっても過言でないほど耕地が連続し、豊かな緑でおおわれていたからだ。そして、「畑のあるところ集

表6―3　ラサの気象（栗田、1987）

月＼項目	降水量（mm）	平均気温（℃）	平均相対湿度（％）	平均絶対湿度（g/m^3）	積雪量（cm）
1	0.2	−2.3	28	1.2	4
2	0.1	0.8	27	1.4	3
3	1.5	4.3	30	2.1	10
4	4.4	8.3	35	3.4	3
5	20.6	12.4	40	5.8	4
6	73.1	15.5	53	8.8	
7	141.1	14.9	67	11.2	
8	149.1	14.1	70	11.1	
9	57.3	12.8	65	9.4	
10	4.8	8.1	48	4.9	
11	0.8	1.9	37	2.6	4
12	0.3	−1.9	35	1.6	2
全年	453.9	7.5	45	5.3	

落あり」といえるほど集落も多かったのである。

これはスタンも強調しているように、この緯度が低いため、標高のわりに気候が比較的温暖だからである。チベットは熱帯には位置しておらず亜熱帯圏に位置しているが、チベットに滞在していると、暑く感じることがしばしばある。そんなときは子どもたちが川に入り、水遊びをしていることも珍しくない。

表6―3は、チベットの中心地のラサの気象データを示したものであるが、三七〇〇メートルという標高のわりに意外に気温は高い。夏にあたる五月から九月にかけての気温は摂氏一〇度以上と高い。そのひとつの要因は、この標高の高いチベット高原では、平地よりも空気がうすく、空気中の水分やチリも少ないなどの理由で、日射量が多く、輻射熱《ふくしゃねつ》が強いからである。また、降水量は一〇月から翌年の四月頃までほとんどゼロに近く、晴天の日

が多いため、乾季（一〇月～五月）などは熱帯高地のような気候で、一日の寒暖差が大きく、「一日のなかに四季がある」といわれるほどだ。

図6―4　麦の脱穀作業（ラサ近郊）

農耕地帯も見られるチベット高原

このような気候条件のおかげで、緯度の低いチベットの南部、とくにヤルツァンポ河流域には農耕地帯も見られる。このヤルツァンポ河流域について、ヒマラヤ・チベットに詳しい文化人類学者の栗田《くりた》靖《やす》之《ゆき》も次のように述べている。

　このヤルツァンポ河流域においてとくに注目すべきことは、この地域においては農業が行われていることである。チベットといえば、だれでもがすぐに牧畜社会であると考えるようであるが、じつはこのヤルツァンポ河流域は、一面に麦が植えられた大農耕地帯でもある〔図6―4〕。年間降雨量は、およそ四〇〇ミリメートルで一年一毛作が行われている。チベットの人口の大半は、このヤルツァンポ河の流域に居住しているのである。(栗田、一九八七)

また、ヒマラヤ・チベットを専門にする地理学者の月原敏博《つきはらとしひろ》も、チベットにおける牧畜と農耕の重要性を以下のように述べている[1]。

> チベット人のもっとも基本的な生業は農耕と牧畜であり、この二つはチベットのどの地域でも重要なのであるが、農耕は谷あいの沖積地や河岸段丘で営まれ、牧畜はほぼそれより上部の山地斜面や水流沿いの草地を季節的に上下する季節移動牧畜として営まれる。

さらに、月原は次のようにも述べている。

> 谷あいでは農耕と定住が可能で定住農村や都市の成立をみた。しかし高山帯は、とくに夏の時季には家畜の放牧による利用も可能ではあるが、大規模な定住村や都市は一般に成立してない。(月原、二〇〇八)

つまり、チベットでは、牧畜とともに農耕も重要であり、とくに谷あいの沖積地や河岸段丘では農耕が営まれ、そこでは定住が可能であるため、定住村落や都市も発達したというのである。たしかに、チベット最大の都市、ラサは標高約三七〇〇メートルの高原に位置するが、人口は二〇一五年時点で九五万人に達する（図6—5）。また、チベット第二の都市、シガツェもヤルツァンポ河とその支流のニャンチュ川の合流点に位置しており（標高は約三八五〇メートル）、周囲は豊かな農村地帯に囲まれ、人口は約六五万人に達するのである。

図6—5　チベットの中心地ラサの町並み（標高約3700m）

　このヤルツァンポ河は、北緯三〇度以南（日本では奄美大島あたり）をほぼ東西に流れており、この緯度の低さも高地での農業を可能にする一因であろう。図6—2に示したように、ヤルツァンポ河流域はチベットのなかで最南端に位置しており、そこは降水量も比較的多いからだ（図6—6）。

　なお、ここで注意しておかなければならないことがある。それは、第2章で示したポーソンたちの図（図2—9）では天山《てんざん》山脈からチベット高原をへて、ヒマラヤまでを世界の三大高地のひとつとしていたが、これらの地域は熱帯高地ではないことだ。天山山脈はもちろんのこと、チベット高原も熱帯高地ではなく、そこは北緯三五度から四〇度に達する亜熱帯高地ないしは温帯高地である。にもかかわらず、多数の人びとが暮らしているのは、そこが平坦な高原地帯であることにくわえ、乾燥した気候のせいで、積雪量が少なく、晴天の日も多く、気温も高いなど熱帯高地に類似した環境であるからであろう。そして、チベット高原の南端に位置するヒマラヤ東部も第2章で指摘したように亜熱帯高地なのである。

図6—6　ヤルツァンポ河を行く革船

チンコーとヤク

さて、チベット高地で農耕を可能にしている要因で、さらにくわえなければならないものがある。それが寒冷な高地でも栽培できる作物の存在である。アンデス高地ではジャガイモなどのイモ類の栽培化が人びとの暮らしを可能にしたが、チベットでもやはりそのような作物が生みだされているのである。

その代表的な作物がオオムギの一品種である青稞（チンコー）だ。チンコーはチベット特有の品種であり、寒冷な高地でも栽培できることが知られる。もともと、オオムギはイランからトルコあたりにかけての中近東で紀元前七〇〇〇年頃に栽培化された作物であるが、それが東に伝播《でんぱ》してゆくなかで寒冷地に適した品種が創られた。そのひとつがチンコーなのである（図6―7）。

図6―7　青稞（チンコー）の収穫（ラサ近郊）

そもそもオオムギ（*Hordeum vulgare*）は、イネ科オオムギ属の越年草であり、約二〇種が知られている。オオムギの起源は古く、一説ではトルコからイランにかけて分布する野生二条種 ***H. spontaneum*** から前七〇〇〇年頃に「肥沃な三日月地帯」で栽培化されたとされる。栽培二条オオムギは前七九〇〇年頃にはイランで、前七〇〇〇年にはイラク地方で栽培されていたらしい。六条種の起源地は、一説には中国、チベット、ネパールあたりともいわれているが、チンコーは栽培の六条オオムギと高地雑草として侵入した野生二条オオムギとが交雑した結果生まれたものと現在では考えられている（注1）。

そのチンコーが、コムギとともに主作物としてヤルツァンポ河流域で栽培されているのだ。ただし、チンコーは、

図6—8　オオムギを炒ってツァンパをつくる
（月原敏博撮影）

図6—9　ツァンパの粉とバター茶（コップに入っているもの）　これがチベット族の朝食の定番（チベット・ラサ近郊で撮影）

チベットの降水量が少ないため、ヤルツァンポ河から引いた水を利用し、灌漑をほどこして栽培している。しかし、わたしが灌漑を見たのはラサの周辺だけであり、そのほかの地域でも灌漑がおこなわれているのかどうか、それは確認していない。とにかく、このチンコーは、炒ったあと、水車などで粉に挽き、バター茶などと一緒に食べる。粉にしたチンコーはツァンパとよばれ、ツァンパとバター茶の組み合わせがチベット高原の人びとの朝食の定番になっている（図6—8、6—9）。

このヤルツァンポ河流域では灌漑ができないところでも作物の栽培が見られる。その代表的な作物がソバである（図6―10）。ソバも四川《しせん》省あたりの冷涼な高地が起源地とされ、寒冷なチベット高原でも栽培が可能なのである。とくに、ソバの一種のダッタンソバ（*Fagopyrum tataricum*）は、中央アジアなどでも栽培され、ソバよりも痩《や》せた土地でも収穫があり、チベット起源の可能性もある栽培植物なのである（安井康夫《やすいやすお》京都大学助教のご教示による）。

チベット高原の人びとの暮らしを考えるうえで、もうひとつ忘れてならないことがある。それがヤクの家畜化である。ヤクはチベット原産のウシの仲間で、ネパールのシェルパ語ではオスのみがヤクとよばれ、メスはナクとよばれる。身体はウシより一まわり大きく、角も長大だが、なによりもふさふさした尾と体の長い毛が特徴的である（図6―11）。強靭《きょうじん》で寒さには強いが暑さには弱く、ネパール・ヒマラヤでは冬でも標高三〇〇〇メートル以下へ連れてゆくと病気になってしまうといわれている。オスは主に運搬用として、メスはもっぱら乳用として飼われるが、糞は肥料として、また乾燥させたものは燃

図6―10　チベットの代表的な作物、ダッタンソバ

図6—11　チャンタン高原におけるヤクの放牧　標高約4500m。人口が希薄で、周囲にはほとんど人家がない

料としても用いられる。とくに樹木の乏しい高地では、ヤクの糞はほぼ唯一の貴重な燃料源である。ヤクの野生種は今も長江源流域からチベット高原の一部地方に分布しており、ヤクが家畜化されたのはチベット高原であることが明らかである[2]。そのため、ヤクは低い気温、うすい酸素のところでも飼育が可能な家畜である。その毛は敷物や外《がい》套《とう》、さらにテントに利用できる。また、肉はしばしば干し肉として利用されるほか、乳からもミルクやチーズ、ヨーグルトなどがつくられる。さらに、畜力を使っての畑の耕起や荷物の輸送用としても重要である(図6—12、6—13)。

したがって、このヤクの家畜化がなければチベット高原の大半は人間にとってまったく利用できない不毛の地であったにちがいない。いいかえれば、ヤクの家畜化によってチベット高原の寒冷で広大な地域は人間が暮らすことが可能になったのだ。ただし、先述したようにチベット高原でも牧畜だけに依存している地域は人口密度がきわめて低い。人口密度が高く、都市や集落が見られるのは、チベット高原の南端に位置する農耕地帯なのである。

ここで、ちょっと補足しておきたいことがある。チンコーはチベットで生まれた品種であるので、もしダッタンソバもチベット起源であれば、チベットではヤクというきわめて有用な家

図6―12　荷を積んだヤク（川本芳撮影）

図6―13　ヤクの畜力による畑の耕起（ティンリ地方）

畜も生みだしていることから、チベットはヴァヴィロフのいう七大センターのひとつ、南西アジア地域にふくまれる可能性がある。あるいは、チベット高原は、栽培植物の七大センターのひとつである南西アジアの第二次中心地とも考えられる。彼自身も「こんご研究が進むにつれ、先にあげた主要中心地のほかに、いくつかの二次中心地を明らかにすることができるようになろう」と述べているのである。[3]

もし、そうであれば、先述したメキシコ、アンデスとともにチベットもドメスティケーションのセンターのひとつであり、後述するエチオピアもふくめれば熱帯高地およびそれに類似した地域はいずれも栽培植物のセンターであるということになる。これは大変興味ぶかいことだ。それというのも、何度も述べているように、ドメスティケーションは栽培や家畜飼育の第一歩であり、農耕の開始は文明誕生への第一歩であるからだ。

チベット文化圏

さて、チベットの人口はどれくらいあるのだろうか。これは国勢調査がおこなわれていないため、明らかになっていない（二〇一〇年時点で約三〇〇万人とする説もある）。ただし、スタンによれば「最近〔一九五〇年頃〕の中国側の推定によれば、チベットの総人口は四五〇万で、うち中央チベットに一〇〇万がいる」と述べているので、ここではそれにしたがっておこう。なおスタンによれば、（中央チベットの）一〇〇万の内わけは「農奴」六〇万、「牧奴」二〇万、

「僧」一五万、あとの五万がその他であるとされる。

ここで注目すべきことは、農奴が牧奴の三倍もあることだ。もちろん、この数字をそのまま信用することはできないが、農奴が牧奴よりはるかに多いことは信じてもよいだろう。スタンも「チベット人を原野を移動する大遊牧者とする見方がしばしば行われているが、この見方は（中略）不十分である。ごく最近になってやっと「チベットの経済は本質的に穀類栽培と家畜飼育とを基盤（中東地域に固有な経済構造）としている」という記述が現われるようになったが、これが正しい」というのだ。

そこで、本書でもチベットの領域をチンコー栽培とヤク飼育を指標に限定しておこう。これは、文化的には英語でカルチュラル・チベット（Cultural Tibet）またはエスニック・チベット（Ethnic Tibet）とよばれる、いわゆるチベット文化圏（Tibettan Cultural Area）にふくまれる高原地域のことである。これを土地利用と生業経済から見れば、そこはまさしくオオムギなどの作物栽培が標高四〇〇〇メートルを超える南部高地でおこなわれ、ヤクなどの家畜の放牧も標高五〇〇〇メートルを超える高度までおこなわれているところなのだ。こうした特有の栽培植物や家畜による環境利用と生業経済が歴史的に広域で成立した地域として、チベット高原は生活文化における一定の等質性をもっていることが指摘できよう。さらに、チベット高原には、民族や言語、宗教のうえでも、チベット系民族、チベット語とその近縁語、チベット仏教という共通性が高原全体にわたって広く見られるのである。(4)

したがって、ヒマラヤ・チベットの専門家の月原敏博は、「アジアに高地文明がありえたとするならば、このチベット高原の例こそがまず検討対象とされなければならないだろう」と述べているのである。(5)

ヤクの家畜化はいつ始まったのか？

それでは、チベットでは農耕はいつ頃から始まり、ヤクの飼育はいつ頃始まったのだろうか。これは容易な問題ではない。考古学的な遺物がでてこないと出土物の時期がわからないが、チベットにおける考古学的研究が乏しいからだ。そこで、以下では松原正毅《まつばらまさたけ》が調査をした結果から述べよう。チベット高原において、はじめて旧石器時代のものと考えられる遺物が発見されたのは一九五六年のことであった。青海《せいかい》省玉樹《ぎょくじゅ》チベット族自治州内の治多《ちた》県可可西里《ココシリ》平原で採集された打製石器がそれである。旧石器時代末期に属する打製石器は、このほか一九六四年にチベット自治区申扎《センジャ》県珠洛勒《チョロル》でも発見された。これらの打製石器の発見によって、遅くとも旧石器時代末期にはチベット高原に人類が姿をあらわしていたことがわかる。(6)

チベット高原で今まで発見されたもっとも古い農耕遺跡は、「東チベットの昌都《チャムド》卡若《カルオ》遺跡である。瀾滄江《らんそうこう》の西岸に位置するこの遺跡からは、紀元前三〇〇〇年から紀元前二〇〇〇年にわたる新石器時代の遺物がたくさん出土している。もっとも注目すべき点は、アワ *Setaria italica* (L.) Beaur の穀粒と家畜種としてのブタの骨が発見されたことだ。この事実から、ふたつのことがあきらかになった。ひとつは、チベットから青海省にかけての地域が原産地とされる青稞《チンコー》が、この時点ではまだ栽培植物として姿をあらわしていないことである。もうひとつは、家畜としてのヤクもこの時点ではまだみられないことである」(7)。

これらの事実から松原は次のような推論をたてている。すなわち、「青稞の栽培がアワ栽培の刺激をうけて成立し、ヤクの家畜化はずっとおくれる」ということである。つまり、「青蔵《チベット》高原における牧畜の成立は、農耕にくらべてあたらしいのではないか。農耕を基層にしながら、牧畜化することによってはじめて高度のたかい青蔵高原にひろく生活ができるようになった、という仮説がかんがえられる」という(8)。

一方で、中国北西部に関する動物考古学の報告では、新石器時代にチベット、ラサの北西五キロメートルにある曲貢《チュゴン》の遺跡で大事な発見がある。この地域は野生ヤクが家畜化されたと想定する地域から外れており、小型のヤクの骨が多く発見されているため、家畜ヤクの可能性が高いと考えられている。そして、これらの動物が生存した時代は三一〇〇年前から二七五〇年前と推定されている(9)。

チンコーの出現

この事実から、チベット高原では遅くともヤクの家畜化は三一〇〇年前から二七五〇年前には始まっていたと考えられる。松原仮説にしたがえば、チンコーの出現はそれよりもはるか以前ということになる。そうであれば、吐蕃王国が成立する一〇〇〇年以上も前にチンコー栽培もはじまっており、吐蕃はチンコー栽培に支えられて成立したことが考えられる。残念ながら、これをうらづける証拠はない。考古学的研究が進んでおらず、考古学的な空白時代となっているからだ。

しかし、総合的に考えれば、次のようなシナリオが考えられるのではないか。おそらく、まずはじめにチベット高原南部の標高の低い谷間でチンコー栽培を中心とする農耕が始まったのであろう。そして、その農耕民の一部がヤク飼育も始め、半農半牧のような形態が生まれたのではないか。やがて家畜集団が大きくなるにつれて、農耕と牧畜は分離され、農耕民と牧畜民にわかれていったのではないか。その牧畜民の集団が生まれたのは、チベット高原の北部の標高が高く、農耕に適さない高原であった……、こんなシナリオが考えられるのである。

チベット文明の先史時代については明らかになっていないが、伝承によれば最初のチベット人はヤルツァンポ河の南に位置するヤルルン渓谷に住んでいたとされる。スタンによれば、そこは「森に覆われた山国であり（森には猿が棲息《せいそく》する）、比較的温暖で、農耕に適して」おり、この地方に最初に王権が誕生したとされる。実際に、古代チベット王国で最初の城とされるユムブ・ラカンは標高約三七〇〇メートルの山地にあり、その周囲には麦畑が広がっているのだ（図6―14）。そして、古代チベット人は、「北方の高地ステップにいてヤクや馬の飼育にあたる遊牧民――それがよく引きあいに出されるが――についての観念とは異な」り、その生活の

舞台は「鬱蒼《うっそう》とした森の上方の山の放牧地が想像され、森と放牧地の間を往来する人々の姿が浮かびあがる」としている。(10)

これは、わたしたちが調査をおこなった、ネパール東部のチベット系シェルパの人たちの暮らしを彷彿《ほうふつ》とさせるものだ。わたしたちが調査をおこなったネパール東部のソル地方のシェルパの人たちは、標高約三〇〇〇メートルの高地に住み、それよりも上方でヤクなどの家畜放牧をおこなうとともに、標高三〇〇〇メートル以下のところではジャガイモやトウモロコシなど

図6―14　ヤルルン渓谷のユムブ・ラカン城　ユムブ・ラカンはチベット最古の城として知られるが、写真の城は何度も復元されているため初期のものではない。この城はチベット人発祥の地とされるヤルルン渓谷に立っている。後方には麦畑が見える

の作物も栽培しているのである。[11]

　一方で、スタンは次のようにも述べ、農耕を重視する姿勢を明らかにしている。「なるほど、占拠する面積からいえば、牧畜に使われる地域のほうが農耕地域より大きな重要性を示すであろう。しかし、（中略）近代の調査では、チベットの住民の六分の五が農業に従事していることが報告されている。（中略）今日も、また、すでに古くからも、政治的・文化的中心は集約農耕地域にあった[12]」。

　その後、ヤルルン地方にはソンツェン・ガンポ王（五八一～六四九年頃）がでて、ヤルルン地方にチベット王朝が生まれた。

　やがて権力は急速に東北地方にも拡大し（七～八世紀）、チベット高原に割拠していた諸部族を統一して、国を建てた。これが古代チベット王国の吐蕃である。ソンツェン・ガンポ王は、国内の制度を整え、強大な軍事国家の基礎を築いた（図6―15）。また、インドに留学生を送り、インドの文字にならってチベット文字を作らせたのもソンツェン・ガンポ王だったとされる。強大な力

図6―15　ソンツェン・ガンポ王の蔵墓（チョンギョ地方）（月原敏博撮影）

をもったソンツェン・ガンポ王のもとに、ネパールから王女ティツン、唐《とう》の太宗《たいそう》から文成公主《ぶんせいこうしゅ》が嫁いだ（当初は息子の妻として）が、これら二人の妃《きさき》は熱心な仏教信者であったため、チベット高原はチベット仏教圏になっていったのだ。

チベット文明の黄金時代

ソンツェン・ガンポ王の没後、軍事国家として完成した吐蕃は、唐と対立しながらも各地に勢力を伸ばしてゆく。チベットおよび敦煌《とんこう》からホータンにいたる東トルキスタン地方も領土とした。また、ソンツェン・ガンポ王の時代に伝えられた仏教は、ティソン・デツェン王（七四二〜七九七年）の時代に国教となり、王室の保護をうけて飛躍的に発展した。インドから高僧が招かれ、寺院も次々に造営されるようになった。

しかし、あいつぐ大規模な寺院建設は国家財政を圧迫し、吐蕃王国を衰退させる一因となった。そして、八四三年、内紛によって王国は南北に分裂、精強を誇った吐蕃王国も二五〇年におよんだ歴史の幕を閉じることになったのである。

その後、チベットは群雄割拠の時代をむかえる。仏教は、吐蕃王国の崩壊によって大きな打撃をうけたが、一〇世紀の半ば頃から有力な氏族とむすびつき、各地に教団を形成しはじめる。やがて、チベットの四大宗派のひとつのサキャ派がチベットの政治と宗教の両権力を握って栄えるようになる。この時代からモンゴル人にも仏教が浸透し、はるか北の彼方にあるモンゴル

図6—16　マルポリの丘の上に立つポタラ宮　基部からの高さが100m以上あるため、見上げるように大きく、高い建造物である。標高約3700m

もチベット仏教圏となった。以後、サキャ派の僧侶がチベットの政権を握ることになり、僧侶が宗教と政治の二つの権力をになう体制ができあがったのだ。

一六四二年には、ダライ・ラマ五世がチベット全土を統一し、チベット文明は黄金時代をむかえることになる。ダライ・ラマ五世は、ラサを首都に定め、ポタラ宮を建設し、統治機構を整えたのだ（図6—16）。アンデスでインカ帝国が滅亡してから約一〇〇年後のことであった。

ここで、チベットのシンボルというべき、ポタラ宮についても少し述べておこう。ポタラ宮は、ラサの町に入ると真っ先に目に入るほど巨大な建造物である。その白壁も印象的であるが、その巨大さが見る者を威圧する。実際、ポタラ宮は一三階建てで、基部からの高さが一一七メートル、長さが約四〇〇メートル、建築面積は一万三〇〇〇平方メートルという巨大な建物である。この建物は、チベット仏教およびチベット在来の政教の中心であり、内部には数多くの壁画や霊《れい》廟《びょう》、彫刻などがあり、チベット芸術の宝庫でもあるとされる（図6―17）。

このポタラ宮は、七世紀の半ば頃、チベットを統一したソンツェン・ガンポ王が築いた宮殿の遺跡を、ダライ・ラマ五世が増築、拡大したものである。その威容といい、内容といい、チベットを象徴するモニュメントであるといっても過言ではない。

こうして見てくると、チベットも高地を舞台に発達した文明であることは間違いないだろう。そして、わたしの見るところ、チベット文明の中核になった地域はチベット高原の南端部であり、そこは広義の意味で熱帯高地といえるところなのである。ただし、チベット文明は大河文明ではなかったようだ。たしかに、チベット高原の南端にはヤルツァンポ河が東西に流れており、その流域で農耕が発達、そして、この農耕地帯で都市も生まれ、チベット仏教を基礎にした社会が発展した。

図6―17　ポタラ宮のなかで太鼓（ンガ、という）を打ち鳴らす僧侶　まがったバチが特徴的

しかし、チベットの環境は大規模な灌漑農耕に適するところがあまりない。地形と水源が小規模であるうえ、気候が冷涼なので、灌漑しても温帯や熱帯ほど多産的でないからである。また、土木技術能力が低いため、利用される

のは小支流の水だけであり、水量の乏しさのため、オアシス耕地は地形的制約以上に小型になっているのだ⑬。また、大部分の地域で灌漑農耕ではなく、自然の降雨にたよる天水農耕に依存するようになったようだ（注2）。これには、チベットの主作物が乾燥に強いオオムギの一品種チンコーであることも大きいかもしれない。

このように、チベットが大オアシスでなく小オアシスを基盤にした農耕を営むことはチベット文化の生成に大きな意味をもつ。まず、第一は、西アジアの大規模灌漑に基礎をおいた社会とその文化が、少なくとも直接にはチベットにその影響をおよぼさなかったことが示唆される。次に、小オアシスのゆえに小人口の村しか維持できず、人力の巨大な集中的行使が困難なことだ。第三に、小オアシスのゆえに、その住民の誰もが、村に近い高山草地の牧畜をあわせて営みえたことである。

こうしてチベットの農民は、耕作と牧畜を統合的に営む民となり、彼らは農民というより農牧民と表現するのがふさわしい人びとになったのである。

都市なき文明？

さて、第1章で文明の条件のひとつとして「大きな人口」をあげたが、この点にてらしたとき、チベット文明は文明の条件を満たしているのであろうか。先述したように、クラックホーンは、「大きな人口」として五〇〇〇人を目安にしたが、はたしてチベットでそれほど大きな規模をもつ都市は存在したのだろうか。吐蕃のような古い時代のチベットの人口に関するデータはまったく資料が得られないので、少し推測もまじえながら検討してみよう。

一九一二年から一九一六年までチベットに滞在したチベット学者の青木文教《あおきぶんきょう》によれば、当時のチベットではバルコルとよばれる有名な商店街を中心にしたラサの街の人口は約四万人、シガツェは約一万人、ギャンツェも一万人、ツェタンは約五〇〇〇人であったそうだ。(14) したがって、二〇世紀のはじめ頃の時点で、中央チベットには人口数千人から数万人の都市ならいくつも存在していたことがわかるが、これよりも以前となるとまったくわからない。

しかし、一五世紀に中央アンデスの高地で栄えたインカ帝国の中心地であったクスコの人口が約二〇万人、同じ頃メキシコ高原で誕生したアステカ王国の首都であったテノチティトランも約二〇万人以上であったことを考えて一五世紀頃までさかのぼれば、当時のチベットの人口はアンデスや中米よりもはるかに少なかったにちがいない。ひょっとすると、吐蕃時代には五〇〇〇人以下の小さな都市しかなかったかもしれない。そのせいか、チベット高原をひとつの文明圏として扱う研究者はあまりいない。

一方で、比較文明学者の伊東俊太郎は「都市なき文明もまた可能なのではないか」と述べている。さらに、伊東は「［「文明」には］密集した居住地帯という意味での都市そのものすらもかならずしも不可欠の条件とするものではない」とも述べている。このような意味で古い時代のチベット高原には大きな都市はなかったかもしれないが、わたしは文明があったと考えているのだ。先述したように、チベットではヤクという動物が家畜化され、それは輸送手段であるだけでなく、食料源としても大きな役割を果たしてきたと考えられる。さらに、オオムギからチンコーとよばれるチベット固有の地方品種を生みだし、ダッタンソバもチベットで栽培化された可能性がある。つまり、チベットでは古くから安定的な食料獲得の方法を確立してきたのだ。さらにチベットでは、後述するようにチベット仏教を核とした社会が発展し、吐蕃王国も生まれたが、そこでは職業や階級の分化も生じていたと考えられるのである。

ヤクの家畜化による輸送革命

前述したように、チベット高原をひとつの文明圏として考える研究者は多くないが、そのようななかで『文明の生態史観』を書いたことで知られる梅棹忠夫は、チベット文明を「独自の巨大な文明」として次のように述べている。

チベット文明は一個の巨大な文明である。チベットは中国の領域内にあるが、中国文明とはまったくことなる独自の文明である。それはラマ教すなわちチベット仏教とともに、ラサを中心に南はヒマラヤをこえて、ネパール、シッキム、ブータン、ラダックにおよび、北は青海、甘粛《かんしゅく》からさらにモンゴル人民共和国をこえて、ソ連領のブリヤート自治共和国までおよんでいる。それは内陸アジア一帯にひろがる巨大な文明圏を形成している。

（梅棹、一九九三）（注3）

では、何がこのような巨大な文明圏の形成を可能にしたのであろうか。それは、チベット研究者の川喜田二郎《かわきたじろう》によればヤクの家畜化による輸送革命であったとされる。チベットには、ヤク以外にもウシ、ウマ、ラクダ、ロバ、ラバなどの駄獣もいるが、これらのなかで、もっとも巨大で、輸送力の大きいものがヤクだからである。そのため、川喜田は「このヤクがチベット高原で家畜化されたとき、チベット高原には輸送革命が起きたにちがいない」と述べている[15]。それというのも、ヤク一頭の長距離キャラバン用積載量は六〇キログラム、すなわち人夫二人分に匹敵するからである。しかも、ひとりのヤク追いでふつう六頭、最大一〇頭あまりを追って隊商に出かける。したがって、ヤクを使えば人夫の輸送能力の少なくとも一〇倍、多くて二〇倍もの輸送能力となる。現在、チベットではヒツジやヤギも駄獣として用いられることがあるが、これらの家畜の積載量は一頭あたり約九キログラム、ヤクの六分の一でしかない。しかも歩く速度は遅く、とてもヤクとは比較にならない。また、先述したようにヤクは寒冷高地でも、悪路でも平気で重荷を背負って歩くことも特筆されてよい。

このヤクの家畜化が輸送革命をひきおこし、これを基盤としてチベット史上最初の王国らしい王国（あるいは帝国）がヤルツァンポ河中流域のヤルルン河谷におこった。それこそが吐蕃王国であった。そして、この王国が部族闘争時代に終止符をうったとされるのである[16]。

図6―18　ヤクの乳でつくったチーズ　軽くて輸送に便利であり、長期の貯蔵にも耐えるので、交易に都合がよい

輸送革命のおよぼした変革

ヤクによる輸送革命が、従来のチベットの社会や人びとの暮らしも大きく変革した。ヤクの家畜化以前は、彼らの交換経済圏もきわめて狭いものであったと考えられる。社会も数多くの部族にわかれ、血縁色の強いものであった。それがヤクの輸送革命によって打ち破られ、輸送力は帝国の発生を可能にし、帝国の成長が部族的地域主義の壁もこわした。そのため、遠距離通商はますます容易になり、商業革命がチベットに始まった。そして、その商業革命はチベットの産業構造も変革したと考えられるのである。(17)

まず、遠距離通商が可能になると、遠距離で長期の輸送に適する商品が重要になり、牧畜は農耕とともにますます重要性を増したであろう。なぜなら、ヤクは商業用の車であり、ヤク牧畜の繁栄こそ商業の繁栄の基礎だからである。

さらにヤクの乳からつくられる乳製品、とくにバターやチーズは、軽量でコンパクトなわりに栄養価が高く、遠距離商業用の商品として第一級の適格商品であった（図6―18）。塩、穀物、羊毛、毛皮なども適格品である。塩や羊毛はバターや生畜とともに、チベット外の社会へもちだされただろうし、その逆に、穀物が外部世界からチベットに流入しただろう。これらの外部との交換経済のなかで西中国との茶の通商は、チベットを中国とむすびつけるもっとも強いくびきとなっていったとされるのである。(18)

チベット仏教の影響

わたしがはじめてチベットを訪れたのは一九九九年のことであったが、このときは不審な行動をとっていると判断されたのか、二〇日間ほどにわたって公安（警察）の車にぴったり尾行され、思ったような調査ができなかった。そこで、翌年もチベットを訪れたが、このときはチベット南東部のカム地方に行った。しかし、そこは標高が低く、チベット高原のイメージとはほど遠く、大部分が森林地帯となっていた。そこで、二〇一一年にはチベット発祥の地とされ、ヤルツァンポ河の中流域に位置するツェタンおよび西、南、北の三方を山に囲まれたチョンギェ地方を訪れた（注4）。つまり、わたしは一〇年ほどのあいだに三度チベットを訪れたことになる。にもかかわらず、チベットのイメージはなかなか把握できなかった。チベットがきわめて広く、また自然環境も多様だったからだ。

しかし、それでもチベットに関して強烈な印象として残ったものがある。それこそはチベッ

図6—19　大昭寺の前で「五体投地」をくりかえす人びと

ト仏教の影響の強さであった。その代表的なところがラサであった。そこを何度も訪れるうちに、わたしにはラサが宗教都市としか思えなくなった。湿潤チベットのヒマラヤ高地もチベット仏教圏であり、そこに住むシェルパの人びとも仏教徒であるが、ヒマラヤはチベットの周辺に位置するせいか、チベット仏教の色彩もややうすくなっているように見える。たとえば、ネパールやブータンにもチベット仏教の寺院は見られるが、それらはいずれも小さく、チベットの寺院のような豪華絢爛《ごうかけんらん》さはない。

　また、チベット人の信仰の篤《あつ》さも驚くほどである。目の前で身体を投げ出して「五体投地」をする人を見たときの驚きは今も消えない。それはラサ旧市街の中心に位置する大昭寺を訪れたときのことであった（図6—19）。大昭寺は七世紀中期に創建された吐蕃時代の寺院である。大昭寺の正門の前は広場になっているが、そこは巡礼者が五体投地をする場所になっており、そこの石畳は五体投地による摩耗でつるつるになっている。「いったい、どれほど多くの人が五体投地をしたのか」と思わせるほどの摩耗ぶりだ。十数人の男女が、五体投地をくりかえしていた。「五体投地」とは、五体すなわち両手・両膝・額を地面に投げ伏して、仏や高僧などを礼拝することである。仏教においてもっとも丁寧な礼拝方法のひとつとされ、対象への絶対的な帰依を表す。この五体投地をわたしはテレビなどで見たことはあったが、実際に目の前で見るのははじめてであった。それだけに、激しい息遣いで地面に身を投げ出して五体投地をする人びとの動作はわたしに大きなショックを与えた。埃《ほこり》にまみれながらも一心不乱に礼拝する人たちを眺めながら、何が彼らをこのような行為に駆り立てているのかと思ったのだ。

それを横目で眺め、念仏を唱えながら、手にもったマニ車を回して足早に歩くチベット人たちの姿も印象的であった（図6—20）。マニ車には寺に据えられるような大型のもののほか、携帯用の小型のものもあり、棒の部分を手にもって上についている車を回しながら巡礼する人びとは何やらブツブツと唱えながら歩いている。「オム・マニ・ペメフム」という観音《かんのん》菩薩《ぼさつ》

図6—20　マニ車を回しながら念仏を唱える女性　マニ車には、もっと大きなものもあるが、この女性が手にしているのは携帯用

の呪文《じゅもん》（六字真言《ろくじしんごん》）をくりかえしているのだ。これを唱えることによって、すべての罪が消えるといわれている。そのため、巡礼者はマニ車を回しながら、呪文を唱えながら歩いているのだ。マニ車のなかには、ありがたい呪文がびっしりと印刷された護符の巻紙が入れられており、マニ車を一回回すと中の巻紙を一回読んだことになるという。

さて、寺のなかに入ってみると薄暗く、ヤクのバターからつくられた灯明の匂《にお》いがツーンと鼻をつく（図6―21）。なれない人なら気分が悪くなるような強烈な匂いだ。床もバターの油でベトベトだ。にもかかわらず、そこでも身を投げ出して五体投地をする人がいることには驚かされた。もう狂気にとりつかれているのかと思ったほどであった。

中庭を抜けた奥が本堂だった。外の明るさにくらべ、なかはきわめて暗い。灯明のヤク・バターの匂いがただよい、僧の読経が堂内にひびく。妖《あや》しくゆれる灯明の明かりに導かれ、さらに奥に進むと極彩色の神々が鎮座していた。千手観音や阿弥陀如来《あみだにょらい》などもあったが、大半は日本人にはなじみのない仏像であった。チベットでは数千の神々が信仰されており、寺院を訪れると様々な仏神の像や絵を目にすることになるのだ。

しかし、それらを眺めているうちに、わたしはこの世にいるのか、彼岸に渡ったのか、よくわからないような気分になってきた。人びとの敬虔《けいけん》な祈りのなかに現生および来世への切実な願いが秘められ、過去から現在までの無数の人びとの想《おも》いが暗い本堂のなかに充満しているように思えたのだ。その異様な雰囲気に耐えきれず、わたしは本堂をあとにし、屋上にのぼってみた。真っ先に目に入ってきたのは、ラサの市街の彼方にそびえたつポタラ宮であった。ポタラ宮がラサの町を見下ろすように、青空のなかに屹立《きつりつ》していたのだ。それを目にして、わたしは彼岸の世界から現生に引きもどされる思いがしたものだ。

ラサには、大昭寺のほかにも大きな寺院がいくつもある。一四一九年に創建されたセラ寺もそのひとつで、大集会堂や三つの学堂、三〇の僧坊などで構成されている。最盛期には五五〇〇人もの僧侶がここで修行に励んでいたといわれている。今から一〇〇年以上前、まだ鎖国状態であったチベットに入った日本人仏教徒の河口慧海《かわぐちえかい》や多田等観《ただとうかん》もここでチベット仏教を学んだことが知られている。

図6―21　大昭寺の前におかれた灯明台

ラサの西北約一二キロメートルにあるデブン寺も大きな寺で、寺院は二〇万平方メートルを超える面積を擁し、最盛期には一万人に達する僧侶をかかえていたといわれている。一四一六年に創建されたゲルグ派最大規模を誇る寺院だ。

ラサの西二八〇キロメートルに位置するシガツェは標高三九〇〇メー

図6―22　シガツェにあるタシルンポ寺院　チベットでもっとも活発な寺院として知られる（小林尚礼撮影）

トルのチベット第二の都市であるが、ここにも大きな寺院がある。それがタシルンポ寺である（図6―22）。この寺も一四四七年に創建され、ゲルグ六大寺院のひとつとして知られている。

　ここは歴代のパンチェン・ラマによる政治・宗教の中心として繁栄し、最盛期には四〇〇〇人の僧侶がいたとされる。現在でも一〇〇〇人近くの僧侶が生活しており、チベットでもっとも活発な寺院といわれている。寺の敷地のなかには多くの僧殿が立っており、門を入って正面にそびえる大きな建物が、パンチェン・ラマ四世の霊塔を安置した霊塔殿で、銀色の塔身は玉《ぎょく》や金によって装飾されている。大集会堂や中庭には僧侶たちが修行している様子も見学することができる。高僧を囲んで問答したり、たがいに議論をかわす僧侶たちは真剣そのもので、日本の観光用の寺とは違い、「今もチベット仏教は生きている」と思わせるほどだ。

　こうして見てくると、「一九五〇年頃、チベット全土には約二〇万人の僧侶がいた」といわ

図6—23　僧侶の集まり　僧侶の数は成人男子の四分の一を占めた時期もあったとされる（タシルンポ寺院にて）

れるのも、けっしてオーバーとは思えない。なお、この僧侶の数は当時の成人男子の四分の一を占めたと推定されている。その背景には、出家することによって、出身階級の束縛から離れて栄達をとげることが可能だったという事情もありそうだ。そのためか、チベットでは一家族にひとりは僧とする習慣があり（かつては五人に一人が僧侶だった）、家族が一丸となって出家した子どもを財政的に支えていたそうだ。

　また、チベットは仏教を要《かなめ》にした統合体であったことも僧侶の増加に拍車をかけたかもしれない。宗教的な統合体であるチベットが、外部世界にとって神秘性のベールをまとっているように見え、それも僧侶をめざす人の増加のきっかけになったのではないか。もうひとつ、チベットの天空に近い高度も、人びとを宗教的な瞑想《めいそう》や覚醒《かくせい》に導く力をもっているかもしれない。こうして、チベット文明の骨格の独自性は、宗教の比重の大きさに起因するところが大きくなるのであろう。チベット仏教は人生の規範を示すだけでなく、政治制度もふくめた社会全般を規定しているからだ。

ここであらためて強調しておきたいことがある。それは「チベット族は宗教に生きる民族だ」ということだ。そのため、家にはかならず立派な仏間があり、祈りながら毎日を送っているのだ。これは、チベット高原だけでなく、ネパール・ヒマラヤのチベット系民族のシェルパ族も例外ではない。じつは、シェルパの人びとも敬虔なチベット仏教の信者なのである。彼らの宗教生活の中心もチベット仏教であり、年中行事や冠婚葬祭はチベット寺院で僧のもとでおこなわれるのだ。また、街道ぞいには数メートルもある大きな岩にチベット語で仏教の経典が彫られたマニ石もあちこちで見られる。つまり、シェルパの人びとが暮らす社会もチベット仏教の世界なのだ。ということは、湿潤チベットの高地部もチベット文明圏であるということを物語るのである。

チベットの高地文明

最後にチベット高原の環境と文明の関係についてあらためて述べておこう。まず、述べておきたいことがある。湿潤チベット（ヒマラヤ）の地形は南北に並行した数列の丘陵と山脈の複雑な集合体であることや、またその造山活動による隆起と河川による浸食のせめぎあいの結果として深い渓谷が形成されているため、地形が複雑で起伏が大きい。そのことが、ヒマラヤ（湿潤チベット）では広い領域が統一されることなく固有の高度な文明を生みださなかった要因のひとつではないかと考えられる。このヒマラヤを中央アンデスとくらべると、中央アンデスのほうが緯度が低いだけでなく、地形的にはより単純で比較的狭い範囲に大きな高度差があるため、高度差によって生ずる特徴を利用しやすいと考えられるのだ。

　アンデスとは異なり、チベットの栽培植物や農牧技術のほとんどはチベット独自に生みだされたものではない。西アジアのどこかの隣接地域から、農耕と牧畜の技術がおそらくあいともなって導入されたと考えられている[19]。チベット文明自体も周辺の様々な文明の影響をうけて成立したものである。

　ただし、チベット高原でヤクが家畜化されたことは特筆すべきであろう。また、ダッタンソバもチベットで栽培化された可能性がある。さらに、チンコーもチベット高原で創り出された固有の品種であり、きわめて栄養価に富んだ作物であるうえに、降水量の乏しいチベット高地でも栽培が可能である。そして、強い日射によって高原の牧草はよく育つため、それが広大なチベット高原での放牧を可能とした。さらに、乾季にもヒマラヤ高峰の氷河が融けた水によって谷の農耕を育んできた。乾燥チベットだけでなく、湿潤チベット（ヒマラヤ）でも移牧および遊牧という牧畜形態を成立させ、独特の農牧複合形態を成立させた。また、チベットの農耕は、そのような牧畜との複合から、施肥や耕起によって生産性を高めることができた。さらに、ヤクの輸送力はヒマラヤ越えの交易に威力を発揮するとともに、長大なヤルツァンポ河谷を中心に広大なチベット高原の統一に一役かったにちがいない。

中央アンデスより高緯度に位置し、標高差もアンデスほど大きくないチベット高原は、アンデスほどには有利な文明成立の生態学的な基礎条件を有しているとはいえない。しかし、少なくとも、緯度的には亜熱帯に位置するチベットが、これまで述べてきた低緯度高地の様々な生態学的な利点を活かすことによって、隣接する大文明のなかで、チベット仏教を核として、それらに伍《ご》する独自の高地文明を築くことができたとはいえるのではないだろうか[20]。このような宗教を核とした社会の成立は、後述するエチオピアでも見られ、この類似性は興味ぶかいので、この点については終章でも述べよう。

（注1）ヒマラヤ北西部に位置するインドのラダーク地方で、ラダーキ（ラダックの先住民）の食文化を研究している木村友美《きむらゆみ》は、「大麦を最もよく食べるのはチベット系の人々と言っても良いだろう」と述べたうえで、さらに次のように記している。「寒さに強く、乾燥地でも栽培しやすいことから、オオムギ、特に六条性のハダカムギが多く栽培され、人々の食の中心的なものとして摂取されてきた。大麦を炒って粉にした食品を「ツァンパ」といい、このツァンパはチベット人の食事には欠かすことができない。また日常の食事だけでなく、祭事にもかならず用意される食品である」。なお、木村によれば、オオムギのたんぱく質量はコメの二倍以上あり、食物繊維の総量はコメの約二〇倍、その他のビタミン、ミネラル等の微量元素についてもコメより高い。とくに、ナイアシンについてはオオムギがコメの約一七倍、鉄は約一四倍となっているそうだ（木村、二〇一八）。つまり、オオムギはきわめて栄養価に富んだ作物なのである。

（注2）

チベット高原の灌漑耕作については、月原が次のように述べている。

チベット高原のオオムギ耕作は非常に狭小な山間オアシスでの灌漑耕作に依《よ》っており、たとえば西チベットのラダークでは大部分の村では播種量の三倍からせいぜい一〇倍くらいまでの収量しか得られないことが筆者らの調査からも判明している。（月原、二〇一九）

（注3）ヒマラヤおよびチベットの研究者として知られる川喜田二郎もチベットを明白に前近代的文明のひとつとみなし、アジアの他の前近代的文明である中国文明やヒンドゥー文明、イスラーム文明と並ぶものであると述べている（川喜田、一九七七）。

（注4）チョンギェについては、チベット研究では大変有名なイタリア人のG・トゥッチが七〇年あまり前の一九四八年に調査をおこなったときの紀行文が刊行されており、当時のチョンギェの様子を知るうえで貴重な資料となっている。ここで、その一端を引用しておこう。ちなみに、一九五〇年は中国人民解放軍がチベットへ侵攻を始めるなど、一九四八年以降のチベットの政治情勢は激変することになるのだ。

チョンゲ［チョンギェ］は歴史的に重要なところでもある。チベット史上もっとも高貴な人物とされるダライ・ラマ五世の誕生の地である。彼は地方の封建豪族の息子として生まれた。広大な城の廃墟《はいきょ》の中に、その生誕の質素な部屋を今でも見ることができる。城址《じょうし》は山にそそり立つ岩をまたぐような状態で残っていて、いくつもの頑丈な塔で渓谷の通行を妨害し、敵に包囲され、籠城したときも、水の供給を確保するために、銃眼つきの胸壁で守られて河まで下りていけるようになっていた。（トゥッチ、一九九二）

第7章　もうひとつの例
——エチオピア高地の文明

エチオピアの首都アジスアベバ（標高2400m）　アジスアベバは標高2000mを超す高地にあるので、空気がうすく、走ると息切れがしたり、頭痛がおこることもある（大山修一撮影）

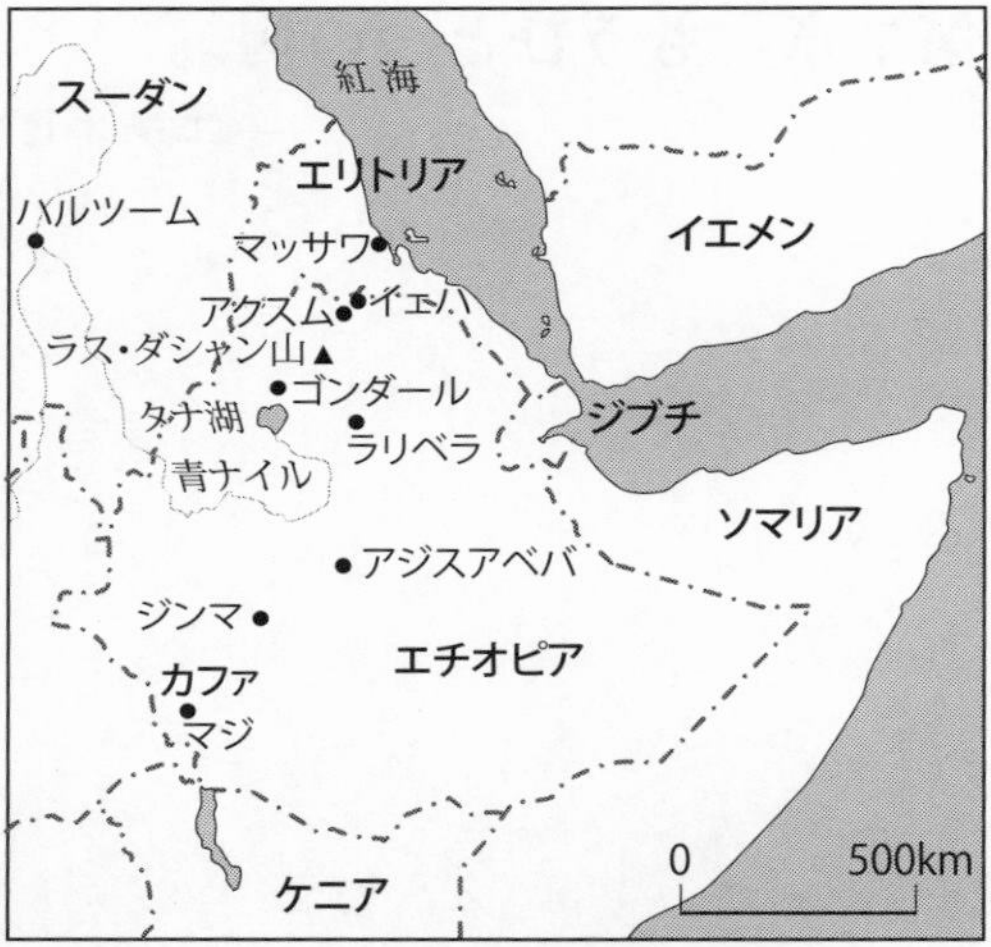

図7—1　エチオピアの地図

砂漠のような高原

もうひとつ、熱帯高地に適した暮らしが見られる地域を紹介しておこう。それは東アフリカのエチオピアの例である。アフリカといえば、なんとなく気温が高くて熱帯雨林におおわれているというイメージをわたしはもっていたが、このようなイメージは飛行機がエチオピアの首都のアジスアベバに近づくにつれて大きくかわった。機内から見える地上の景観が、エクアドル・アンデスの高原のそれによく似ていたからである。それもそのはず、エチオピアもエクアドルもどちらも赤道直下の近くに位置しており、しかも標高二〇〇〇～三〇〇〇メートルくらいの高原地帯が南北につづいているからだ。そして、そこで、ともに農業がおこなわれているため、景観がじつによく似ているのである。

このエチオピアは、アフリカの東北部、いわゆる「アフリカの角《つの》」とよばれる地域に位置している。（図7—1）また、エチオピアは、多言語、多民族、多宗教を前提にした多文化的まとまりをもった国である。一九六〇年代にハイレセラシエ一世大学の客員教授として赴任し、『高地民族の国エチオピア』を著した人文地理学者の鈴木秀夫《すずきひでお》も、その歴史、民族、文化においてエチオピアが他のアフリカ諸国とは異なる独特な特徴をもっていることを指摘している(1)。その社会、民族、文化、宗教、言語など、いずれもエチオピア固有の特徴があるというのだ。

その特徴を知るために、わたしははじめてエチオピアを訪れた二〇〇六年、エチオピアを陸路で南北に車で縦断してみた。そのとき、大変驚いたことがある。エチオピアには標高二〇〇〇〜三〇〇〇メートルの高原が広がっているが、その高原にはほとんど森林がなく、サバンナあるいは半砂漠のような状態だったからである（図7—2）。緯度のうえでは、エチオピアは中央アンデスとあまりかわらないので、標高二〇〇〇〜三〇〇〇メートルであれば、そこに森林地帯が見られて当然なのに、エチオピアでは森林地帯どころか樹木さえほとんど見られ

図7—2　エチオピア高原の景観

ないのだ。

人間が改変した環境

これは、なぜなのか、とわたしは疑問に思った。その疑問は、先述した『高地民族の国エチオピア』を読んで氷解した。鈴木は、「高度に変化があり、したがって気温と降水量に変化が大きいエチオピアでは、植物の状態も多様性に富んでいる」と述べたうえで、次のようにつづけているのだ。

だが人間の居住が早くから始まり、またかつては、文明の一中心となったほど人間の活動が活発であったから、自然のままの景観は多くない。

さらに、鈴木は次のように興味ぶかいことも書いている。

たとえば、エチオピア高原の上は、主としてツッド（*Juniperus procera*）、ズグバ（*Podocarpus gracilior*）と呼ばれる二種ほどの針葉樹によっておおわれていたが、これは大部分切り倒されて草地や畑になってしまっている。エチオピアの首都はこの木を求めて遷都してあるくのが常態であったが、十九世紀末にメネリック二世皇帝が成長の著しく早いユーカリの木を導入して以来、移動がとまった。それ以来の首都がアジスアベバである。

（鈴木、一九六九）

「なるほど、そうだったのか」とわたしは納得した。たしかに、エチオピアの首都は、標高約二二〇〇メートルのアクスムに始まり、その後の首都もラリベラ、ゴンダール、そしてアジスアベバといずれも標高二〇〇〇メートル以上の高原地帯に位置しており、それぞれかなりの人口を擁している。そのことから燃料や建材として樹木が使われれば森林がなくなっても不思議ではない。こうして見ると、エチオピアの高原は人間の活動によって大きく改変されている可能性がありそうだ。

そもそも、エチオピア高原における人類の出現はきわめて古い時代にさかのぼる。これまで述べたアンデスやメキシコ高地に人類が出現したのは今から一万年くらい前、チベット高地では二、三万年前であるが、それがエチオピアでは五万年以上前までさかのぼるのだ。新石器時代になると、北方すなわちエジプトの影響が大きくなる。最初の定着農業もナイル川に面した西部地方で始まったとされる。歴史時代に入るのも北部エチオピアが早く、南エチオピアでは遅れるそうだ。そして、エチオピアについて最初の記録を残しているのもエジプト人であった。

エジプト人は、ヌビヤ地方をクシとよび、このクシの南部をブントとよんだが、このブントの一部がエチオピアのことを指している。エジプトの船がブントに着いて没薬《もつやく》を得たのは、第一王朝ないし第二王朝（紀元前二八五〇～前二六五〇年頃）のことであった。そして、第五王朝ではサフラー王（紀元前二四七〇年頃）がブントへ探検隊を派遣し、没薬と黒檀《こくたん》に似た木と金銀の合金を持ち帰った。没薬は、エジプトの神殿での礼拝に必要だったものである。

その後も、エジプトは何度もブントに艦隊を送っている。持ち帰ったものは右記したもののほかに、乳香、肉桂《にっけい》、象牙《ぞうげ》、金、小人、ヒョウの毛皮、猿、ヒヒ、犬、牛、それに眼《め》のまわりにつける化粧品などであった。これらの艦隊は紅海《こうかい》を下って、今のマッサワに近いアドリス港に入ったと考えられている。(2)

一方、エチオピア側には、エジプトとの関係を示す資料は残っていない。

古代エチオピアの文明は、南アラビアからセム系民族が移住して来たことによっているとされる。そして、古代エジプト王国が衰退すると、紅海の支配権は、南アラビアの商人の手に移った。はじめ、彼らはエチオピアの海岸に来たが、まもなく、その背後のエチオピア高原が、彼らの故郷に似ていることを知り、ここに来往するようになったとされる。実際、南アラビアとエチオピア高原は地質的にも地形的にも類似しており、気候のうえでも大きな違いはない。そのため、この移住は一時的な征服によるものではなく、ひとりまたひとり、一家族また一家族というように海峡を越えて流入してきたもので、紀元前七世紀頃から紀元後四世紀頃までのあいだがもっともさかんであったとされる。この海峡の幅は四〇キロメートル足らずであるため、この移住は現在もつづいているそうだ。

この移住民は武力による侵入者ではなかったが、南アラビア人は当時のエチオピア人にくらべて格段に高い文化をもっていたので、エチオピアの文化にきわめて大きな変化をもたらした。その最たるものが文字の導入であった。それまでエチオピアには文字がなかったが、この文字の導入によって古代エチオピア語であるゲーズ語が普及するようになったのだ。宗教もそれまでの山や川に対する崇拝が、天体の崇拝にかわった。農耕に関しても、ヒツジ、ヤギ、ラクダ、ウマなどの家畜とともに鉄の器具ももたらされた。

南アラビアの人びとが移住したのは、北エチオピアと東エチオピアであったが、この地方には石の壁や土の屋根の家など、南アラビア起源のものが今も見られる。また、北エチオピアのアクスムに近いイェハに現存するエチオピア最古の建物も、南アラビアの月の神に捧げられた神殿であって、紀元前五世紀に建築されたものであるとされる。

多民族国家としてのエチオピア

おおまかにいえば、エチオピアの地表は次の三つの部分からなっている。エチオピアの西半部をなすエチオピア高原、南東部を占める東部高原、およびそれらのあいだの地溝帯である。このように述べても、これではおおまかすぎてエチオピアの特徴はよく理解できないかもしれない。そこで、別の研究者によって書かれたエチオピアの環境条件を紹介しておこう。

エチオピアには、アフリカ大陸の中でもっとも広域にわたる山地、隆起高原の大部分が含まれ、国土の三分の二を占めている。国の面積は約一二〇万平方キロメートル〔日本の国土の三倍あまり〕で、フランス、スイス、スペイン、ポルトガルを合わせたほどの大きさである。

二〇〇〇メートルを越える山地は、リフトヴァレー（地溝帯）によって二つに分けられている。古代から中世にかけてのエチオピア国の中心は、北西部の大山地で、タナ湖北東部のセミエン山脈にある最高峰ラス・ダジャン山（四六二三メートル）には降雪をみることがある。河川のほとんどは北西のナイル水系に流入し、峡谷は浸食によって深くきざまれ、所によっては一五〇〇メートル以上もの断崖《だんがい》をなしており、交通の障害となると同時に、山地は天然の要塞となり、とくに東部分水嶺《ぶんすいれい》の東斜面は険しく、紅海との間に広がる砂漠とともに、エチオピアの孤立と存続とに寄与してきた。（長島、一九八〇b）

この記述によって、エチオピアの大部分はきわめて平坦な高原であるとともに、そこは地溝帯によって北部高地と東部高地の二つにわけられ、河川のほとんどは浸食によって深くきざまれた渓谷になっていることがうかがえるだろう。そして、この渓谷と断崖をなしている地形が交通の障害になると同時に、山地も天然の要塞となっているため、このような地理的条件がエチオピアの孤立と存続に寄与してきたというのである。この地理的条件は民族分布や宗教の分布にも大きな影響を与え、その結果としてエチオピアは多民族国家となったのだ。それを具体的に述べておこう。

隆起高原の北部高地の北半分はアフロアジア語族に属するアムハラ、ティグレの居住地となっている。そして、エチオピア北部高地の南部は同じセム系に属するグラゲの居住地である。これに対して、北部高地の南半分や東部高地はオロモが広く分布し、北東部にはアファール、東部低地にはソマリが分布する。これらはいずれもクシ系グループに属する人びとである。オロモはエチオピア起源のグループとされ、一六世紀以降に大規模な民族移動によって領土を拡大し、現在のように最大規模の集団になったことが知られている。しかし、領土拡張の過程で異民族を吸収同化していった結果、生業、文化、宗教上の違いが見られるようになった(3)。

残るエチオピア南西部の低地および山岳地帯は、アフロアジア語族に属する人びとと、ナイルサハラ語族に属する数十もの少数民族が居住する地域である。

アムハラ、ティグレ、オロモ、ソマリなどはいずれも人口二〇〇〇万人を超える大集団であり、それぞれの自治州内のマジョリティ集団となっている。それに対して、西南部の地域はそのほとんどが人口数万人にすぎないマイノリティの集団であることが特徴的である(4)。

図7―3は、一九九四年にエチオピア政府によって実施された人口センサスにもとづく主要な民族別人口を集計したものである。総人口約五三〇〇万人のうち、オロモの約一七〇〇万人、アムハラの約一六〇〇万人をあわせて約六三パーセントを占め、これらの民族がエチオピアの

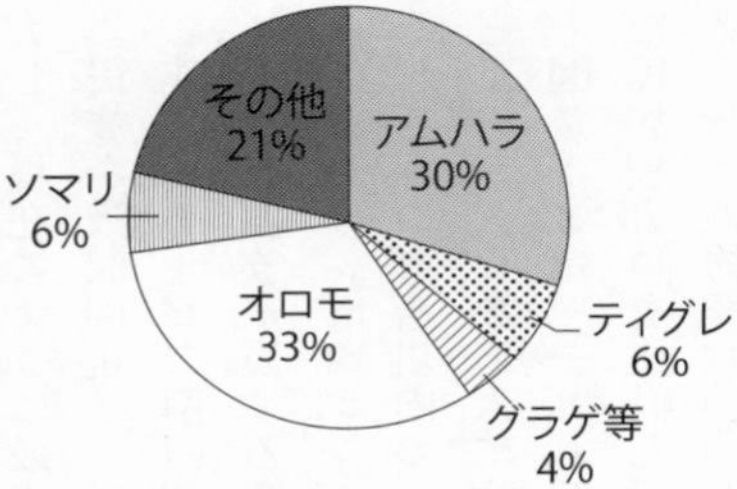

図7―3　主要な民族集団ごとの人口（1994年センサス、総人口5313万2276名）（Ethiopian Central Statistical Authority, 1998）

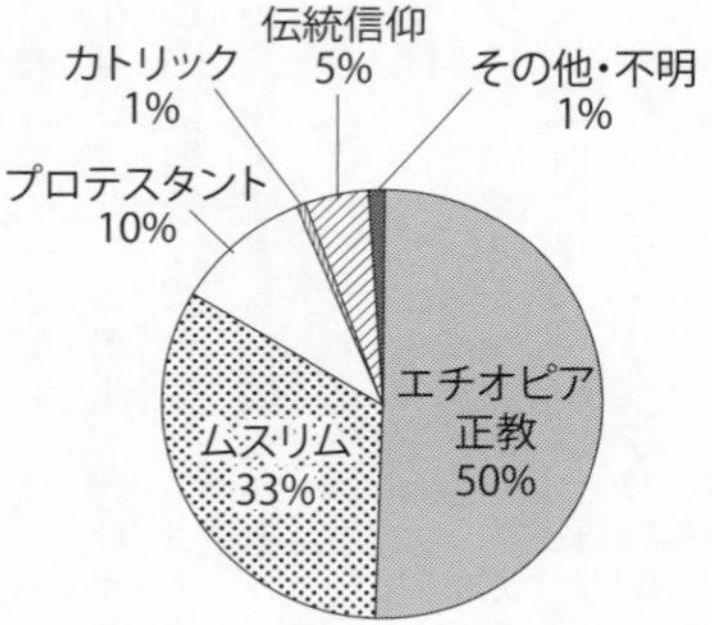

図7―4　宗教別人口（1994年センサス、総人口5313万2276名）（Ethiopian Central Statistical Authority, 1998）

マジョリティを形成していることがわかる。つづいて、ティグレ（約三三〇万人）、ソマリ（約三二〇万人）、グラゲ（約一九〇万人）となる。これらに人口約九八万人のアファールをくわえたものが、南部諸民族州に属するグラゲをのぞいて、それぞれの集団ごとに自治州を形成する主要な集団である。(5)

　ここで宗教についても概観しておこう（図7―4）。エチオピアの伝統的なキリスト教として知られるのが、かつてコプト教会の傘下にあったエチオピア正教である。これは主としてアムハラ、ティグレ、グラゲ、および約半数のオロモの人びとによって信仰されており、エチオピア全宗教人口の半数を占める。これに対してオロモの残り半数、およびソマリ、アファールなどクシ系の人びとを中心に信仰されているのがイスラームである。これを地理的分布から見れば、キリスト教徒のほとんどは高原地帯で暮らしており、イスラームはその周辺で暮らしていることになる。

エチオピアの民族文化の多様性に深く関係しているのも、主として自然環境のバリエーションだ。アムハラに代表されるセム系民族の文化は、主に一五〇〇メートルを超えるエチオピア高原で展開したものである。現在のエチオピア高原に見られる、見渡すかぎりのテフ、コムギ、オオムギ、ヒヨコマメなどの畑が広がる景観は、二〇〇〇年以上前からエチオピア高原に定着し、犂農耕をおこなってきた人びとが、長い年月のなかでつくりあげてきたものだ。しかし、その対極には、サバンナや乾燥地で牧畜をおこない、モロコシ（*Sorghum bicolor*）を栽培するヌエルやアファールのような人びともいる。マラリアの蔓延《まんえん》するこれら一〇〇〇メートル以下の低地には、高地に住むアムハラの人びとは今でも恐れて行きたがらないそうだ。

テフとエンセーテ

さて、このエチオピアもヴァヴィロフのいう栽培植物の七大センターのひとつとして知られている。エチオピアもメキシコやアンデスと同じように多種多様な作物を生みだしたところなのだ。

（左）図7―5　テフの畑　後方は住民の家屋
（右）図7―6　テフの穀粒　きわめて小さい

その代表的な作物が現地でテフとよばれている穀類である。テフは、エチオピア以外ではほとんど知られることのない作物であり、エチオピア固有の作物といっても過言ではない。植物学的には、テフはイネ科の種子を利用する穀類であるが、穀類とはいっても、その穀粒はきわめて小さく、その種子は一五〇粒でやっとコムギ一粒の大きさに匹敵するほどである[6]（図7―5、7―6）。

栽培テフの祖先野生種は、世界の温帯から熱帯にかけて広く分布するオオニワホコリではないかと考えられているが、エチオピア高地のどこで、いつ頃から栽培が始まったのかは明らかではない。ただし、エチオピアで古くから栽培されていたことは確実で、西南アジアからコムギやオオムギが導入される以前からすでにテフの栽培が始まっていたとする説が有力である。なお、テフの栽培の上限は標高二八〇〇メートルあたりである。

テフは、きわめて小さい穀粒であり、コムギやトウモロコシなどとくらべて単位面積あたりの収量が低く、また収穫の手間もかかる。にもかかわらず、現在もテフは穀類としての栽培面積が最大で、約二〇〇万ヘクタールにもなる。最近でも、テフの栽培面積は増加しており、他の作物におきかわる傾向も見られない（図7―7）。

図7―7　テフの収穫　アクスム近郊にて。テフの収穫は手間がかかるので、大勢が一緒に作業をする

その理由がエチオピアのあちこちを歩きまわったおかげで理解できた。テフはエチオピア高地に住む人にとって食生活に欠かせないインジェラの材料だったのである。インジェラは、テフの穀粒を臼で粉にし、水でこねて発酵させてから土鍋で焼いてうすいパン状にしたものだ（図7―8）。発酵させてあるため、やや酸味があるが、食べると病みつきになりそうな日常的な食品である。現在、インジェラはエチオピア人のソウルフードといってよいほどの強い文化的嗜好性《しこうせい》をもっているそうだ（図7―9）。

もうひとつエチオピア高原特有の作物がある。これも、

（左）図7—8　テフからインジェラをつくる
（右）図7—9　インジェラを食べる

図7—10　エンセーテ　バナナによく似ているのでニセバナナとよばれることもある

テフとともにエチオピア固有の栽培植物として知られる。それはバショウ科に属し、一見するとバナナによく似ているのでニセ

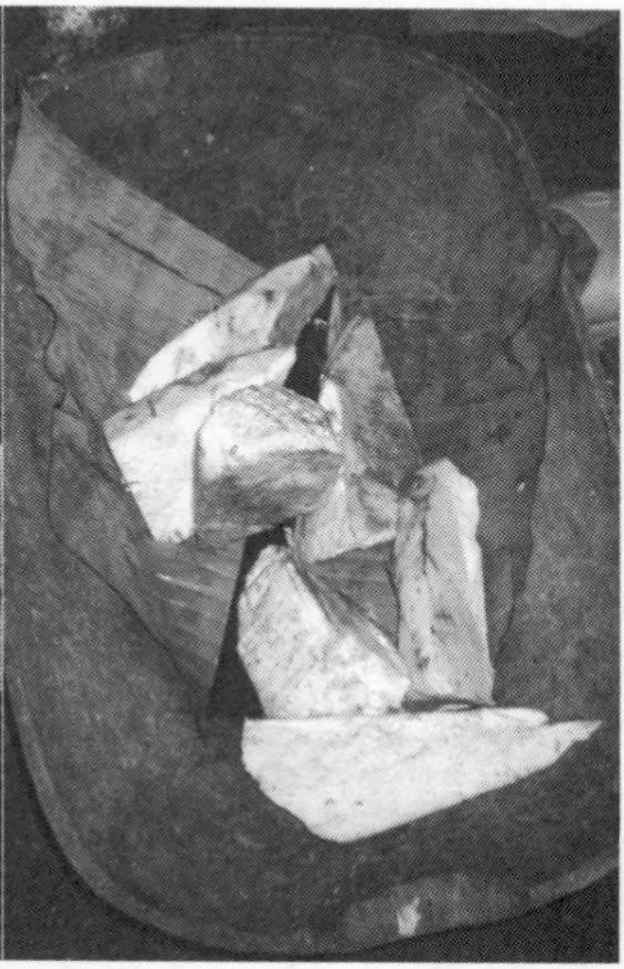

（左）図7―11　エンセーテの基部にある粗デンプンをかきとる
（右）図7―12　エンセーテの根茎　これも蒸して食べられる

バナナとよばれることもあるエンセーテだ（図7―10）。成長すると、高さは五メートルにもなる。そのため、エンセーテはしばしば家屋をとりかこむように植えられている。

ただし、エンセーテは、バナナのように果実を食用とするのではなく、その葉《よう》柄《へい》の基部に蓄えられる粗デンプンをかきとり、それを地中に埋めて発酵させてからエンセーテの葉でつつんで蒸し焼きにして食べる（図7―11）。また、エンセーテの根茎も蒸して食べられる（図7―12）。この栽培の中心は標高二〇〇〇メートル前後であるが、標高三〇〇〇メートル前後でも栽培が可能であるとされる。そして、エチオピアの専門家である重田《しげた》眞義《まさよし》（京都大学教授）によれば、エンセーテの現在の栽培はエチオピアの西南部に集中しているが、かつてはエチオピア高地全域で栽培されていた可能性が高いとされる。

このエンセーテは、栄養体繁殖する多年生植物なので、根栽類の一種であると考えられるが、根栽類としては異例なほど長く貯蔵できる。これまでも述べてきたように、根栽類は貯蔵に適さないという欠点が指摘されてきたが、この点でエンセーテは例外的な根栽類といえそうだ。

それというのも、食料としてのエンセーテには次のような利点があるとされるのだ。

「エンセーテを発酵させて食べる利点として、長期の保存が可能であることと、可食部の収量増がある。エンセーテの発酵デンプンは貯蔵穴のなかで一ヵ月から、長い場合は一年近く保存できる。また、エンセーテ一本分のデンプンを発酵させると、四人家族が約一ヵ月食べていくことができるという試算もある。さらに、エンセーテは苗を移植してから三年以上たつと、その後は一年中いつでも収穫が可能である。これらの特徴を評価して、エンセーテは「飢餓を救う木」と表現されることもある」そうだ(7)。

このようなエンセーテの特徴を考えれば、民族考古学者のブラントが、「エンセーテをふくむ根栽類がエチオピア中部高地で一四世紀末から一九世紀末まで栄えたカファ王国を代表とするエチオピア西南部に栄えた王国の経済食料基盤として、権力を支えたのではないか」という説を唱えているが(8)、この説も説得力をもちそうである。

これらのテフおよびエンセーテはエチオピア高地で誕生し、現在も栽培がエチオピア高地に限られる作物であるが、もうひとつエチオピア高地に古い時代に導入され、大きな影響を与えた可能性をもつ作物がある。それはチベット高原でも栽培されているオオムギである。一説ではオオムギのエチオピアへの導入は今から五〇〇〇～六〇〇〇年前にさかのぼるとされる（図７―13）。

図７―13　ムギ類の脱穀

これらのほかに、エチオピア原産のものとして有名なものにコーヒー（*Coffea arabica*）がある。コーヒーは、エチオピア西部高地のカファが原産地であり、コーヒーの呼称もこのカファの地名に由来するとされる。さらに、モロコシ、ササゲ（*Vigna unguiculata*）、油性種子のヌグ（*Guizotia abyssinica*）、香辛料のアビシニアカラシ（*Brassica juncea*）、薬用植物のチャット（*Calla edulis*）などもエチオピア原産である。さらに、アフリカ起源の作物も早くからエチオピアで栽培されていたはずである。その可能性をもつ作物のひとつがシコクビエ（*Eleusine coracana*）である。考古学者のフィリプソンは、アクスム近くで紀元前五〇〇〇年頃と推定される層から栽培シコクビエの種子を発見している。そして、この遺物を同定したヒルたちによれば、このシコクビエの暫定的年代は紀元前四〇〇〇年から紀元前三〇〇〇年であり、これらの種子こそ「アフリカ原産の栽培穀物の最古の遺存例である可能性がある」と判断したのだ。(9) そして、現在はエチオピア独自のシコクビエの品種も多数生みだされているのである。

熱帯高地としてのエチオピア

エチオピアも、国土の大半が熱帯高地に位置しているので、人びとの生活圏は標高三五〇〇メートルあたりにまで達する。そのため、住民は主として標高の違いによって次のように高地の環境を大きく四つに区分している。すなわち、標高の低いほうからコラ、ウェイナダガ、ダガ、ウルチと称される(10)(表7―14)。

さて、ウルチは、現地のアムハラ語で霜のことで、この地域ではふつう気温が摂氏一〇度を超えることはなく、もっとも暖かい時期でも月平均気温は摂氏八度である。年間降水量は一〇〇〇ミリを超すが、霜が頻繁に降りるため、農耕をおこなうには困難な場合が多い。ウルチをさらに二分して、農耕がおこなわれていない三七〇〇メートル以上の高ウルチと、三五〇〇メートルから三七〇〇メートル付近までのオオムギのみ栽培できる低ウルチにわけることもある。高ウルチでは常に冷たい風が吹いており、木本《もくほん》はほとんど生えておらず、高地草原となっているそうだ。

表7—14　アムハラ語におけるエチオピアの高地環境の民俗分類（重田、1996）

民俗分類	コラ	ウェイナダガ	ダガ	ウルチ
高度(m)	1500－1800	1800－2400	2400－3500	3500以上
気温(℃)	20－29	16－20	10－16	10以下
植生	ウッドランドサバンナ	森林	森林・草地	アフロアルパイン
作物	モロコシ トウモロコシ シコクビエ エンセーテ	チャ コーヒー エンセーテ 穀類・マメ類	オオムギ コムギ エンセーテ	オオムギ エンバク マメ類

ウルチの下にはダガとよばれる地帯があり、そこには針葉樹や竹の叢林《そうりん》が見られる。標高三五〇〇メートル以下およそ標高二四〇〇メートル付近までの地帯がダガに相当する。ウルチ同様冷涼な気候であり、四～六月の温暖な時期には平均気温が一五度を超えることもあるが、最低気温は一一度を下まわらない。年間降水量は一〇〇〇ミリを超える。この高度域では、オオムギにくわえて、コムギ、ヌグ（エチオピア原産の油料作物）、ソラマメ、レンズマメ、ヒヨコマメなどの耐寒性にすぐれた作物が栽培されている。

エチオピアの一部地域では、ダガからその下のウェイナダガとよばれる地帯は農業生産性の潜在力がもっとも高く、作物の多様性、可耕地面積、人口、家畜数、農業生産高などあらゆる点で他の地帯をしのいでいる。ただし、人口圧が高く、森林がほとんど失われており、耕地が細分化される傾向があるため地域外へ移住してゆく人も多い。この地帯のかかえる最大の環境問題は土壌の流亡と侵食であるとされる。この地域帯になると、これまでの作物にくわえて、トウモロコシ、モロコシ、シコクビエ、テフが栽培されるようになる。南西部での高地ではこの高度帯でエンセーテがさかんに栽培される。階段耕地がつくられるのも、この地帯である。アジスアベバやゴンダールをはじめとする高地国家の都があった場所の多くは、テフやコムギの栽培に適した温暖なウェイナダガであった。アムハラやティグレなどのセム系高地人にとって、もっとも暮らしやすいと考えられる地域である。

コラは、標高一五〇〇メートル以上一八〇〇メートル付近までのところで、平均気温が二〇度を下まわらず、温暖で作物の種類も豊富である。マンゴー、オレンジ、コーヒーなどの果樹が栽培され、タロイモやサトウキビなどの熱帯産の作物も増えてくる。それだけに、コラは、マラリアなどの疫病が蔓延する地域であり、定住するには好ましくない地域である。

こうして見てくると、熱帯高地の定義にしたがえば、ウルチからコラまでをエチオピアの高地としてとらえることができよう。なお、標高一五〇〇メートル以下の低地はアムハラ語でブラハとよばれ、気温は平均二五度と高いが、雨量は九〇〇ミリ以下と少なく、かつ安定していない。灌漑をおこなわなければ継続的に安定して作物をつくることがむずかしい地域である。

以上、アムハラ語による環境分類を紹介したが、これは民族によって大きく異なる。つまり、高度差のある環境に住む各民族がそれぞれの言語で民俗分類をおこなっているのだ。たとえば、エチオピア西南部に住むアリ人の場合、ダウラとディジという二分類をおこなっている。ダウラは標高一二〇〇メートル以下の低地を指すのに用いられ、ディジは標高一八〇〇メートル付近以上の高地を指すのに用いられる。興味ぶかいことは、これらの中間の移行帯にはとくに与えられた呼称はないが、そこでは低地の産物と高地の産物を交換する定期的な市が開かれていることだ[11]。

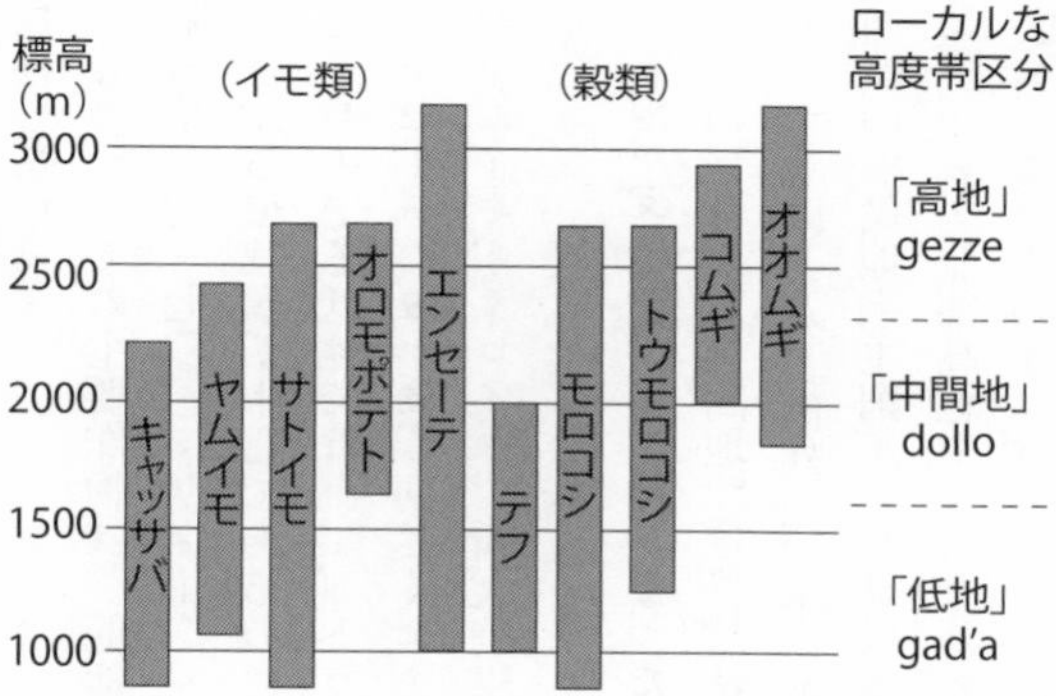

図7―15　山岳農耕民マロにおける主要作物の栽培高度域（藤本、2003）

ところで、エチオピアには大きな高度差があるため、作物もそれぞれに適した高度域で栽培されている。そのひとつの例を示しておこう。エチオピア南西部に住むマロ族の例である。マロはオモ系言語マロ語を母語とし、人口三、四万の民族集団であるが、図7―15はそのマロの主要作物の栽培高度域を示したものである。マロの地は急峻《きゅうしゅん》な山岳地帯に位置しており、標高六〇〇から三四〇〇メートルまでの範囲がふくまれ、地元では**gad'a**（「低地」、高度約一六〇〇メートル以下の土地）、**dollo**（「中間地」、同約一六〇〇から二三〇〇メートルまでの地域）、**gezze**（「高地」、同約二三〇〇メートル以上の地域）の三つの高度帯に区別している。そのうち、人びとは高度約三〇〇〇メートルから一〇〇〇メートルまでのあいだに居住している[12]。

このマロでの主要作物は、低地から高地まで幅広く分布しているイモ類と穀物である。年間降水量が約一七〇〇ミリメートルに達し湿潤で、また人口密度の大きい高地ではエンセーテを主とする根栽類が中心であるのに対し、同約一三〇〇ミリメートルで比較的乾燥し、また土地に余裕のある低地ではテフ、トウモロコシなどの穀類が広く栽培されている。イモ類としては、エンセーテのほかに、同じくエチオピア原産のシソ科のオロモポテト、カシュウイモをふくめたヤムイモ、タロイモ、新大陸原産のジャガイモ、サツマイモ、キャッサバなどもある。

高地が支配権力の中心地となった理由

このエチオピア高地では農耕技術にも大きな特色がある。それは、エチオピア高地のどこに行ってもほとんど例外なく牛に引かせた犂で畑を耕すことである（図7―16）。この牛耕は、西欧の植民地宗主国がサハラ以南のアフリカにもたらしたものとは異なり、きわめて古くからエチオピア北部高地でおこなわれてきた在来の農耕技術であり、現在はエチオピア高地全体に広がっているとされる[13]（注）。

一方、南部の農耕は基本的に手鍬や掘り棒を基本とする農耕で、穀物とともにエンセーテなどの根栽系作物を主食とし、犂農耕とは異なる体系に属するものである。ちなみに、エチオピアで農耕が開始されたのは紀元前四〇〇〇～前三〇〇〇年頃と早く（紀元前四〇〇〇～前四三〇〇〇年とする説もある)、アフリカでも最古の農耕の歴史をもつ可能性がある。

それでは、なぜ、エチオピア高地で広く牛耕がおこなわれているのであろうか。これも熱帯高地特有の環境と大きな関係がある、とわたしは考えている。熱帯高地特有の環境とは、標高の上昇とともに土壌が貧弱で脆弱《ぜいじゃく》になる傾向のあることだ。そして、このような環境のなかで農耕をつづけるには、家畜の糞尿《ふんにょう》を肥料として利用するなど、家畜飼育と作物栽培がむすびついた、いわゆる農牧複合的な暮らしが不可欠になる。実際に、わたしはアンデスでも、ヒマラヤでも、そしてチベットなどの高地でも、そのような農牧複合的な暮らしを見てきたのである。

図7―16　二頭引きの犂による畑の耕起作業　エチオピア北部の高原にて

いずれにしても、エチオピアでも高地が支配権力の中心地となってきたし、その意義はこれまで多くの研究者によって指摘されてきた(14)。それには以下のようなものがある。

①低地のイスラーム系民族など外部からの攻撃に対

して防御が容易であること
②冷涼ですごしやすく人にも家畜にも疾病が少ないこと
③建都と燃料に必要な木材資源が豊富であったこと
④高地に適応した栽培植物群（オオムギ、エンバク、ソラマメ、エンドウ、アマ、アビシニアカラシ、テフ、エンセーテなど）があったこと
⑤低地にくらべて水資源が豊富であったこと

このなかで⑤の「水資源が豊富であった」という点については注釈が必要であろう。エチオピア高地にも大河は流れていないからだ。しかし、エチオピア高地では谷水や湧水などのおかげで年間をとおして豊富な水が得られる。また、後述するアクスムでは溜池《ためいけ》も建造されていたし、先述したテフは干ばつにも強い作物なのだ。

こうして「エチオピア高地では、好適な環境（ハードウエア）に集約的な人為的努力（ソフトウエア）を適用することによって、たとえば高い人口支持力のような、文明の要素を実現してきた。エチオピア高地は、高地文明のシステムを運用するのにふさわしい舞台であったともいえる」と重田は結論づけているのだ。(15)

アクスム文明

以上、駆け足ではあったが、エチオピア高地の環境と栽培植物について述べてきた。そこで、次にエチオピア高地で生まれた文明について述べよう。エチオピアにおける高地文明を代表する初期の王国のなかでも、もっともよく知られているのがエチオピア北部で紀元後しばらくして生まれたアクスム王国（紀元一〇〇〜九四〇年）であろう。紅海沿岸から内陸へ約二〇〇キロメートル入った標高二一〇〇メートルあまりの高原にアクスム王国の首都アクスムはおかれた（図7―17）。発掘をおこなった考古学者のムンロ・ヘイによれば、〇・七五平方キロメートルの都市部に二万人の人口を擁し、周辺の高原の肥沃な土地と十分な雨量から得られる安定した穀物生産をもとに栄えたという[16]。なかでも、テフの存在は、食料生産に安定をもたらしたと説明している[17]。

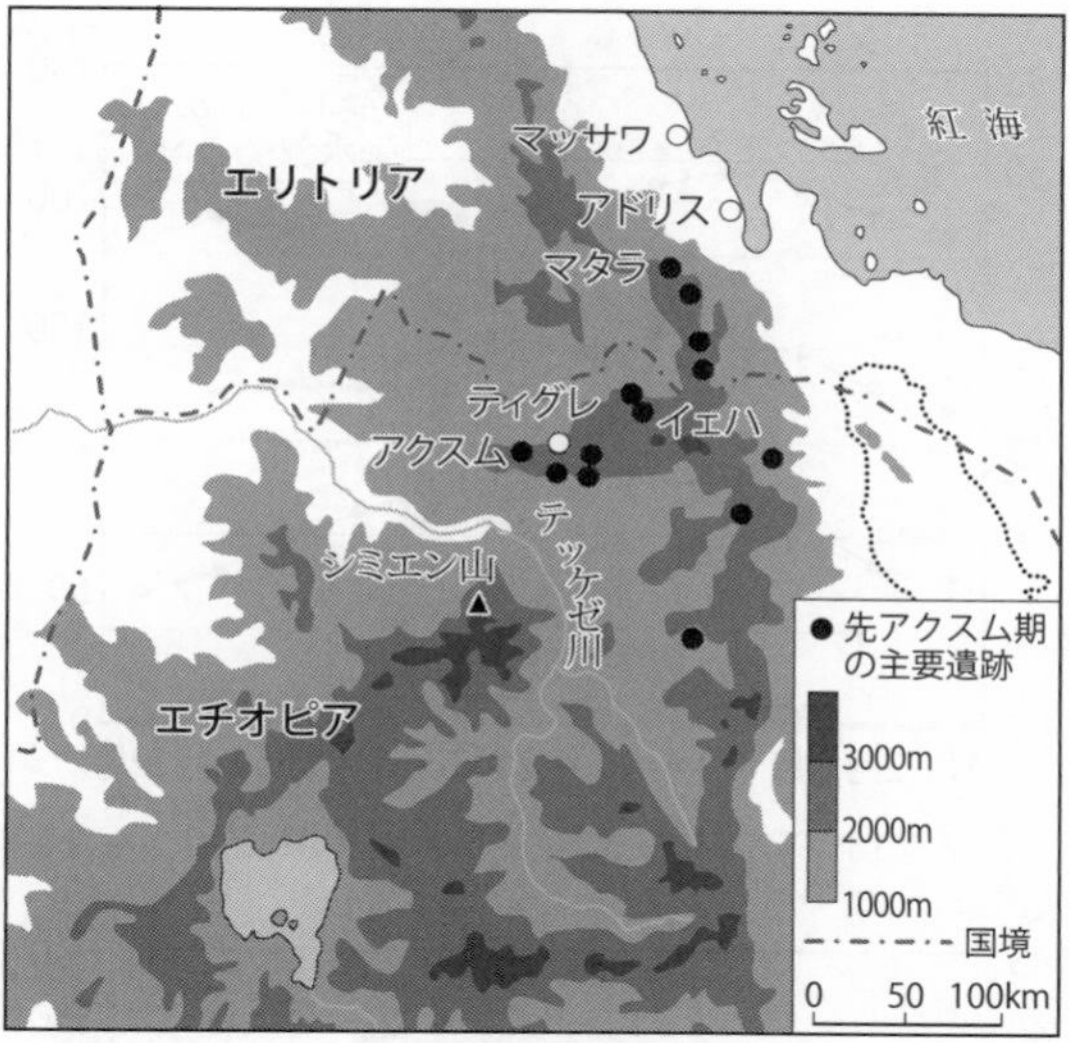

図7―17　先アクスム期の主要遺跡（Phillipson, 1998をもとに筆者作成）

アクスムは、北緯一四度にあり、緯度だけで判断すると、そこは低緯度の熱帯低地の気候に位置しているが、標高二一三〇メートルのアクスムはケッペンの気候区分では温帯夏雨気候（Cw）に該当する。年間平均気温は摂氏一八・三度であり、年間を通じて月平均気温は一六・

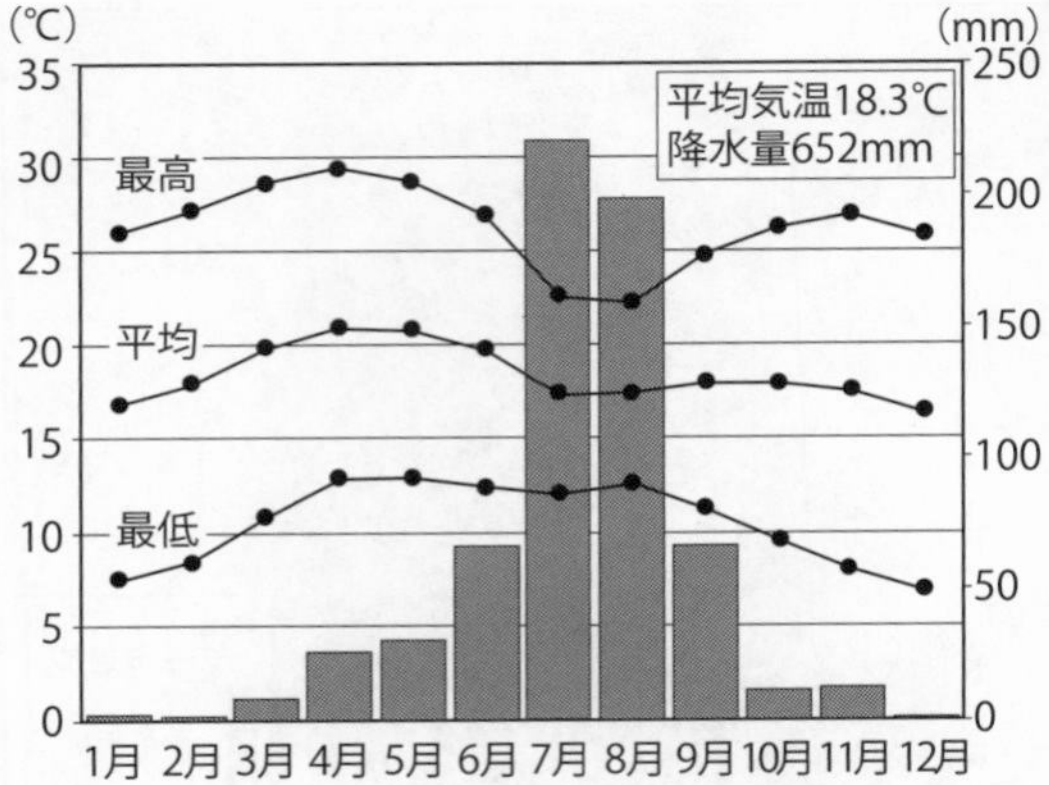

図７―18　アクスム（標高2130m）の雨温図

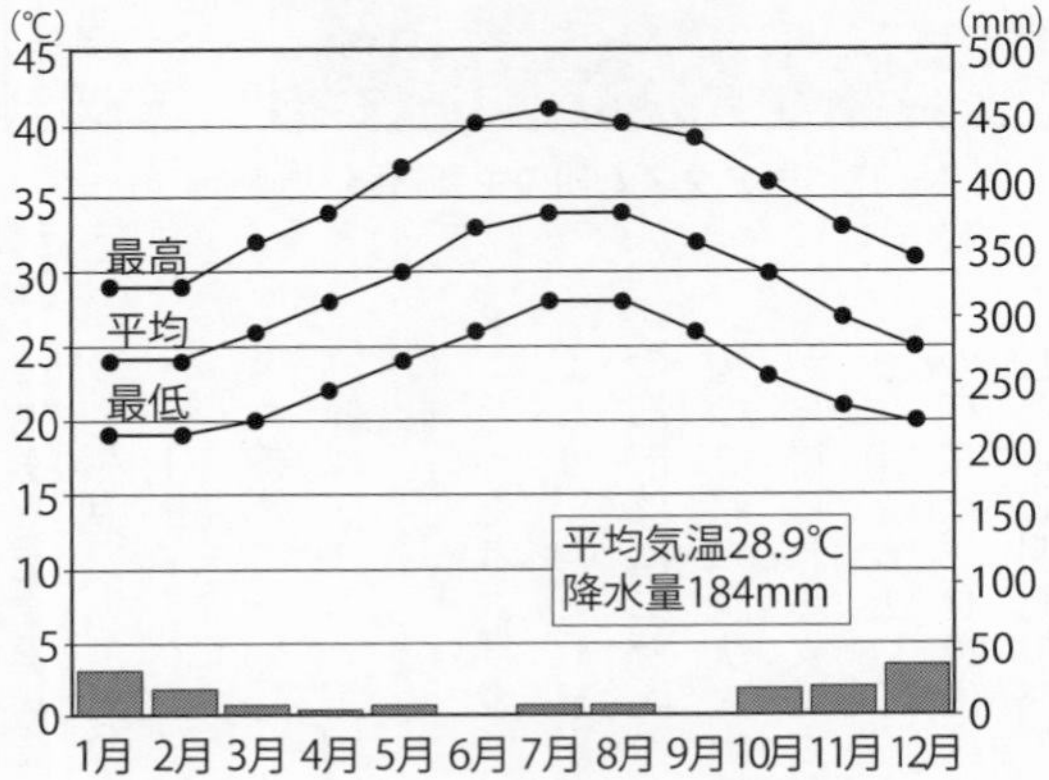

図７―19　マッサワ（標高６ｍ）の雨温図

二〜二〇・八度のあいだにあり、年較差は小さい（図7—18）。しかし、日較差は大きく、日中になると気温は上昇するが、夜間には気温がぐっとさがる。たとえば、一月の平均気温は一六・七度であるが、平均最低気温は七・五度であり、日較差が大きい。この日較差は、年間をとおして大きい。これこそは、熱帯高地特有の気候条件なのである。年間降水量は六五二ミリメートルであり、五月から九月に九三・八パーセントの雨が集中するが、一〇月から四月にかけてもわずかながらも雨が降る。スコットランド人探検家のブルースの記録によれば、アクスム近くのゴンダールでは（標高二二五〇メートル）、農民はテフやコムギを植え、年間に三回にわたり収穫作業をしていたという(18)。

ゴンダールのソロモン王朝と交流のあった紅海の貿易都市マッサワ（北緯一五度三七分、標高六メートル）と比較すると、アクスムはすごしやすい気候であることがわかる。紅海に面するマッサワの年間平均気温は二八・九度であり、六月から八月までの最高気温は四〇度を超す猛暑となる。年間降水量は一八四ミリメートルと少なく、砂漠気候（BW）に分類される（図7—19）。ブルースによれば、一七七〇年のマッサワでは、エチオピア高地から黄金や象牙、バッファローの皮、そして当時、もっとも高価な商品とされた奴隷がもたらされ、酷暑と水不足という厳しさがあるにもかかわらず、繁栄していたと表現している(19)。

アクスム王国の経済的基盤が確立されたのは、エチオピアにキリスト教を取り入れたことで知られるエザナ王（生没年不詳、在位三〇三〜三五六）の統治時代であり、王国の繁栄は、それからほぼ二世紀つづいたと推測されている。三世紀後半には、ローマ帝国を模倣して、金貨や銀貨、そして銅貨などの貨幣を鋳造し、流通していた。このことが王国の富の蓄積につながったと考えられている。ちなみに、アクスム王国で鋳造された硬貨はアフリカでは最初のものであったし（図7—20）、エチオピア独自の文字も使われるようになった。このため、文字が刻印された独自の金銀の貨幣を作製して富を蓄積したのだ。

王国の都であったアクスムは、エチオピア北部に位置する高原地帯、厳密にいえば、二つの山のあいだにある標高二一三〇メートルの盆地である。先述したようにエチオピアは「アフリカの角」とよばれる地域に位置しており、この地の利を活かして、アクスム王国は、交易によって栄えた。主な交易相手はエジプト、ギリシャ、アラビア半島であったが、遠く離れたインドとも交易がおこなわれていた。当時まだエチオピアに数多くいた象の牙《きば》が、アクスムに集められ、そこからアドリスに運ばれていたのだ。そのほか、エチオピアから輸出されていたものには、亀甲《きっこう》、サイの角、カバの皮、猿、奴隷、黒曜石があった。一方、輸入さ

図7—20　アクスムで鋳造された硬貨（アジスアベバ大学内民族学博物館蔵）

れていたものは種類が多く、エジプトからの衣服、外套、ガラス、シリアとイタリアからのブドウ酒少量、インドからの鉄・綿布・帯・皮の外套などであった。これらのなかでも、奴隷と象牙は二〇世紀初頭までエチオピアにおける もっとも重要な対外貿易品目であり、アジスアベバからジンマを経由してマジにいたる道は奴隷交易ルートとなり、各地には奴隷売買のための市場ができ、周辺の民族は奴隷狩りの脅威にさらされたという。

図7―21　倒されたステレ　アクスムで最大のもの

図7―22　アクスムに立つステレ

アクスム王国の繁栄を今に伝えるステレ

このようなアクスム王国の繁栄を今に伝える遺跡が古都のアクスムに残されている。それはオベリスク（剣状石柱）に似たステレ（石柱）である（図7—21、7—22）。このステレは、アクスムにいくつも現存しており、その最大のものは長さが三三メートル、重さが五〇トンにおよぶ。ナイル川の水源を発見するためエチオピアを訪れたブルースは、一七六九年、ステレについて次のように述べている。

アクスムの遺跡は広い範囲にわたっている。古代都市の常として建造物はすべて公共的なものである。町の中心だったと思われる広場には四十のオベリスクがあった。どの一つにもヒエログリフは刻まれていなかった。倒れている二本は立っている最長のものより長かった。どのオベリスクも単一の花崗岩《かこうがん》でできている。立っているものの最上部にはギリシャ風のとてもよくできた円形の彫り物がある。下の方はやはり彫り込まれた扉と鍵があり、建物への入り口を表わしている。この錠と鍵はエジプトやパレスティナでよく見かけたものだが、エチオピアでは見たことがない。

私は倒れている二本と立っている最長のものはプトレマイオス三世（紀元前二八八～二二一）の作だと考えている。オベリスクの表面にはさまざまな彫刻がなされ、その正面は正確に南を指している。（ブルース、一九九一）

その後、アクスム王国の勢力が衰退してからエチオピアの首都は南方のラリベラ、ゴンダール、そしてアジスアベバなどにかわったが、いずれも標高二〇〇〇メートル以上の高地に位置していたのだ。

農耕文化が発達していたアクスム王国

とにかく、エチオピア高地では、これまでほとんど注目されてこなかったが、固有の文明が誕生していたことは間違いないようだ。以下では、この点について検討してみよう。まず、これまで見てきたようにアクスム王国は交易によって栄えたことが明らかであり、アクスムも交易都市とよんでもよさそうであるが、その都市の食料生産を支えた農耕はきわめて古い時代から発達していたようだ。先述したように、テフはオオムギやコムギよりも古くから栽培されていたようだし、シコクビエも「アフリカ原産の栽培植物の最古の遺存例である」といわれるように、その栽培の歴史はきわめて古そうだ。

また、エンセーテは考古遺物として残りにくいため、その栽培の歴史は明らかではないが、「カファ王国を代表とするエチオピア西南部に栄えた王国の経済食料基盤として、権力を支えた」可能性のある作物であることは大変に興味ぶかい。第4章で述べたように、根栽類を食料基盤にするかぎり文明は生まれないとされるが、エンセーテも根栽類であり、しかもエンセー

図7―23　イェハに立つ先アクスム期の神殿
（重田眞義撮影）

テは根栽類としては例外的に長期の保存に耐える作物だからである。このような点を考慮に入れれば、エンセーテもエチオピア高地における食料生産の安定に貢献した可能性は大きいのである。

残念ながら、先アクスム期の社会や文化については断片的な資料しか得られないが、ドイツの学術調査団は一九〇六年にアクスムに近いイェハで神殿を発見している。この神殿は、紀元前五世紀頃に建てられたとみなされ、石でできた四角の巨大な二階建ての石造建築であり、南アラビア風の台座の上に建てられている（図7―23）。

こうした遺跡などから推測できるのは、先アクスム期において、すでに神政的な首長国家が存在していたということである。技術文化では、先アクスム期において、すでに階段耕地や灌漑、犂の使用、モルタルを用いない乾燥石建築技法、オベリスクの建造など、南アラビアと同じものが見られるのである[20]。

先述したように階段耕地はアンデス高地で発達したが、エチオピア高地でも同様に発達していたのである。一八九三年にティグレを訪れたベントは、イェハの風景について、次のように述べている。

周辺の丘はすべて耕作のために階段式になっていた。……ギリシアでも小アジアでも、私はこのアビシニアの渓谷におけるほど大規模に階段式になっている所は見たことがなかった。幾十万エーカーが山のほとんどてっぺんまで、もっとも注意深く耕作されていたにちがいない。現在では階段状構築を支える支壁のまっすぐな線以外には何も残っていない。（デヴィッドソン、一九六〇）（図7—24）

図7—24　アクスム近くの階段耕地

この記述によれば、アクスムでは大規模な階段耕作がおこなわれていたようだ。

現在、この階段耕作の方法は北部エチオピアだけに限られたものではなく、南西エチオピアに居住するコンソ族の人びとも石垣を用いて階段状の耕地を作ることが知られる。このコンソの階段耕地に関しては篠原《しのはら》徹《とおる》が次のように述べている。

このストーン・テラシング〔階段耕地〕は周辺の別のエスニック・グループにはみられないものであり、少なくともエチオピア南部ではコンソだけがもつ優れた農耕技術といえる。このストーン・テラシングはたんに石を積み上げる精巧な技術というばかりでなく、石で囲まれた畑の下にはフンナと呼ばれる排水施設やガバと呼ばれる灌漑施設も含んだ複合的な技術である。（篠原、二〇〇〇）

アクスム時代の階段耕地もコンソと同じような構造をしていたのかどうか、それは資料がないため明らかではないが、少なくともアクスム王国では農耕技術がかなり発達していたことは間違いないようだ。先述したように、エチオピアでは紀元前三〇〇〇～前四〇〇〇年には農耕が開始されており、これはアフリカ最古の可能性もある。そして、先アクスム期にはすでに灌漑や犂の利用も知られ、さらに階段耕作も始まっていたのだ。であるとすれば、先アクスム期には農耕技術もかなりのレベルに達していたのであろう。紀元前後に、アクスムの高原に王国が誕生したのは、このような農耕文化の発達があったからこそではなかったか、と考えられるのである。

アクスム文明は周辺文明か？

ここで、ひとつの疑問が生じるかもしれない。それは、アクスム王国に代表される文明を独自の文明とよべるか、という疑問である。先述したように、硬貨の鋳造はローマ帝国の影響によるものであることが明らかであり、エチオピアの文字も南アラビアの影響がみてとれる。このほかにもエチオピア文明には先行するエジプト文明などの影響をうけて生まれたものがあるかもしれないのだ。

実際に、伊東俊太郎は、文明を「基本文明」と「周辺文明」にわけて考え、地球上には一七の基本文明があるとするが、エチオピアはその基本文明には入れられていないのだ。ただし、伊東は基本文明のなかに「アフリカ文明」をくわえており、そのなかで「ここにいう「アフリカ文明」はいうまでもなくサハラ以南のブラック・アフリカの文明であり、地中海沿岸のブラウン・アフリカについては、はじめはギリシア・ローマ文明の、後にはアラビア文明の、周辺文明として考えてよい」と述べている。

この文脈から見れば、エチオピア文明は、基本文明ではなく、周辺文明に位置づけられているようだが、はたしてそうだろうか。ここで注意すべきことをヴァヴィロフは「栽培植物発祥に関する諸学説」の論文のなかで次のように述べている。「現在の栽培植物が最初に栽培化された地理的発祥中心地域は、たんに豊かな植生をその特色とする地域であるだけでなく、きわめて古い文明とも関連するのである。じっさい、先にあげた七つの大発祥中心地は、それぞれ古代の農耕文化の発祥地と一致しているのだ」と述べ、「比較的原始的なアビシニアの文化は、

図7—25　ラリベラの聖ゲオルギウス教会　一枚岩を彫りさげて造られた、高さ12m、幅12mの正十字形の教会。窓の形はアクスム様式をうけついだもの

たぶん古代エジプト文化と時代を同じくする古い起源のもので、ことによるとエジプト文化に先立つものかもしれない」とも述べているのである[21]。このヴァヴィロフの意見については考古学者からすぐに異論がでそうであるが、エチオピア文明を周辺文明と位置づけるのはいかがなものであろうか。

　それというのも、エチオピア高地では、主食となるテフとエンセーテのほか、数多くの植物を栽培化しているからだ。そして、現在もテフとエンセーテはエチオピア高地で暮らす人びとにとって欠かすことのできない食料源になっている。わたしは文明の成立条件として、なによりも安定的な食料生産の確立を重視しているが、このような視点に立てば、エチオピア文明は周辺文明ではなく、独立した基本文明ではないのか、と考えられるのだ。この点については終章で、あらためて論じることにしたい。

　さて、一二世紀初頭にアクスム王国の勢力が衰退し、新王朝ザグウェが興る。ザグウェ王朝の一一代の王のなかでもっとも有名なラリベラ王は首都をアクスムからラスタ地方ロハに遷都し、ロハは王の名前をとってラリベラとよばれるようになった。巨大な一枚岩をくりぬいてつくられた一二の岩窟教会群はアクスム様式をうけつぎ、大変美しい建築物である。「このような世界の他に類を見ない教会群であることや、いまだに多くの聖職者たちがこの地で信仰に基づく修道生活を営み、八〇〇年にわたりほとんど変わらぬ典礼を日々行っていることなどの価値が認められ[22]」、この岩窟教会群は一九七八年に世界文化遺産に登録された。そして、現在はエチオピアを代表する観光地のひとつになっている。とくに、聖ゲオルギウス教会は一枚岩を彫りさげて造られた、高さ一二メートル、奥行き一二メートル、幅一二メートルの正十字形の教会として有名であるが、それがどのようにして造られたのかはいまだに謎となっている（図7―25）。

なお、その壁に造られた窓はアクスム様式をうけついだものとして知られる。つまり、エチオピアの北部高地では、アクスム王国が衰退したあと、約一〇〇〇年をへた今日でもアクスムの伝統は様々な点で息づいているのである。このようなことも、わたしがエチオピア北部高地で生まれた文化や社会をまとめて基本文明と考える所以《ゆえん》である。

（注）北東アフリカにおける牛犂の存在を示す最古の資料として、紀元前一〇〇〇年紀のものと考えられるエリトリアでの岩絵があり、エチオピアの牛犂農耕は紀元前からゆっくりとクシ系およびセム

系の人びとによってエチオピア高原北部に浸透していったと考えられている（佐藤、二〇〇七）。

終章　「大河文明」説の見直しに迫る

エチオピアでは定期市がさかん。これはアクスムの定期市

高地文明の比較

以上、アンデス、メキシコ、チベット・ヒマラヤ、エチオピアなどの高地で生まれた文明を高地文明と位置づけた。これまでのようにアメリカ大陸で生まれた文明を無視したり、先述した四大文明の例外として扱うのではなく、同じような環境で生成した文明を比較することによって文明の特徴がもっと明らかになると考えたからである。同じような環境とは、熱帯ないしは亜熱帯に位置する高地のことである。

参考までに、表に四地域における高地文明の主な特徴を示したが、いずれも低緯度地帯に位置しており、その標高も二〇〇〇メートル以上に達するのである。そして、これらの地域では古くから独自の農耕が開始され、それが発展、そして文明を生んだ可能性が大きいのである。

このように類似した環境で発達した文明を比較すれば、そこには共通点も少なくないはずである。つまり、わたしが知りたいと思っているのは、比較によって歴史における平行進化の法則を見つけだすということなのだ。実際、共通点のひとつに高地特有の宗教もあげられそうだ。それというのも、前記の地域では、いずれも高地宗教とでもよべそうな宗教が発達したからである。すなわち、アンデス高地では自然崇拝、中米では多神教、チベットではチベット仏教、そしてエチオピア高地でもアクスム王国時代にキリスト教が導入され、エチオピア正教として

表　高地文明の比較

	中米	アンデス	チベット	エチオピア
標高(m)	約2300	3000〜4000	3600	約2300
緯度	20度	10〜20度	20度	0度
主な遺跡	テオティワカン	ティワナク	ポタラ宮	(アクスム)
作物	トウモロコシ	ジャガイモ・キヌア	麦・ソバ	テフ・エンセーテ
家畜	七面鳥	リャマ・アルパカ	ヤク	ウシ
宗教	多神教	自然崇拝	チベット仏教	エチオピア正教

展開していったのである。

興味ぶかいことに、これらの宗教の影響がおよんだ範囲もほぼ高地部に限定され、低地にはほとんど広がらなかったことが知られている。このことから、高地で暮らすことは人間の精神世界にも何らかの影響を与えていると見られ、それはまた文明の発達とも密接な関係をもちそうである。

これらの宗教のなかで、チベット仏教とエチオピア正教という東西の二大宗教のなかに、ある程度の対応ないしは平行現象が認められることについては、梅棹が一九六六年にすでに指摘し、これらの宗教は「いずれも内陸部に封じこめられて特異な発達をとげた、いわば陸封型（land-locked）の宗教なのである」と述べている。[1]

ただし、メキシコとアンデスの宗教は第5章でものべたように、スペイン人の影響が大きいため、かなり理解しにくいものになっている可能性があり、その調査はむずかしい。そのため、わたしの調査も十分ではないが、両地域ともに熱帯高地という環境の中で、そこで環境に適応するための民意の統一象徴として篤い信仰生活を発達させているので、それを明らかにすることを今後のわたしの研究課題としたい。

高地と低地のあいだ

ここで、ちょっと疑問に思われる方がおられるかもしれない。本書では、高地に焦点をあてているので、高地のことばかり述べているが、高地の下に広がる低地の影響はなかったのか、という疑問である。じつは、ペルー・アンデスでは「アンデス住民が高度によって異なるいくつもの環境を利用して、その集団のなかで自給を達成していた」のであり、高地だけを利用していたわけではなかった。それこそが、本文中でも述べた「垂直統御」であった。したがって、少なくともペルー・アンデスでは強制移住などを通じて高地と低地は密接な関係をもって発展してきたと考えられるのである。

とくに重要な点は、高地でのジャガイモを中心とする農耕とリャマ・アルパカ飼育とともに低地では儀礼や宗教に重要な意味をもつトウモロコシ栽培がおこなわれていたことだ。そして、このトウモロコシ栽培はしばしば灌漑をともなうが、この灌漑による水のコントロールは政治権力の発生につながる。とくに、アンデスの山岳地帯におけるトウモロコシ栽培は、灌漑とともに階段耕作も必要としたが、これらも政治権力と密接な関係をもつ。実際に、灌漑をともなった階段耕地の建設はインカ時代に急速に普及したと考えられており、その背景には「大量の労働力を要する公共事業として建設された」[2]という事情もあったのだ。

したがって、ペルー・アンデスでは、高地における文明の発生や発展の背後には低地の貢献も考えなければならないのだ。おそらく、これはペルー・アンデスに限ったことではなく、メキシコやエチオピア、そしてチベットなどでも同様かもしれない。実際に、本書でも少し言及したようにメキシコのテオティワカンでは大きな市も開かれていたようだし、交易もさかんであったといわれている。また、わたしが観察したかぎり、エチオピアでも交易がさかんであるが、それらに関する考察は今後の課題である。

この点で、エチオピアやチベット、そしてヒマラヤなどでも定期市や交易がさかんにおこなわれていることは興味ぶかい。高度差の利用に、これらの地域では、定期市や交易が大きな役割を果たしている可能性があるからだ。

「大河文明」説の再検討に迫る

ここで最後に、あらためて教科書に記載されている「四大文明」をとりあげ、その問題点を指摘しておこう。何度も言及した伊東はメソポタミア文明、エジプト文明、インド文明、そして中国文明をいずれも基本文明と位置づけている。しかし、この点に関して、わたしは大きな疑問をいだいている。それというのも、遺伝学者の佐藤洋一郎《さとうよういちろう》によれば、エジプト文明もインダス文明も、そして黄河文明も「ある時期にはコムギという、それぞれの文明圏から遠く離れた地を起源地とするいわば外来植物を食料の礎《いしずえ》にもっていた」といわれるからだ。このため、「他の文明からの影響を受けたものを文明と呼ばないというなら、黄河文明もエジプト文明も、どちらも古代文明と呼ぶにふさわしくない」と述べているのだ。(3) これは重要なポイントである。

じつは、わたしも大河文明に疑問をいだいたのは、この点に大きな疑問をいだいたからであった。それというのも、先に紹介したように伊東は、文明を「基本文明」と「周辺文明」にわけ、基本文明は「それみずからのユニークな文明のスタイルをもち、またその文明が自立的に発展し、かつ文明の寿命も長い（二〇〇〇年以上）ものをいう」(4) と述べている。もし、そうであれば、エジプト文明はメソポタミア文明の影響を直接にうけたと思われる文明で、主穀類もコムギとオオムギであったとされている。しかし、コムギもオオムギもメソポタミア原産の作物であり、その栽培化はメソポタミアでおこなわれたことが明らかである。また、インダス川流域に栄えたインダス文明もコムギに支えられた文明とされてきた。このコムギもメソポタミア原産である。さらに、黄河文明でも、初期の頃にはアワなどの雑穀が登場するものの、殷《いん》や周《しゅう》の頃になるとコムギにとってかわられるようになる。このコムギもメソポタミア原産のものなのである。

この点に関して、あらためて第1章の図1―2を眺めていただきたい。この図では、エジプト文明とメソポタミアは二つの地域にわけられず、ひとつの文明圏として扱われているのだ。エジプト文明がメソポタミア文明の影響を強くうけて成立したと考えられるからである。

「穀物生産こそが文明を生んだ？」

ここで、ひとつの疑問が解決される。先述したように、文明は貯蔵可能な穀物生産によってのみ生まれ、イモ類を中心とした農耕では文明は生まれないと、考古学者や歴史学者は述べているが、これは「四大文明」を念頭においているせいではないか。たしかに、「四大文明」圏では、いずれの地でもムギ類を主作物としてきたが、これは当然であろう。いずれの地もメソポタミアから伝播してきた作物（ムギ類）を主作物にしており、それぞれの土地ではドメスティケーションがおこなわれていないからだ。

ということは、長い年月のかかる栽培化はメソポタミアでおこなわれ、エジプトも、インダスも、そして黄河もコムギやオオムギの栽培化には何の貢献もしなかったと考えられる。そうであれば、これらの文明はいずれも自立的に発展したとはいえないのではないか。いみじくも伊東が述べているように、これら四地域は「メソポタミア農耕圏」に位置しており、メソポタミアの農耕文化の影響が強い地域なのだ。いいかえれば、「四大文明」圏はいずれもメソポタミアにおけるムギ類の栽培化の恩恵に浴している、とわたしは考える。

先にトウモロコシの栽培化の歴史を述べたが、ひとつの作物の栽培化には名も知れぬ数多くの人びとによる長い年月（おそらく数千年）の努力があったはずだ。それを忘れてはならない。

さらに、地球は広く、そのなかには穀類ではなく、イモ類を主作物として文明を築き上げた地域も存在するのではないか。そのひとつが、アンデス高地であったとわたしは考えているのだ。また、本書で言及したようにエチオピアもその可能性がある。エチオピアでも長期の貯蔵に耐えるエンセーテというユニークな根栽類を栽培化しているからだ。

なぜ高地文明圏を提唱するのか

わたしが提示した高地文明圏はいずれもそれぞれの土地で、そこに野生種として自生していた植物や動物を栽培化、家畜化した地域である。つまり、メキシコでも、アンデスでも、チベットでも、そしてエチオピアでも、それぞれの土地で、それぞれの土地固有の植物および動物を長い年月をかけてドメスティケートした地域である。そして、それぞれの土地で、それぞれ栽培植物や家畜を栽培したり、飼育する技術や文化も発展させてきた。そのことを考えれば、文明が自立的に発展したのは、いわゆる「四大文明」圏ではなく、「高地文明」圏ではなかったのか。教科書に掲載されている「四大文明」も、ムギ類を栽培化したメソポタミア以外の地域の文明は基本文明ではなく、メソポタミアの周辺文明であったのではないか、と考えられるのである。

このような疑問をいだいていたところ、別の角度からも「四大文明」に対する疑問が提出されるようになった。それは、考古学者や人類学者からではなく、農学者の佐藤洋一郎からであった。佐藤はイネの研究者として知られているが、その彼は次のように述べている。

……穀類をイネ科植物の種子と定義したが、どんな種類の植物がそれに含まれるのだろうか。現在、世界で生産高の大きいものから並べると、コムギ、イネ、トウモロコシ、オオムギ、エンバクの順となる。つまりイネは世界の穀物の中でコムギについで二番目に重要な位置を占めている。（中略）さて、これら四つの穀類の中で、イネだけが文明とのかかわりで議論されてきたことがなかった。いわゆる四大文明をみても、それを支えた穀類の中にイネの名前はみえない。私にはそれが不思議でならなかった。古くからヒトにてなずけられ、多くのヒトの命を支えてきたイネが、なぜ文明を支えることができなかったのか。いや、イネが文明を支えなかったという認識は正しいのか。（佐藤、二〇〇三）

もうひとつの文明圏？

この疑問は当然である。私見を述べれば、イネは文明を支える素質を十分にもった穀類であったとわたしは考える。それが文明と無縁に見えたのは、今までの文明の概念がコムギの文明に限られていたからではなかったか。佐藤も述べるように、「従来の文明論者の多くが米が文明を支えなかったと主張するのは、米がコムギが支えたような文明を支えなかったというに過ぎない」のであろう。(5)

さて、イネが文明を支えたとすれば、これまでの「四大文明」説はどのようになるのか。

佐藤たちは、黄河文明にかえて長江文明を提起している。イネの原産地が長江流域とみなされているからだ。この点について佐藤は以下のように述べている。

　こうしたデータから判断すると、長江流域で最初に稲作が行われた場所は、洞庭湖《どうていこ》付近を中心とする中流域から、鄱陽湖《はようこ》付近を通り浙江《せっこう》省の北部を含めた長江下流域にかけての地域であるとみて間違いはなさそうである。（佐藤、二〇〇三）

しかし、この説には大きな難点があった。起源地とされる場所に祖先種の野生イネが見つからなかったことだ。ある植物がある場所で栽培化されたとするなら、そこには当然、祖先型の野生イネがなければならないが、長江の中、下流域では現在のところ野生イネが発見されていないのである。

わたしは、「イネは文明を支える素質を十分にもった穀類である」と述べたが、それが長江文明を支えたかどうかは別問題である。これには長江で野生イネが発見され、イネが長江で栽培化されたという証拠がなければならないからだ。

ここで、ひとつの疑問が生まれる。イネの研究者たちは、なぜ野生イネが未発見であるにもかかわらず、イネの原産地として長江に注目しているのであろうか。そのひとつの理由は長江が大河だからではないか。佐藤の文章からは、彼が「大河文明」を強く意識していることがうかがえる。事実、佐藤は「古代文明と大河」という文章のなかで、以下のように述べているのだ。

さて、文明の立地条件のひとつに大河があることはすでに書いたが、大河があれば文明があったのか。もしそうでないなら、文明を擁した大河とそうでない大河の間にはどんな違いがあるのか。（中略）なぜ、古代文明と呼ばれるまでに発達した大きな文明はユーラシアでは黄河など三河川に限られたのか。（中略）その理由を出すことは必ずしも簡単ではないだろうが、文明の成立条件を明らかにするには必須の作業であるに違いない。（佐藤、二〇〇三）

ここで佐藤が指摘していることは、わたしが本書の冒頭で述べたことに近い。それこそが「歴史教科書の記述は正しいか」であった。そのため、これまで大河文明について述べられた文献をレビューしてみたところ、「時代遅れの文明史観」や「大河文明説は間違っている」とか、「思いつきの説にすぎない」など、否定的な意見ばかりであった。そこで、その後も、わたしは大河文明説に対する評価を調べていたが、「大河に文明がおきるというのは幻想にしかすぎない」という考古学者もいた。一方で、この大河文明に肯定的な意見を述べる人はひとりもいなかったのである。

「大河文明」説を越えて

これらの結果から、わたしには四大文明（大河文明）説は十分に検証された説とはとうてい思えなくなった。それでは、なぜ、十分に検証されていない説が教科書にまでとりあげられ、数十年にわたって中学校や高等学校で使われてきたのだろうか。学校教科書は、正しい事実、それも学問的ならうらづけのある正しい事実にもとづいたものでなければならないはずだ。だからこそ、文部科学省は教科書の検定をおこない、ときに出版社に修正を求めたりするのであろう。これは当然である。とくに、中学校や高校の教科書は、まだ十分に判断力をもたない十代の少年や少女が読み、フレッシュな頭脳に教科書から得た知識を刻印し、それを一生もちつづける可能性があるのだから、厳しいチェックがあって当然だ。

にもかかわらず、日本の歴史教科書では十分に検証されていない「四大文明」説や大河文明説が長年にわたって記述されつづけてきたのだ。この点については、稿をあらためて検討してみたいと思っているが、とりあえず現在気づいていることだけを述べておこう。

まず、日本の研究の世界、とくに人文系の研究の世界では、高名な研究者が発表したことに対しては「御説ごもっとも」という雰囲気があり、批判したり、誤りを正す態度がないせいではないか。高名な研究者が提起した説に異論を唱える人はきわめて少なく、大半の研究者が追随するだけではないだろうか。これでは活発な議論もおこりえないだろう。

もうひとつは、野外での調査や観察の成果を重視せず、文献に依存する研究者が少なくないせいではないか。たとえば、アンデスには大河がないにもかかわらず、そこでも文明が誕生していることは、そこを自分の足で歩き、自分の目で見れば容易にわかるはずである。しかし、近年、自分の足で歩き、自分の目で見て、自分の頭で考える研究者、つまりフィールド・ワーカーはきわめて少なくなっているのだ。

さらに、注意しなければならないことがもうひとつある。それは、文明を扱うときは地球全体、人類全体を視野に入れて調査、研究しなければならないことだ。比較文明学を専門とする梅棹忠夫もこの点について次のように述べているのだ。

> 文明とはシステムであり、社会の編成原理である。文化のちがいは価値観にもとづくが、文明の相違は装置や制度の差異に由来する。そういう観点から全地球、全人類をながめてみる必要がある。国家や国民を超えたところに文明の単位をもとめると、ことなった像がいろいろ浮かびあがってくるはずだ。（梅棹、二〇〇八）

梅棹が強調するように、わたしも本書で全地球、全人類を眺めた結果、予想もしなかった異なった文明像がうかびあがってきた。それこそは、熱帯高地に栄えた高地文明であった。しかし、これはまだまだ試論の段階であり、大方の忌憚のないご意見、ご批判をいただければ幸いである。そのためにも、いずれ、わたしもメソポタミア文明圏はもとより、インダス文明圏や黄河や長江の流域に足を運び、自分の目で、これらの地域の自然環境や人びとの暮らしをしっかり見たいと願っている。

最後に、本書が学校教科書をはじめとする世界史の記述の再検討に少しでも役立つことを願って筆をおきたい。

あとがき

わたしが本書の構想を考えたのは、もう十数年も前のことになる。構想は考えたものの、なかなか考えがまとまらなかった。そこで、思い切って比較文明論の研究で名高い梅棹忠夫先生にわたしの高地文明論についての構想を聞いてもらったことがある。当時、梅棹先生は長年館長をつとめた民博（国立民族学博物館）を定年退職しておられたが、まだ民博に研究室をもち、そこに毎日のように出勤しておられた。その研究室をわたしは訪ね、高地文明論についての構想を話したのだ。黙って、わたしの話を聞いておられた梅棹先生は、わたしが話し終えるやいなや、大きな声で、「おもろいなあ。やっぱり学問は気宇壮大なんがええなあ。やれ、やれ、もっとやれ」とわたしを励ましてくださったのだ。

その梅棹先生は、もうこの世の人ではない。梅棹先生は二〇一〇年七月に老衰で他界されたのだ。しかし、わたしは本書を執筆しながら、しばしば、このときの梅棹先生の嬉しそうな顔を思いうかべ、自分を励ましてきた。そのおかげで、長い年月がかかった本書をようやく刊行できるまでになった。

それにしても、本書の完成までには予想をはるかに超すほどの長い年月がかかった。その理由は明らかである。何度も執筆を中断して、アンデスやヒマラヤ、チベット、さらに東アフリカなどを再訪し、追加調査をおこなったからだ。しかし、そのおかげで、ようやく自信をもって本書を世に送りだせることになり、いささか感慨ぶかいものがある。これまでの六〇回あまりの海外調査の間には、疲労から急性肝炎を発症し、一ヵ月半もボリビアにある日本人移住地の診療所に入院したり、エクアドル・アンデスで崖から滑落して現地で手術をうけて車椅子で急遽《きゅうきょ》帰国したこともあった。それだけに、わたしは無数の方々のお世話になっており、また助けていただいた。本来なら、皆様のお名前を記して御礼を述べるべきであるが、それは、この小著ではかなわない。そのため、この場を借りて皆様に厚く厚く御礼申しあげる次第である。ここでは本書の刊行で直接お世話になった方々のお名前を明記して謝意を表しておきたい。本書の刊行にむけてお世話になったのは以下の方々である（順不同）。

伊東俊太郎（麗澤大学名誉教授）、石毛直道（民博名誉教授）、松原正毅（民博名誉教授）、小林致広（京都大学名誉教授）、川本芳（日本獣医生命科学大学教授）、岩永勝（国際農林水産研究所理事長）、関野吉晴（医師・探検家）、月原敏博（福井大学教授）、稲村哲也（放送大学教授）、重田眞義（京都大学教授）、大山修一（京都大学教授）、木村友美（大阪大学講師）、小林尚礼（写真家）、明星恭子（民博・梅棹資料室）、山本早穂子（山川出版社編集部）、吉村美恵子（民博）。

なお、本書の執筆中、わたしは新型コロナ・ウイルスの影響で海外に出かけられず、当初予定していた海外での写真撮影は断念せざるをえなかった。しかし、前記の協力者の方のなかには本書のために快く写真を提供してくださった方がおられ、その方たちのおかげで何とか満足のゆく紙面づくりが可能になった。

最後になったが、本書の編集担当であった中央公論新社の酒井孝博氏には、言葉に尽くせないほどの御尽力をいただいた。酒井氏は編集のベテランらしく、困難な問題にも何度も適切に対処してくださった。

なお、本書は文部科学省の助成を得て平成二三年度から二八年度にかけて実施された「熱帯高地における環境開発の地域間比較研究―『高地文明』の発見に向けて」(研究代表者　山本紀夫)の業績の一部であることをお断りしておきたい。

コロナ禍で緊急事態宣言下にある大阪にて

山本　紀夫

(12)山本, 2014
(13)山本, 2014
(14)山本, 2014
(15)ピース・増田, 1988
(16)山本, 2008a
(17)Murra, 1972, 1975, 1978
(18)Murra, 1960, 1975, 1978
(19)山本, 2002
(20)山本, 2004
(21)大貫, 2005, 山本, 2005
(22)星川, 1985
(23)ピース・増田, 1988
(24)ピース・増田, 1988

【第6章】
(1)月原, 2008
(2)川本, 2019
(3)ヴァヴィロフ, 1980
(4)月原, 2008, 2019
(5)月原, 2019
(6)松原, 1988
(7)松原, 1988
(8)松原, 1988
(9)川本, 2019
(10)スタン, 1971
(11)山本・稲村, 2000
(12)スタン, 1993
(13)川喜田, 1997
(14)青木, 1969
(15)川喜田, 1997
(16)川喜田, 1997
(17)川喜田, 1997
(18)川喜田, 1997
(19)川喜田, 1997
(20)稲村, 2000

【第7章】
(1)鈴木, 1969
(2)鈴木, 1969
(3)佐藤, 2007
(4)佐藤, 2007
(5)佐藤, 2007
(6)重田, 2019
(7)重田・金子, 2007
(8)Daba & Shigeta, 2016, Clark & Brandt, 1984
(9)Hilu, de Wet & Harlan, 1979
(10)重田, 1996, 2019
(11)重田, 1996
(12)藤本, 2003
(13)重田, 2019
(14)重田, 2019
(15)重田, 2019
(16)Munro-Hay, 1991
(17)Phillipson, 1998
(18)ブルース, 1991
(19)ブルース, 1991
(20)長島, 1980b
(21)ヴァヴィロフ, 1980
(22)米倉, 2007

【終章】
(1)梅棹, 1989a
(2)Rowe, 1946
(3)佐藤, 2003
(4)伊東, 1974
(5)佐藤, 2003

注

【第１章】
(1)村井, 2009
(2)今村, 2018
(3)Daniel, 1968
(4)安田, 2000
(5)長田, 2013a
(6)今村, 2018
(7)チャイルド, 1951
(8)伊東, 1974
(9)Daniel, 1968
(10)伊東, 1974
(11)伊東, 1974
(12)サンダーズ, 1972
(13)梅棹, 1989b
(14)大貫, 1998

【第２章】
(1)ベイカー, 1975
(2)Chagnon, 1938
(3)ヴァヴィロフ, 1980
(4)Pawson & Jest, 1978, 山本, 2019
(5)森島, 2016
(6)Troll, 1968
(7)Pawson & Jest, 1978
(8)松林, 2013
(9)松林, 2013

【第３章】
(1)MacNeish, 1967
(2)アコスタ, 1966
(3)山本, 2008b
(4)ハーラン, 1984
(5)サウアー, 1960
(6)Evans & Nicolas, 2016
(7)Evans & Nicolas, 2016
(8)青山, 2007
(9)タウンゼント, 2004
(10)Coe, 1964
(11)青山, 2007
(12)青山, 2007

【第４章】
(1)Troll, 1968
(2)Pulgar Vidal, 1996
(3)Troll, 1968
(4)Sauer 1950, Hawkes, 1978
(5)Sauer, 1950, Hawkes, 1978, 1990
(6)シエサ・デ・レオン, 2007a
(7)大貫, 1995
(8)山本, 2021
(9)Yamamoto, 1985, 1988
(10)山本, 1992
(11)Burger and der Merwe, 1990
(12)シエサ・デ・レオン, 2007b
(13)野上, 1992
(14)Rowe, 1963
(15)Kolata, 1986, 1991; Erickson, 1993
(16)Kolata, 1993
(17)Kolata, 1993
(18)山本, 2008c
(19)藤倉・本江・山本, 2007
(20)ルンブレラス, 1977
(21)山本, 1976
(22)Troll, 1968

【第５章】
(1)Morris and Thompson, 1970
(2)ピース・増田, 1988
(3)ピース・増田, 1988
(4)ガルシラーソ, 1985
(5)山本, 2014
(6)山本, 2014
(7)山本, 2007b
(8)Mayer, 1985
(9)山本, 2014
(10)山本, 2014
(11)中尾, 1966

Rowe, J. H. 1946 Inca culture at the time of the Spanish conquest. In: Steward, J. H. (ed.), *Handbook of South American Indians* Vol.6. Smithsonian Institution.
—— 1963 Urban settlements in ancient Peru. *Ñawpa Pacha* 1: 1-27.
Sahagún, F. E. 1995 *The Conquest of Mexico*. School of American Research and University of Utah.
Sanders, W. T., Parsons, J. R. & Santley, R. S. 1979 *The Basin of Mexico: Ecological processes in the evolution of a civilization*. Academic Press.
Sauer, C. O. 1950 Cultivated plants of south and central America. In: Steward, J. H. (ed.), *Handbook of South American Indians* Vol.6. Smithsonian Institution.
Shady, R. y Leyva, C. 2003 *La Ciudad Sagrada de Caral-Supe. Los Orígenes de la Cicilización Andina. Y la Formación del Estado Prístino en el Antiguo Perú*. Instituto Nacional de Cultura.
Staller, J. E. 2010 *Maize Cobs and Cultures: History of Zea mays L.* Springer.
Steward, J. H. & Faron, L. C. 1959 *Native Peoples of South America*. McGraw-Hill Book.
Troll, C. 1968 The cordilleras of the tropical Americas, aspects of climatic, phytogeographical and agrarian ecology. *Colloquium Geographicum* 9: 15-56.
Weatherwax, P. 1954 *Indian Corn in Old America*. The Macmillan Company.
Yamamoto, N. 1985 The ecological complementarity of agro-pastoralism: Some comments. In: Masuda, S., Shimada, I. & Morris, C. (eds.), *Andean Ecology and Civilization*. pp.85-99. University of Tokyo Press.
—— 1988 Papa, llama y chaquitaclla. Una perspectiva etnobotánica de la cultura Andina. En: Masuda S. (ed.), *Recursos Naturales Andinos*. Universidad de Tokio.

C. & Fritz, J. M. (eds.), *New World Archaeology*. pp.155-163. W. H. Freeman and Company.

Matienzo, J. de 1967 (1567) *Gobierno del Perú*. Travaux de L'Institut Français d'Études Andines. Vol.XI. Institut Français d'Étude Andines.

Mayell, H. 2004 Three high-altitude peoples, three adaptations to thin air. *National Geographic Newsletter* 1-3.

Mayer, E. 1985 Production zones. In: Masuda, S., Shimada, I. & C. Morris (eds.), *Andean Ecology and Civilization*. pp.45-84. University of Tokyo Press.

Morris, C. & Thompson, D. E. 1970 Huánuco Viejo. An Inca administrative center. *American Antiquity* 35 (3): 344-362.

—— 1985 *Huánuco Pampa: An Inca City and its Hinterland*. Thames and Hudson Ltd.

Munro-Hay, S. 1991 *Aksum: An African Civilization of Late Antiquity*. Edinburgh University Press.

Murra, J. V. 1960 Maíz tubérculos, y ritos agrícolas. En: J. V. Murra (1975).

—— 1972 El control vertical de un máximo de pisos ecológicos en la economía de las sociedades Andinas (Reprinted in Murra 1975). pp.50-115. Universidad Hemilio Valdizan.

—— 1975 *Formaciónes Económicas del Politicas del Mundo Andino*. Instituto de Estudios Andinos.

—— 1978 *La Organización Económica del Estado Inca*. Siglo XXI.

Novoa, C. & Wheeler, J. C. 1984 Llama and alpaca. In: I. L. Mason (ed.), *Evolution of Domesticated Animals*. pp.116-128. Longman.

Ochoa, C. M. 1990 *The Potatoes of South America: Bolivia*. Cambridge University Press.

Orlove, B. S. & Godoy, R. 1986 Sectoral fallowing systems in the central Andes. *Journal of Ethnobiology* 6 (1): 169-204.

Palerm, Á. y Wolf, E. 1972 *Agricultura y civilización en Mesoamérica*. Sep-70s.

Pankhurst, S. 1955 *Ethiopia: A cultural history*. Lalibela House.

Pawson, I. G. & Jest, C. 1978 The high-altitude areas of the world and their cultures. In: Baker, P. T. (ed.), *The Biology of High-altitude Peoples*. pp.17-45. Cambridge University Press.

Phillipson, D. W. 1977 The excavation of Gobedra Rock-shelter, Axum. *Azania* 12: 53-82.

—— 1998 *Ancient Ethiopia. Aksum: Its antecedents and successors*. British Museum Press.

Pulgar Vidal, J. 1996 *Geografía del Perú*. Promoción Editorial Inca S. A.

Rabiera, T. R. (ed.), 1991 *La Agricultura en Tierras Mexicanas desde sus Orígenes hasta Nuestros Días*. Editorial Grijalbo.

Rabiera, T. R. 1991 La agricultura en la época prehispánica. *La Agricultura en Tierras Mexicanas desde sus Orígenes hasta Nuestros Días*. CNCA-Grijalbo.

Bray, W. 1977 From foragers to farmers in early Mexico. In: J. V. S. Megaw (ed.), *Hunters, Gatherers and First Farmers beyond Europe*. Leicester University Press.

Bruhns, K. O. 1994 *Ancient South America*. Cambridge University Press.

Burger, R. L. & Van der Merwe, N. 1990 Maize and origin of highland Chavín civilization: An isotopic perspective. *American Anthropologist* 92 (1) : 85-95

Callen, E. O. 1965 Food habits of some pre-Columbian Mexican Indians. *Economic Botany* Vol.19. pp.335-343.

Chagnon, N. A. 1938 *Yąnomamö: The Fierce People*. Holt, Rinehart and Winston, Inc.

Clark, D. & Brandt, S. 1984 *From Hunters to Farmers: The causes and consequences of food production in Africa*. Cambridge University Press.

Coe, M. D. 1964 The Chinampas of Mexico. *Scientific American* 260: 90-96.

Daba, T. & Shigeta, M. 2016 Enset (*Ensete ventricosum*) production in Ethiopia: Its nutritional and socio-cultural values. *Agriculture and Food Science Research* 3 (2) : 66-74.

Daniel, G. 1968 *The First Civilizations: The archaeology of their origins*. Thames and Hudson.

Erickson, C. L. 1993 The social organization of prehispanic raised field agriculture in the Lake Titicaca basin. *Research in Economic Anthropology* Suppl. 7: 369-426.

Evans, S. T. & Nicolas, D. I. 2016 Water temples and civil engineering at Teotihuacan, Mexico. In: Gonlin, N. & French, Kirk D. (eds.), *Human Adaptation in Ancient Mesoamerica: Empirical approaches to Mesoamerican archaeology*. University Press Colorado.

Giday, B. 1991 *Ethiopian Civilization*. Addis Abeba.

Guamán Poma de Ayala F. *Nueva Corónica y Buen Gobierno*. Siglo XXI/EAP.

Hawkes, J. G. 1978 History of the potato. In: Harris, P. M. (ed.), *The Potato Crop*. pp.1-69. Chapman and Hall Ltd.

—— 1990 *The Potato: Evolution, biodiversity, and genetic resources*. Belheaven Press.

Hilu, K. W., de Wet, J. M. J. & Harlan, J. R. 1979 Archaeobotanical studies of *Eleusine coracana* ssp. *coracana* (finger millet). *American Journal of Botany* 66 (3) : 330-333.

Kolata, A. 1986 The agricultural foundations of the Tiwanaku state: A view from the heartland. *American Antiquity* 51 (4) : 748-762.

—— 1991 The technology and organization of agricultural production in the Tiwanaku state. *Latin American Antiquity* 2 (2) : 99-125.

—— 1993 *The Tiwanaku: Portrait of Andean civilization*. Blackwell.

MacNeish. R. S. 1967 A summary of the subsistence. In: Byers, D. S. (ed.), *The Prehistory of the Tehuacan Valley*. 1: 209-309. University of Texas Press.

—— 1974 The Origins of new world civilization. In: Zubrow, E. B. W., Fritz, M.

陸文明の盛衰』赤澤威・阪口豊・冨田幸光・山本紀夫編、pp.1-48、岩波書店
—— 1993b「アメリカ大陸の人類と自然」『アメリカ大陸の自然誌 3 新大陸文明の盛衰』赤澤威・阪口豊・冨田幸光・山本紀夫編、pp.192-250、岩波書店
—— 2004『ジャガイモとインカ帝国——文明を生んだ植物』東京大学出版会
—— 2005 リプライ「アンデス研究の発展をめざして——大貫良夫氏のご批判にお答えする」『古代アメリカ』8：93-102
—— 2007a「『高地文明』論に向けて——その覚え書き」『ヒマラヤ学誌』8：29-37
—— 2007b 「現代に生きるインカの農具——踏み鋤をめぐって」pp.183-206、山本紀夫編『アンデス高地』京都大学学術出版会
—— 2008a『ジャガイモのきた道——文明・飢饉・戦争』岩波新書
—— 2008b「神への捧げもの、プルケ酒」山本紀夫編『増補 酒づくりの民族誌』八坂書房
—— 2008c「幻の酒、キヌア酒——ボリビア」山本紀夫編『増補 酒づくりの民族誌』八坂書房
—— 2008d「『高地文明』の発見 フィールドワーカーの目から」『論壇人間文化』（人間文化研究機構）2：16-40
—— 2002「歴史教科書の記述は正しいか——アンデスの農耕文化をめぐって 上・下」『民博通信』95：76-124, 96：110-159
—— 2014『中央アンデス農耕文化論——とくに高地部を中心として』国立民族学博物館
—— 2019「熱帯高地とはどのようなところか——アンデスとヒマラヤを中心として」山本紀夫編『熱帯高地の世界——「高地文明」の発見に向けて』pp.1-28、ナカニシヤ出版
—— 2021「毒を制したモンゴロイド」『科学』91(2)：200-204、岩波書店
山本紀夫・稲村哲也編著 2000『ヒマラヤの環境誌——山岳地域の自然とシェルパの世界』八坂書房
米倉立子 2007「教会聖堂とその壁画を飾る聖人たち」岡倉登志編『エチオピアを知るための50章』明石書店
ラディジンスキー、G. 2000『栽培植物の進化——自然と人間がつくる生物多様性』藤巻宏訳、農山漁村文化協会
ルンブレラス、L. G. 1977『アンデス文明——石器からインカ帝国まで』増田義郎訳、岩波書店
レシーノス、A. 1977（原訳）『ポポル・ヴフ』林屋永吉訳、中公文庫

【欧文文献】

Barja, B. G. y Cardozo, G. A. 1971 *Geografía Agricola de Bolivia*. Los Amigos de Libro.
Beadle, G. W. 1980 The ancestry of corn. *Scientific American* 242: 96-103

学会出版センター
ピサロ、ペドロ　1984（1571）「ピルー王国の発見と征服」ペドロ・ピサロ、オカンポ、アリアーガ『ペルー王国史』旦敬介・増田義郎訳、岩波書店
ピース、F.・増田義郎　1988『図説インカ帝国』小学館
ファーブル、アンリ　1977『インカ文明』小池佑二訳、白水社
藤倉雄司・本江昭夫・山本紀夫　2007「知られざるアンデス高地の雑穀」pp.155-181、山本紀夫編『アンデス高地』京都大学学術出版会
藤本武　2003「エチオピア西南部の山地農耕民マロのタロイモ栽培」吉田集而・堀田満・印東道子編『イモとヒト』pp.189-202、平凡社
ブルース、J.　1991『ナイル探検』長島信弘訳、岩波書店
ベイカー、ハーバート・G.　1975『植物と文明』阪本寧男・福田一郎訳、東京大学出版会
ベルウッド、P.　2008『農耕起源の人類史』長田俊樹・佐藤洋一郎監訳、京都大学学術出版会
星川清親編　1985『いも——見直そう土からの恵み』女子栄養大学出版部
堀田満・緒方健・新田あや・星川清親・柳宗民・山崎耕宇編　1989『世界有用植物事典』平凡社
増田義郎　2002「アンデスの農耕文化」増田義郎・吉村作治『インカとエジプト』岩波新書
増田義郎・青山和夫　2010『古代アメリカ文明——アステカ・マヤ・インカ』山川出版社
松林公蔵　2004「なぜ人は高地に暮らすようになったのか——人類進化と文明における医学的側面」梅棹忠夫・山本紀夫編『山の世界——自然・文化・暮らし』岩波書店
——　2013「なぜ人は高地に暮らすようになったか——生理・進化的適応」奥宮清人・稲村哲也編『生老病死のエコロジー　チベット・ヒマラヤに生きる』pp.1-19、昭和堂
松原正毅　1988『青蔵紀行　揚子江源流域をゆく』中央公論社
村井淳志　2009「この歴史用語——誕生秘話と生育史の謎を解く、「四大文明」は江上波夫氏が発案した造語だった！」『社会科教育』4月号：116-121
森島済　2016「気候からみたアンデス——南米大陸の気候とアンデス」水野一晴編『アンデス自然学』pp.19-32、古今書院
安田喜憲　2000『大河文明の誕生』角川書店
安成哲三・藤井理行　1983『ヒマラヤの気候と氷河——大気圏と雪氷圏の相互作用』東京堂出版
山本紀夫　1976「中央アンデスの凍結乾燥イモ、チューニョ——加工法、材料およびその意義について」『季刊人類学』7(2)：169-212e
——　1982「中央アンデス高地社会の食糧基盤——トウモロコシか根栽類か」『季刊人類学』13(3)：76-124
——　1992『インカの末裔たち』日本放送出版協会
——　1993a「植物の栽培化と農耕の誕生」『アメリカ大陸の自然誌3　新大

シエサ・デ・レオン　2007a『インカ帝国史』増田義郎訳、岩波文庫
――　2007b『インカ帝国地誌』増田義郎訳、岩波文庫
重田眞義　1996「熱帯アフリカ高地における栽培植物と環境利用――エチオピア高地を中心に」『熱帯研究』5(3-4)：151-160
――　2004「エチオピア高地の定期市――コーヒーの葉とエンセーテを交換する」梅棹忠夫・山本紀夫編『山の世界――自然・文化・暮らし』pp.197-206、岩波書店
――　2019「エチオピア高地文明の成立基盤――栽培植物と自然環境の観点から」山本紀夫編『熱帯高地の世界――「高地文明」の発見に向けて』pp.259-286、ナカニシヤ出版
重田眞義・金子守恵　2007「食文化――テフとエンセーテ」岡倉登志編『エチオピアを知るための50章』明石書店
篠原徹　2000「エチオピア・コンソ社会の農耕と家畜」松井健編『自然観の人類学』pp.69-94、榕樹書林
杉山三郎　2019「メキシコ高地における古代文明の形成史」山本紀夫編『熱帯高地の世界――「高地文明」の発見に向けて』pp.103-126、ナカニシヤ出版
鈴木秀夫　1969『高地民族の国エチオピア』古今書院
スタン、R. A.　1971『チベットの文化』山口瑞鳳・定方晟訳、岩波書店
――　1993『チベットの文化　決定版』山口瑞鳳・定方晟訳、岩波書店
関雄二　1997『アンデスの考古学』同成社
タウンゼント、R. F.　2004『［図説］アステカ文明』増田義郎監修、武井摩利訳、創元社
チャイルド、G.　1951『文明の起源』上下、ねず・まさし訳、岩波新書
月原敏博　2008「チベット文化の核とアイデンティティー」『ヒマラヤ学誌』9：17-41
――　2019「アジアにおける『高地文明』の型と特質――ブータン、チベット、イランからの試論」山本紀夫編『熱帯高地の世界――「高地文明」の発見に向けて』pp.333-374、ナカニシヤ出版
鶴間和幸・NHKスペシャル「四大文明」プロジェクト編著　2000「中国古代文明への新しい視点」鶴間和幸編『四大文明　中国』日本放送出版協会
デヴィッドソン、B.　1960『古代アフリカの発見』内山敏訳、紀伊國屋書店
トゥッチ、G.　1992『チベット仏教探検誌』杉浦満訳、平河出版社
中尾佐助　1966『栽培植物と農耕の起源』岩波新書
中島健一　1977『河川文明の生態史観』校倉書房
長島信弘　1980a「補注　エチオピア文字」アルヴァレス『エチオピア王国誌』池上岑夫訳、pp.605-607、岩波書店
――　1980b「解説」アルヴァレス『エチオピア王国誌』池上岑夫訳、pp.633-704、岩波書店
野上道男　1992「氷期のアメリカ大陸」赤澤威・阪口豊・冨田幸光・山本紀夫編『アメリカ大陸の自然誌2　最初のアメリカ人』岩波書店
ハーラン、J. R.　1984『作物の進化と農業・食糧』熊田恭一・前田英三訳、

――ほか　2006　川田順造編『ヒトの全体像を求めて――21世紀ヒト学の課題』藤原書店
岡倉登志　2007「アフリカ内陸部のキリスト教王国」岡倉登志編『エチオピアを知るための50章』pp.162-168、明石書店
長田俊樹　2013a「インダス文明の文明環境史――環境決定論の陥穽」佐藤洋一郎・谷口真人編『イエローベルトの環境史――サヘルからシルクロードへ』弘文堂
――編　2013b『インダス――南アジア基層世界を探る』京都大学学術出版会
――　2013c『インダス文明の謎――古代文明神話を見直す』京都大学学術出版会
ガルシラーソ・デ・ラ・ベーガ、インカ　1985『インカ皇統記　1』牛島信明訳、岩波書店
――　2006『インカ皇統記　1・2』牛島信明訳、岩波文庫
川喜田二郎　1977「中部ネパールヒマラヤにおける諸文化の垂直構造」『季刊人類学』8(1)：3-83
――　1997「チベット文化の生態学的位置づけ――ユーラシアの文化生態学序説」『川喜田二郎著作集11』中央公論社
川本芳　2019「熱帯高地における野生動物の家畜化と利用」山本紀夫編『熱帯高地の世界――「高地文明」の発見に向けて』pp.175-220、ナカニシヤ出版
木村友美　2018「ヒマラヤ高地、ラダーク地方における大麦食とその変化――栄養成分と健康効果に着目して」『ヒマラヤ学誌』19：60-72
栗田靖之　1987「風土と歴史　チベットの自然と人」長野泰彦・立川武蔵編『チベットの言語と文化』pp.10-43、冬樹社
後藤健　2015『メソポタミアとインダスのあいだ　知られざる海洋の古代文明』筑摩書房
コナー、G.　1993『熱帯アフリカの都市化と国家形成』近藤義郎・河合信和訳、河出書房新社
小林致弘　1993「メソアメリカ先住民の自然観」赤澤威・阪口豊・冨田幸光・山本紀夫編『アメリカ大陸の自然誌 3　新大陸文明の盛衰』岩波書店
コルテス　1980「報告書翰」サアグン、コルテス、ヘレス、カルバハル『征服者と新世界』伊藤昌輝・大貫良夫・小池佑二・増田義郎訳、pp.147-148、岩波書店
サウアー、C. O.　1960『農業の起原』古今書院
佐藤洋一郎　2003『イネの文明――人類はいつ稲を手にしたか』PHP 新書
――　2016『食の人類史――ユーラシアの狩猟・採集、農耕、遊牧』中公新書
佐藤廉也　2007「エチオピアの地域生態史」池谷和信・佐藤廉也・武内進一編『アフリカⅠ』pp.365-379、朝倉書店
サンダーズ、W. T.　1972『現代文化人類学　6　新大陸の先史学』大貫良夫訳、鹿島研究所出版会

主要参考文献

【日本語文献】

青木文教　1969『西蔵』芙蓉書房

青山和夫　2007『古代メソアメリカ文明——マヤ・テオティワカン・アステカ』講談社

——　2012『マヤ文明——密林に栄えた石器文化』岩波新書

アコスタ　1966『新大陸自然文化史　上下』増田義郎訳、岩波書店

アリアーガ　1984「ピルーにおける偶像崇拝の根絶」ペドロ・ピサロ、オカンポ、アリアーガ『ペルー王国史』旦敬介・増田義郎訳、岩波書店

泉靖一　1959『インカ帝国——砂漠と高山の文明』岩波新書

伊東俊太郎編著　1974『都市と古代文明の成立』講談社

——　1988『文明の誕生』講談社学術文庫

稲村哲也　2000「アンデス山脈とヒマラヤ・チベット山塊」川田順造・大貫良夫編著『生態の地域史』pp.218-267、山川出版社

今村啓爾　2018「「世界四大文明」概念のはじまり」『帝京史学』33：372-366

ヴァヴィロフ、N. I.　1980『栽培植物発祥地の研究』中村英司訳、八坂書房

梅棹忠夫　1967『文明の生態史観』中公叢書

——　1989a「チベットとヒマラヤ」『比較文明学研究　梅棹忠夫著作集　第5巻』pp.251-253、中央公論社

——　1989b「文明論ノート」『比較文明学研究　梅棹忠夫著作集　第5巻』pp.363-386、中央公論社

——　1993「実践・世界言語紀行」『世界体験　梅棹忠夫著作集　第20巻』p.513、中央公論社

——　2008「監修のことば」比較文明学会関西支部編『地球時代の文明学』pp.1-3、京都通信社

江上波夫　1967『騎馬民族国家』中公新書

——　1986a「古代文明と神殿」『文明の起源とその成立　江上波夫著作集2』平凡社

——　1986b「文明の起源における類似と相違——メソポタミアとアンデスの場合」『文明の起源とその成立　江上波夫著作集2』平凡社

大貫良夫　1993「文明の成立と発展・衰退」赤澤威・阪口豊・冨田幸光・山本紀夫編『アメリカ大陸の自然誌3　新大陸文明の盛衰』pp.208-222、岩波書店

——　1995「アメリカ大陸の文化」大貫良夫編『モンゴロイドの地球5　最初のアメリカ人』pp.39-116、東京大学出版会

——　1998「人類文明の誕生」大貫良夫・前川和也・渡辺和子・屋形禎亮『世界の歴史1　人類の起原と古代オリエント』pp.9-142、中央公論社

——　2005「書評　山本紀夫著『ジャガイモとインカ帝国』」『古代アメリカ』8：75-91

図版制作・関根美有

山本紀夫（やまもと・のりお）

1943年，大阪府生まれ．70年，京都大学農学部農林生物学科卒業，76年，京都大学大学院博士課程修了．国立民族学博物館助手，助教授，教授を経て，現在，国立民族学博物館名誉教授．84～87年，国際ポテトセンター客員研究員．専攻・民族植物学，環境人類学．農学博士（京都大学），学術博士（東京大学）．第19回大同生命地域研究奨励賞，第８回秩父宮記念山岳賞，第８回今西錦司賞，第29回松下幸之助花の万博記念賞をそれぞれ受賞．

著書『インカの末裔たち』（NHKブックス，1992），『ヒマラヤの環境誌』（山本紀夫，稲村哲也編著，八坂書房，2000），『ジャガイモとインカ帝国』（東京大学出版会，2004），『雲の上で暮らす』（ナカニシヤ出版，2006），『アンデス高地』（編著，京都大学学術出版会，2007），『ジャガイモのきた道』（岩波新書，2008），『天空の帝国インカ』（PHP新書，2011），『梅棹忠夫―「知の探検家」の思想と生涯』（中公新書，2012），『中央アンデス農耕文化論――とくに高地部を中心として』（国立民族学博物館，2014），『トウガラシの世界史』（中公新書，2016），『コロンブスの不平等交換』（角川選書，2017），『熱帯高地の世界――「高地文明」の発見に向けて』（編著，ナカニシヤ出版，2019）など

高地文明《こうちぶんめい》
――「もう一《ひと》つの四大文明《よんだいぶんめい》」の発見《はっけん》
中公新書 *2647*

2021年６月25日発行

著　者　山本紀夫
発行者　松田陽三

本文印刷　三晃印刷
カバー印刷　大熊整美堂
製　　本　小泉製本

発行所　中央公論新社
〒100-8152
東京都千代田区大手町 1-7-1
電話　販売 03-5299-1730
　　　編集 03-5299-1830
URL http://www.chuko.co.jp/

Published by CHUOKORON-SHINSHA, INC.
Printed in Japan　ISBN978-4-12-102647-7 C1222

中公新書

世界史

e1

- 1353 物語 中国の歴史 寺田隆信
- 2392 中国の論理 岡本隆司
- 2303 殷―中国史最古の王朝 落合淳思
- 2396 周―理想化された古代王朝 佐藤信弥
- 2542 漢帝国―400年の興亡 渡邉義浩
- 12 史記 貝塚茂樹
- 2099 三国志 渡邉義浩
- 7 宦《かん》官《がん》(改版) 三田村泰助
- 15 科《か》挙《きょ》 宮崎市定
- 1812 西《せい》太《たい》后《こう》 加藤徹
- 2030 上海 榎本泰子
- 1144 台湾 伊藤潔
- 2581 台湾の歴史と文化 大東和重
- 925 物語 韓国史 金両基
- 1367 物語 フィリピンの歴史 鈴木静夫

- 1372 物語 ヴェトナムの歴史 小倉貞男
- 2208 物語 シンガポールの歴史 岩崎育夫
- 1913 物語 タイの歴史 柿崎一郎
- 2249 物語 ビルマの歴史 根本敬
- 1551 海の帝国 白石隆
- 2518 オスマン帝国 小笠原弘幸
- 1858 中東イスラーム民族史 宮田律
- 2323 文明の誕生 小林登志子
- 2523 古代オリエントの神々 小林登志子
- 1818 シュメル―人類最古の文明 小林登志子
- 1977 シュメル神話の世界 岡田明子 小林登志子
- 2613 古代メソポタミア全史 小林登志子
- 1594 物語 中東の歴史 牟田口義郎
- 2496 物語 アラビアの歴史 蔀勇造
- 1931 物語 イスラエルの歴史 高橋正男
- 2067 物語 エルサレムの歴史 笈川博一
- 2205 聖書考古学 長谷川修一

- 2647 高地文明 山本紀夫